KB192526

이름 없는 하느님

유일신 신앙에 대한 김경재 교수의 본격 비판

김경재 지음

이름없는 하느님

유일신 신앙에 대한 김경재 교수의 본격 비판

Radical Monotheism and Religious Pluralism

2002년 12월 30일 초판 1쇄 발행
2015년 2월 10일 초판 9쇄 발행

펴낸곳 (주)도서출판 **삼인**

지은이 김경재
펴낸이 신길순
부사장 홍승권
편집 김종진 김하얀
미술제작 강미혜
마케팅 한광영
총무 정상희

등록 1996.9.16. 제10-1338호
주소 121-837 서울시 서대문구 성산로 312 북산빌딩 1층
전화 (02) 322-1845
팩스 (02) 322-1846
전자우편 saminbooks@naver.com

출력 문형사
인쇄 대정인쇄
제본 쌍용제책

ISBN 978-89-6436-092-7 03220

값 13,000원

이름 없는 하느님

유일신 신앙에 대한 김경재 교수의 본격 비판

김경재 지음

삼인

"도를 도라 말하면 그것은 항상 그러한 도가 아니다. 이름을 이름 지우면 그것은 항상 그러한 이름이 아니다. 이름이 없는 것을 천지의 처음이라 하고, 이름이 있는 것을 만물의 어미라 한다."

—『도덕경』제1장 중 첫 구절

"하나님은 영이시다. 그러므로 하나님께 예배를 드리는 사람은 영과 진리로 예배를 드려야 한다."

—『신약성경』,「요한복음」4장 24절

"하나님도 한 분이십니다. 그분은 만유의 아버지이시며, 만유 위에 계시고, 만유를 통하여 일하시고, 만유 안에 계십니다."

—『신약성경』,「에베소서」4장 6절

차례

책을 내면서

이 책에서 나는 한국의 종교인들에게 특히 한국 그리스도인들에게 종교 다원 사회에서 부딪치는 피할 수 없는 난제를 솔직하게 제기하고, 그 물음에 대한 바른 이해와 해답을 함께 찾아보려고 한다. 진지한 종교인이라면, 자기가 귀의하는 종교적 진리에 대한 '궁극적 관심'을 갖게 마련이다.

종교적 진리는 객관적이고 과학적인 진리라기보다는 인격적 또는 실존 체험적 진리이기 때문에, 종교적 진리는 그 사람에게 애정과 헌신이 동반되는 '열정'을 일으킨다. 종교가 지니는 실존적 진리로서의 '궁극성' 때문에 한국 같은 종교 다원 사회에서 종교간의 갈등이 어떤 경우엔 심각하기 때문에 그 해결 과정은 진지하게 다루어져야 한다.

이론으로서가 아니라 실존적 진지성을 가지고 신앙에 참여하는 종교인이라면, 정도의 차이는 있겠지만, 누구든지 자기가 귀의하는 종교가 지닌 진리의 '궁극성'에 대한 확신과 신념을 지니게 마련이다. 사실 '마음과 뜻과 성품을 다하는' 책임적 헌신(commitment)이 동반되지 아니한 신앙은 살아있는 역동적 신앙이라고 할 수도 없다. 이 세상에 살고 있는 모든 여성이나 남성을 동일한 연정을 가지고 사랑한다는 것은 이론적으로는 가능할지 모르나 현실적으로는 불가능하다. 구체적인 한 사람의 여성이나 남성이라는 실존적인 연인만이 있게 마련이다. 그러나 이 말은 그 여성 또는 그 남성에게 특정인이 가장 사랑스런 사람이라는 말이기에, 다른 사람에게는 다른 여성이나 남성이 가장 사랑스러울 수 있다는 사실을 부정하지는 않는다.

이 책에서 다루려는 논제의 본질적 핵심은 성경이 계시하는 유일신 신앙의 본질이 무엇이며, 그 유일신 신앙이 지구의 문명사 속에 등장하여 인류 문명을 함께 일구어온 세계적 보편 종교들과 어떤 관련이 있고, 한국에서 일어난 천도교나 원불교 등과도 어떤 관련을 가지고 있는지 하는 문제이다.

흔히 서구 신학 전통과 대다수 한국 기독교 교인들은 성경이 가르치고 계시하는 유일신 신앙에 대한 '책임적 헌신' 때문에, 다른 종교에 대하여 배타적 태도를 취할 수밖에 없다고 생각하고 있다. 아주 경직화된 보수적 기독교인뿐 아니라, 성경의 가르침으로 신앙 생활의 지침을 삼으며 살아가는 건전한 기독교인들에게도, 성경이 주장하는 강렬한 배타적 유일신 신앙의 색깔 때문에 다른 종교에 대한 열린 마음이나 포용적 태도 및 다원적 입장을 갖기 어려운 것이 보통이다. 나는 한 사람의 그리스도인으로서 성경적 신앙과 신학적 지성의 성실성을 가지고 이 책에서 이 문제와 씨름해 보려고 한다.

이 책을 일관하여 내가 주장하려는 신앙적 또는 신학적 명제는 일반 상식과 사뭇 달라 역설적인 것인데, 그 내용을 명제로 정리하면 이렇게 말할 수 있다. 즉 철저 유일신 신앙에 귀의하는 신앙인은 바로 그 철저 유일신 신앙 때문에 자기가 귀의하는 종교를 포함하여 지구상에 나타난 모든 역사적 종교들을 상대화시키면서 포용적 태도를 가질 수 있고, 한 걸음 더 나아가 종교 다원론을 긍정할 수 있다는 것이다.

나는 다분히 신학적 실존의 절박한 문제에 스스로 응답하면서 동시에 한국 기독교인들에게 호소하고자 하는 충정을 지니고 이 책을 썼다. 사도 바울은 그가 접한 그리스도의 '십자가와 부활의 도'를 그의 동족 유대인들이 받아들이지 않자 깊은 실존적 고민, 곧 "큰 근심과 마음에 그치지 않은 고통"(「롬」9: 1)을 겪었다. "골육의 친척을 위하여 내 자신이 저주를 받아 그리스도에게서 끊어질지라도 원하는 바로다"(「롬」9: 3)라고 말하면서 유대교와 복음적 기독교의 관계에 대한 해답을 얻으려고 몸부림쳤다. 진정 신앙인다운 윤리적 태도라고 아니할 수 없다.

오늘날 한국 그리스도인들의 신앙적 태도는 어떠한가? 한국 개신교는 1885년 공식적인 복음 전래 역사로부터 120년을 지나고 있다. 그런 만큼 초대 선교사들의 전도를 받고 개종하여 기독교 가정이 된 경우를 가지고 따지더라도 4대째 모태 신앙을 지닐 수 있을 뿐이다. 그러니까 4대째 조상 이전의 선조들은 불가피하게 풍류도, 불교, 유교, 천도교 등을 믿으며 살았던 것이다.

그리스도교 복음 전래 이전 시대 우리 조상이 기독교를 모르고 예수 이름을 듣지 못했다 해서 모두 지옥에 갔거나 구원받지 못했다고 가르치는 전통적 신학 이론이나 교리를 "큰 근심과 마음의 고통" 없이 그렇게 쉽게 수용해도 되는 것인가? 내가 받은 복음 진리에 감격한 것은 좋은 일이지만, 내가 구원받은 대신 조상을 모두 구원받지 못한 자리로 내몰고 마는 그런 신앙관과 신학 이론에 안주하는 것은 지독한 종교적 이기심이 아닐 수 없다.

이 책을 쓰는 필자는 일반 종교학자로서가 아니라 기독교 신학자로서, 목사로서 그리고 그리스도인으로서 나의 신앙 고백적 입장을 분명히 하려고 한다. 나의 실존적 고백이겠지만, 나는 '그리스도이신 예수' 안에 나타난 진리 안에서 나의 실존적 문제가 안고 있었던 문제의 해답을 얻었던 한 그리스도인으로서의 중생 경험을 밑바닥에 깔고 있다. 바울 신학의 용어로 말한다면 '예수 그리스도의 십자가와 부활 사건' 안에서 '궁극적 진리'가 드러났음을 깨닫고, 그 진리 안에서 '새로운 피조물'로 거듭난 체험을 한 사람들이 그리스도인이요 그 증언이 다름 아닌 기독교 발생의 원점이다. 복음이 증언하는 '십자가와 부활 신앙'에 대한 책임적 참여(commitment)와 한국의 고등 종교들이 증언하는 진리를 개방적으로 수용하는 것이 어떻게 가능한가를 철저 유일신 신앙(radical monotheism)의 관점에서 이야기해 보려는 것이 이 책의 주된 관심사이다.

이 책은 지난 40여 년 나의 신학 수업의 순례길에서 내 눈을 열어준 한국 신학의 선구자들, 탁사(濯斯) 최병헌(崔炳憲, 1858~1927), 다석(多夕) 유영모(柳永模, 1890~1981), 장공(長空) 김재준(金在俊, 1901~1987), 신천(信天) 함석헌(咸錫憲, 1901~1989), 소금(素琴) 유동식(柳東植) 등 여러 선생님의 가르침과, 위 주제에 관련하여 탁월한 통찰력을 보여주었던 세계 석학들, 특히 폴 틸리히(Paul Tillich), 리차드 니버(Richard Niebuhr), 존 힉(John Hick), 존 캅(John Cobb), 라이문도 파니카(Raimundo Panikkar), 폴 니터(Paul Knitter)에게 사상적으로 빚진 바 크다. 이 책은 모교에서 30년 간 봉직할 수 있게 기회를 주고 마지막 연구 출장 기회를 허락한 한신대학교 당국의 배려와 출판을 맡아주신 도

서출판 삼인의 도움으로 세상에 나오게 되었다.

문화 신학 또는 종교 신학 분야의 연구가 어려웠던 한국 개신교 신학의 풍토 속에서, 그 영역의 신학적 연찬을 지속하도록 격려하시고 나의 신앙과 신학의 사표가 되어주셨던 김재준 목사님과 종교간의 대화 문화가 척박한 한국 사회에서 1965년부터 종교간의 대화 문화를 창달하는데 탁월한 공헌을 하신 한국 크리스찬아카데미 설립자 여해 강원룡 목사님께 이 작은 책을 감사하며 바친다.

2002년 11월 15일
김경재

1. 유일신 신앙에 대한 오해들

유일신 신앙은 하나라는 숫자 개념이 아니다

일반적으로 '유일신 신앙'(monotheistic faith)이란 신이 한 분밖에 없다는 신의 숫자 개념과 관련된 종교적 신념이라고 생각하기 쉽다. 이러한 통속적 이해는 한편으로는 옳지만, 다른 한편으로는 잘못된 것이다. 진정한 의미에서 신이랄 수 있는 절대 신앙적 대상은 그 이름을 무어라고 부르든지 간에 여럿일 수 없고 오직 '하나' 일 수밖에 없다는 종교적 신념은 탓할 것이 아니지만, 그 '하나' 라는 개념이 둘이나 셋이 아니고 수량적 개념으로서의 '하나' 라고 생각하게 될 때, 유일신이라는 개념은 매우 옹졸해진 숫자 개념에 얽매인 '하나의 유한한 신적 존재' 로 전락해 버리고 만다.

그런데 여기서 한 가지 유의할 점은, 특히 한자 문화권에서 '신'(神)이라는 단어를 '궁극적 실재'(窮極的 實在)로 이해하는 것이 적절치 않다는 것이다. 한자 문화권에서 신(神)이란 말은 그렇게 지고한 '궁극적 실재'를 지칭하는 지시어가 아니다. 한국어의 하나님(하느님)이나 영미계 및 유럽 사람들의 신 호칭(God, Gott, Dieu, Deus)에 해당하는 '궁극적 실재' 개념을 동북아 한자 문화권에 속하는 유교나 불교나 천도교 등에서는 '천(天), 태극(太極), 법신(法身), 도(道), 천주(天主)' 등의 어휘를 사용하여 표현하고 있기 때문이다.

동북아 한자 문화권에서 신이란 개념은 '신령한 실재들'(divine realities) 전반을 가리키는 일반적 용례에 불과하다. 이 때문에 사람이 죽으면 모두 신령한 존재, 곧 신위(神位)를 얻게 된다고 생각하였던 유교 문화권에서 조령 숭배(祖靈崇拜)가 가능했던 것이고, 귀신(鬼神)이라는 단어에서처럼 귀(鬼)와 신(神)을 동격으로 생각하여 합성어를 만들어 썼던 것이다. 말하자면 신이라는 글자를 일반적으로 신령한 존재자들을 포괄하는 개념으로 사용한 것이다.[1] 위에서 잠시 언급한 용례에서만 보아도 '신'이란 단어가 '궁극적 실재'를 표현하기엔 적합하지 않다는 것을 알 수 있다. 여기에서 내가 말하려는 요지는 '신'이라는 단어 앞에 '유일'이라는 말을 붙이더라도 한자 문화권에서 살아가는 많은 성숙한 지성인들에게는 기독교인들이 말하는 '유일신 신앙' 개념의 본뜻이 충분하게 전달되거나 이해되지 못한다는 것이다. 그래서 기독교인들이 '유일신 신앙'을 고백하거나 주장할 때, '유일'이라는 의미를 수량적 개념으로만 좁게 이해하는 것은 성경이 말하는 유일신 신앙에도 어긋나거니와, 동북아 문화권이나 세계 종교사적 관점에서 볼 때도 별다른 감동을 주지 못한다는 점을 강조하려는 것이다.

유일신 신앙에서 말하는 참된 의미의 '하나'(一)는 단순한 수량적 개념이 아니다. 유일신 신앙에서 말하고자 하는 '하나'의 의미를 고찰하기

---

1) 김열규, 『메멘토 모리: 죽음을 기억하라』 (궁리, 2001), 202~212쪽.

전에 수비학(數秘學, numerology)에서 숫자가 상징하는 의미를 우선 음미해 보자.

플라톤(Platon, 기원전 427~347)이 세운 아테네의 철학 학교 아카데메이아(Akademeia)의 입구에 걸린 현판에는 "기하학을 모르는 자는 들어오지 말라"는 글이 쓰여져 있었다고 전해 온다. 여기서 말하는 '기하학을 모르는 자'란 수학에 대한 깊은 관심과 예비 지식이 없는 자를 말한다.

플라톤의 이 말은 자신이 피타고라스(Pythagoras, 기원전 580~500) 학파로부터 영향을 받았음을 보여준다. 피타고라스 학파에 따르면 모든 자연 현상은 보이지 않는 힘과 근본 원리와 조화를 나타내 보이는데, 그 현상을 지배하는 원리가 수학적 법칙에 기초한 기하학적 원리이다. 다시 말해서 자연과 생명은 우리에게 다양한 현상으로 나타나 보이지만 그 다양성이 무질서하거나 일정한 패턴이 없는 잡다한 모습을 띠는 것이 아니라, 수리적 법칙과 다양성 안에 있는 통일성, 조화와 균형, 비례적 조형미와 형태간의 공명적 상응성을 나타낸다고 보았다. 그래서 피타고라스는 "수는 만물의 근원이다"라고 말했다.

마이클 슈나이더는 『자연, 예술, 과학의 수학적 원형』이라는 책 안에서 1부터 10까지의 수가 지니고 있는 수학적 원리와 그 수가 내포하는 상징적 의미를 자연의 물리 · 화학적 현상, 예술 작품의 문양 양식, 종교적 의례와 신화, 건축물의 축조 방식, 동식물의 조직 형태 등을 통해 자세하게 관찰하였다.[2] 그의 이론에 따라 간단하게 1에서 10까지의 수가 자연과 예술과 과학 분야에서 지니는 '수학적 원형'(mathematical archetypes)으로서의 상징적 의미들이 어떻게 나타나는지 도표로 만들어보면 다음

---

2) 마이클 슈나이더, 『자연, 예술, 과학의 수학적 원형』, 이충호 옮김 (경문사, 2001) 참조.

수	헬라어 이름	기하학적 모형	원형적 상징성	자연,예술,종교적 사례들
1	Monad 모나드	점(영), 원	안전성, 완전성, 단일성, 순환 규칙성, 리듬, 효율	만달라, 바퀴, 신성 후광, 원형극장, 나이테, 행성 궤도
2	Dyad 디아드	직선 베시카피시스	양극성, 대상성, 중개자, 전이, 입구, 출생의 문	음양, 이중성, 차이, 갈등, 자궁, 하늘과 땅, 빛과 어두움
3	Triad 트리아드	정삼각형	일체성, 완전성, 균형, 조화, 효율, 결합	삼위일체, 삼원색, 삼시제, 만세삼창, 탄생 삶 죽음, 브라만 비쉬누 시바, 삼신불, 계혜정 삼학
4	Tetrad 테트라드	정사각형, 정사면체	물질과 질량, 대지, 여성, 평등, 신뢰, 공정, 경고성	우주 4원소, 40일 광야, 우주 몸, 4복음서, 내면 세계, 4중 구조
5	Pentad 펜타드	정오각형, 별	우월성, 힘, 권위, 생산력, 생식력, 신성한 비례, 재생	펜타곤 5성, 다섯 손가락, 다섯 발가락, 인체 5감, 나선형의 재생과 성장과 변환의 상징
6	Hexad 헥사드	육각형, 정12면체	구조, 작용, 질서,	12지파, 12사도, 벌집, 태양력 12달, 노틀담 대성당의 장미창 12무늬 구조, 황도 12궁
7	Heptad 헵타드	정칠각형	존경, 거룩, 신성, 쉼, 처녀, 생명, 운반체	안식일, 천지창조, 고대 7과목, 회년, 무지개 7가지 색, 7음계
8	Octad 옥타드	정팔각형	주기적 재생, 공명, 연민의 사랑	주역의 8괘, 불교 8정도, 세포 유사 분열 8단계
9	Ennead 에네아드	정구각형	종착역, 완성, 최상의 완전, 상서로움, 새로움의 시작, 절대 한계의 경계선	오디세우스 9년 방랑, 아브라함 99세, 이슬람 염주 99개
10	Decad 데카드	정십각형	초월, 완전수, 상승, 정화,	십계명, 카발라의 아담카드몬 (Adam Kadmon), 인체와 우주와 생명나무의 상응성

과 같다.

위에서 살핀 대로, 하나(monad)란 단순히 둘, 셋, 넷에 비교해서 말하는 수량적 의미의 '하나'를 가리키는 것이 아니다. 기하학적 도형으로 말하면 '하나'를 표현할 때는 점과 원으로밖에 달리 표현할 방법이 없는데, 점은 위치만 있지 넓이, 길이, 크기가 없다. 곧 무한이요 태극이며 공이고 텅 빔이다. 그러나 '하나'는 동시에 원으로 상징되는데, 원은 단순한 곡선 이상의 존재이다. 원은 우주의 초월적 본성을 나타내 보이는 것으로, 완전, 충만, 통일, 전일성, 포용성 등을 의미한다.

하나가 상징하는 첫째 원리는 빛, 공간, 시간, 힘이 모든 방향으로 펼쳐 나가는 존재의 원점, 존재의 시원이라는 것이다. 둘째 원리는 하나가 원의 회전 운동이 상징하는 역동적 운동성이요, 보편적인 주기 · 순환 · 궤도 · 규칙성 · 진동 · 리듬 따위를 구현하는 것으로, 한마디로 존재 능력과 생명의 다함없는 무궁성을 상징한다. 셋째 원리로 들 수 있는 것이 하나가 원의 중심점인 영(zero) 차원과 원주로 상징되는 무한 외연, 그 사이에 있는 신비스런 시공간의 모든 것을 가장 효율적이고 최대한의 공간으로 확보한다는 점에서 '지고선'(至高善)의 상징으로 주어진다는 것이다. 이처럼 점이나 원으로 표상되는 '하나'는 단순한 수량적 의미가 아니라, 단일성 · 통일성 · 효율성 · 무궁성 · 지고선의 상징으로 주어지는 것이다.

그러므로 좁은 생각으로 '유일신 신앙'을 자기가 믿는 종교에서 말하는 바로 그 신만을 지칭하는 개념이나 수량적인 의미의 '하나' 개념으로 한정시키는 잘못을 범하면 안 된다. 유일신 신앙이 말하는 진리는 단순한 '하나'라는 숫자 개념이 아닌 것이다.

유일신 신앙은 신들 중 최고신을 대상으로 하는 것이 아니다

유일신 신앙에 대한 일반적 오해의 두 번째는 유일신을 경쟁하는 여러 신 중 최고신이라고 생각하는 일이다. 이러한 오해는 기독교인, 무슬림 그리고 유대인만이 아니라 한국의 종교인과 일반인도 흔히 범한다. 그러한 오해가 널리 퍼진 데는 다음과 같은 두 가지 이유를 생각해 볼 수 있다.

첫째, 사람들은 삶 속에서 흔히 '신'이라 일컫는 다양한 초월적 실재들을 경험하기도 하고, 또 현실적으로 이름이 다른 신들을 섬기고 경배하는 다양한 종교들이 현존하는 것을 보는데, 하늘에 밝고 어두운 별들의 세계가 있듯이 영계에도 영험성이나 초능력, 신권(神權) 등에서 차이가 있을 것이라고 생각하기 쉽다는 것이다. 세계 종교사에서 신통계(神統系)나 만신전(萬神殿)이 심심찮게 발견되는 연유도 그와 무관하지 않다.

특히 한국과 같은 종교 다원 사회에서는 그렇게 생각하는 경향이 더 크다. 예컨대 무교의 굿판이나 불교의 팔관회 같은 토착적인 불사(佛事)를 보면 천지 신명과 산천 신령과 다양한 몸주 신들이 거명되는데, 이를 통해 유일신 신앙이 다신(多神)들을 전제하고서 그중 최고신을 믿는 것이라는 오해가 발생한다.

특히 기독교인 가운데서 유일신 개념을 최고신 개념으로 오해하는 둘째 이유는 바로 성경 자체 안에서 그 근거를 발견하기 때문이다. 한국 기독교인들은 신구약 성경을 동일한 하나님의 말씀으로서 신성불가침한 절대 권위를 지닌 경전이요 계시적 경전이요 오류가 없는 경전이라고 믿기 때문에 성경에 대한 애착심과 존경심이 남다르게 강하다. 성경에 나타난 이스라엘 신앙의 조상들 시대라고 말해지는 아브라함(Abraham), 이삭(Isaac), 야곱(Jacob) 같은 족장들의 시대에서 출애굽 시기와 가나안 땅에 들어설 때 나타난 예언자들의 경고와 십계명의 계율이 다른 신들의 존재를 전제한 것이라고 생각하기 쉽다. "너희는 내 앞에서 다른 신들을 섬기지 말라"(「출」20: 3, 「신」5: 7)는 유명한 제1계명 자체가 마치 다른 신들이 여럿 있는데, 그런 신들을 섬겨서는 안 되고 이스라엘 백성을 특별히 선택하고 그 백성과 계약 관계를 맺은 야훼 신만을 섬겨야 한다는 것 같은 인상을 주기 때문이다.

이스라엘 백성은 출애굽 이후, 가나안 땅에 정착하는 과정에서 가나안 토착 종교 문화와 격렬한 문화 갈등과 토착 신들과의 종교 충돌을 경험하기도 했으며, 어떤 경우는 토착 종교나 토착 신과 섞이는 통전(統全)을 겪기도 하였다. '바알(Baal) 신'과의 관계는 충돌의 경우이고, 족장들의 시대에 '엘'(El)과 '야훼'(YHWH)가 맺은 관계는 토착 신과 야훼 신이 창조적으로 통전한 경우이다. 바알 신은 중동 지역, 특히 가나안 농경 문화를 배경으로 한 대표적 이교 신 이름으로 풍요, 다산, 권능의 신으로 여겨지고 있었다. 엘은 아브라함 족장 시대와 그 이후에도 유목민들 가운데 널리 섬겨오던 신의 이름이었다. 그런데 족장들의 하나님 '엘'과 모세 시대 이후 이스라엘의 유일신으로 자기를 계시하신 '야훼'는 어떻게 통전 또는 지평 융합되었는가?

비유컨대 한국 기독교인들이 성경을 통해서 유일신 하나님인 야훼의 이름을 알기 전부터 한민족 가슴속에는 하느님, 하날님, 하눌님, 한님 등이 자리잡고 있었는데, 성경의 유일신 신앙이 들어오자 자연스럽게 한국민의 '하느님 신앙 또는 흔아님 신앙'과 성경의 '창조주 하나님 신앙'이 통전된 경우와 같다. 벧엘(Bethel, 하나님의 집), 임마누엘(Immanuel, 하나님이 함께 하신다), 이스마엘(Ishmael, 하나님이 들으시다) 같은 말에 나타나는 것처럼 '엘'이라는 말은 전통적 족장 유목민 시대에 그들의 '하느님'을 가리키는 이름이었는데, 후에 이 이름은 모세가 미디안 광야의 불타는 떨기나무를 바라볼 때, 그리고 시내산에서 십계명을 중심으로 하는 계약 공동체로서 거듭날 때 이스라엘이 경험했던 '야훼'와 자연스럽게 동일시되었다.

배타적 충돌 관계가 되었든 통전적 수용 관계가 되었든 이스라엘의 종교사를 보면, 칼 야스퍼스(Karl Jaspers)가 '인류 문명의 차축(車軸) 시대'(기원전 800~200)라고 일컬었던 그 시기에 중동 팔레스타인 지역에서는 이스라엘의 위대한 예언자들의 예언 운동이 활발했다. 이사야, 예레미야, 아모스, 호세아 등 예언자들의 예언서 속에도 야훼 신과 비교하여 훨씬 열등한 신 또는 우상의 존재를 전제하고 있는 듯한 인상을 강하게 풍기고 있기 때문에 기독교인들은 유일신을 '다른 여럿 신들 중 최고신'이라는 개념으로 이해하게 된 것이다.

이상의 두 가지 원인만 보아도, 왜 일반적으로 종교인들, 특히 기독교인의 유일신관이 '존재하는 여러 신들 중 최고신'이라는 개념으로 받아들여졌는지 까닭을 알 수 있다. 2장에서 좀더 자세하게 살피겠지만, 사실 이스라엘 종교사 속에서 유일신 신앙의 출현에 관한 전문 학자들의 견해는 간단하지 않다. '철저 유일신론'이 확립된 것은 북 이스라엘과 남 유대왕국이 멸망하면서 이스라엘 백성의 성전 중심 종교가 흔들리고 바빌로니아(Babylonia)와 앗시리아(Assyria)의 포로 생활을 경험한 이후 제2 이사야 예언자 시대(기원전 549~538)가 시작된 다음이라고 할 수 있다.

19세기 헤겔의 변증법적 역사 발전 이론에 영향받은 종교사학파들은 인류 문명 종교사에 나타나는 신관(神觀)이 정령 숭배 시대, 다신론적 시대, 일신론적 시대, 유일신론적 시대 등의 순으로, 인지의 성숙도에 따라 발전해 가는 것이라고 소박하게 생각했으나, 지금은 그런 통속적 학설을 받아들이는 사람들은 없다. 인류 문명사 6천 년을 헤아려보건대 아주 오랜 고대 시대부터 이미 유일신 신앙이 존재해 왔기 때문에, 유일신 신앙이 인간의 인지 발달과 함께 출현한 종교 문화적 산물이라고 이해하는 진보 발전론적 문명론은 설득력을 잃기 때문이다. 그럼에도 불구하고 유일신 신앙의 순수한 형태, 곧 철저 유일신 신앙의 정화된 모습이 이스라엘 종교사 속에서 민족적 고난과 시련이라는 영혼의 용광로를 통과하면서 서서히 정립되어 갔다는 사실을 부정할 필요는 없다.

이 문제는 예컨대 태양이 수십만 년 전부터 지구에 빛을 비춰주고 있었지만 태양의 본질이 무엇인가 하는 문제는 인지의 발달에 따라 비로소 풀리는 것과 비슷하다. 유일신의 현존은 태고 때부터 인류 문명사 속에 태양처럼 존재해 왔지만, 인간의 영적 성숙이 이루어짐에 따라 서서히 참된 뜻을 드러내고 그 깊이와 넓이를 더해 간다는 것을 부정할 수 없다.

사실 이스라엘 종교사에서 보면 이스라엘 백성들이 야훼 신앙이라는 유일신 신앙을 독특한 역사적 구원 경험을 통해 체험하면서 이스라엘 신앙 공동체를 통해 이를 전승 발전시켜 왔다는 것을 알 수 있다. 부지불식간에 그들은 유일신 신앙을 이스라엘 선민 사상, 이스라엘 민족주의, 이스라엘 국가주의, 팔레스타인이라는 지역 국지주의, 솔로몬과 다윗 왕권 등에 결부시켜 해석해 왔던 것이다. 그리하여 예언자들의 투쟁은 유일신 신앙을 특정 민족이나 혈통, 토지나 지역 공간, 특정 왕권이나 특정 종교의 점유물처럼 그런 요소들과 결부시켜 왜곡하고 상대화하는 일체의 시도를 '우상 타파 정신' 으로 엄중하게 비판하려는 것에 다름 아니었던 것이다.

미국 예일대학교 신학부 교수였던 저명한 학자 리차드 니버(Richard Niebuhr)는 작은 책 『철저한 유일신 신앙과 서구 문화』(*Radical Monotheism and Western Culture*)에서 기독교 종교사는 유일신 신앙의 왜곡의 역사요 그 배반의 역사였다고 지적한다. 그는 서구 문화와 신관의 관계를 다원론적 신앙(Polytheistic Faith), 일신론적 신앙(Henotheistic faith), 유일신론적 신앙(Monotheistic Faith)이라는 세 범주로 나누어 설명한다.[3]

니버에 따르면 종교의 신관이 다신론이냐 일신론이냐 또는 유일신론이냐는 문제는 단순히 섬기거나 귀의하는 신의 숫자가 몇인가의 문제가 아니라, 그러한 신에 관한 신념을 소유하는 개인과 집단의 가치관과 세계관의 문제로 확장되며, 이들은 서로 불가분의 관계 속에 놓인다.

그는 다신론적 신앙(Polytheistic Faith)이 지배하는 사회를 문명이 덜 발달한 고대 원시 사회의 특징이라고 속단하는 것은 매우 피상적 견해라고 경고한다. 폴 틸리히(Paul Tillich)가 말하는 바처럼 어떤 개인이나 공동체에게 있어서 '신' 이 그들에게 '궁극적 관심'(Ultimate Concern)으로서의 성격을 지닌다면, 다원론 또는 다신론적 신앙이란 다름 아니라 이 세계 현실과 우주의 근원을 구성하고 설명하는 궁극적 원리나 실재가 하나가 아니라 여럿일 수밖에 없다고 생각하는 신념 체계를 말한다.

철학적으로 표현해서 궁극적 진리 그 자체, 실재(Reality), 진여문(眞如

---

3) H. Richard Niebuhr, *Radical Monotheism and Western Culture* (Harper Torchbooks, 1960), Chap.2, pp. 24~37.

門)을 총괄하여 '일자' (一者, One)라 표현하고 현상 세계, 구체적 개체아, 생멸문(生滅門)을 '다자' (多者, Many)라고 표현한다면, 다신론적 종교란 '다자로서의 일자' (One as Many)라는 개념으로 표현된다.

'다자로서의 일자' 라는 개념은, 인류 종교사에서 가장 유치했던 정령 신앙 숭배로부터 범신론적 고등 종교, 그리고 가장 최근에 나타난 신형이상학 체계를 구축한 화이트헤드(A. North Whitehead)의 유기체 철학에 이르기까지 다양한 모습으로 나타난다. 다신론적 신앙의 특징은 현상 세계를 지배하는 유일무이한 존재나 최고의 궁극적 실재를 인정하지 않고, 다양한 가치와 원리들로서의 다자와 일자가 본질적으로 불가분의 관계를 가진 일체라고 보는 데 있다.

'하나' 가 분화되면 '여럿' 이 되고 '여럿' 이 통전 수렴되면 '하나' 가 된다. '일자 곧 다자' 는 '하나 곧 만유' 로서 자신을 나타내기 때문에 '하나' 는 '만유' 를 초월할 수 있는 존재가 아니고 철저히 내재할 수밖에 없는 운명을 지닌다. 그러나 '다자' 는 개별성과 다양성을 향유한다. 민주주의 사회는 가치의 다양성과 신념과 자유의 다채로움을 보장하며 정교 분리를 원칙으로 한다는 점에서 '다신론적 사회' 에 가까운 것이다.

리차드 니버가 서구 문화사 속에서 간파해 내는 두 번째 세계관의 유형은 '일신론적 신앙' 이다. 이 일신론적 신앙 형태는 궁극적 실재로서의 일자(One)가 어떤 다른 신이나 가치보다 우월하고 특출하기 때문에 그 모든 것을 지배하고 통제하는 최고 존재, 곧 신들의 위계 질서에서 최고 정상에 위치한다고 본다. 그럼에도 불구하고 일자는 만유 존재 가운데서 최고 존재일 뿐이므로 '다자 중의 최고 일자' (One among Many)라는 개념으로 표현된다.

흔히 이러한 '일신론적 신앙'은 하나의 공동체, 사회, 국가, 문명을 통전시키고, 연대성을 공고히 해주며, 그 사회 구성원들의 자기 정체성을 제공하여 사회를 결속시키는 기능이 있으므로 '사회적 종교'로서 기능한다. 흔히 군주론적 신관 형태는 대부분 이러한 범주에 속하는데, 예를 들면 이집트 바로의 절대 제왕의 지배 사회, 중국 문명의 천자 사상, 유럽 기독교 문명 국가들의 왕권 신수설, 독일 나치즘이나 일본 천왕 중심의 군국주의나 북한의 수령 중심의 이른바 주체 사상도 모두 '일신론적 신앙' 형태의 정치적 표현들이라고 할 수 있다. 그들 체계가 종교를 인정하든 부인하든 실질적으로 그러한 사회 체계는 정치가 종교적 기능을 담당한다.

　　문제의 심각성은 서구 문화사가 '일신론적 신앙'을 견지해 온 것에 불과한 것인데, 이를 참된 의미에서의 '유일신론적 신앙'과 혼동한다는 데서 발생한다. '일신론적 신앙'은 상대적 가치나 신념 체계를 절대화하고, 마침내 그 스스로를 우상화함으로써 인간을 비인간화시키고 사회를 특정 가치 체계의 이념으로 옥죄거나 억압하여 진정한 의미에서 열린 사회의 출현을 저해하게 된다.

　　일신론적 신앙은 '다자 중의 일자'를 존재 서열의 최고 정상에 올려놓음으로써 사회를 통합하는 데 기여할지는 모르지만, 그 '최고 가치, 신념 체계, 이념, 신'을 절대화하여 결국 우상 숭배에 빠지고 만다. 그 최고로서의 '하나'는 정치나 경제나 사회를 통제하는 이데올로기로 나타날 수도 있고, 특정 종교의 교리 체계로 나타날 수도 있으며, 고상한 문명 전통의 모습을 띨 수도 있고, 개인의 카리스마의 모습을 지닐 수도 있다. 그런 점에서 현대 사회는 다신론적 사회이면서도, 가치 서열의 최고 정상 자리에 무엇을 올려놓느냐에 따라 자본주의, 공산주의, 과학 기술주의, 팍스 아메리카니즘, 백인 문명 우월주의, 민족 혈통에 따른 선민 사상 등 다양한 형태로 변신한 신들이 끊임없이 싸우는 카오스적 문명 단계라고 말할 수 있다.

리차드 니버의 통찰에 따르면 '다자 중의 일자'는 경쟁적 가치들을 제치고 최고 자리에 오를지는 모르나, 다자를 초월하거나 그것으로부터 자유롭지 못하기 때문에 여전히 존재 서열 중의 하나의 고리에 불과하고 결국 유한한 상대적 이념 체계로 그치고 만다.

유일신 신앙은 셈족계 종교들의 문명 신 신앙이 아니다

유일신 신앙에 대한 널리 유포된 세 번째 오해는 그것이 지정학적으로 지중해 연안과 근동아시아 지역에서 발생하고, 종족적으로 셈족계에 속하는 지역에서 발생한 독특한 신관이라는 것이다. 유일신 신앙은 배타성이 강하고 호전적이며 타협을 모르는 사막 종교의 특색이라고 생각하는 편견이 상당히 널리 퍼져 있다. 그렇게 보면 유일신 신앙은 유대교, 기독교, 이슬람교로 대표되는 셈족계 종교들의 특성으로 국한되거나, 뜨거운 사막을 배경으로 하여 성장한 셈족 문명권의 문명 신 신앙이라고 잘못 이해하게 된다.

그러나 이런 단순한 사유 방식은 진실을 왜곡시킨다. 우선 셈족계 종교라는 용어 자체가 문화인류학적으로 매우 불명확한 개념이며, 세 종교가 발생한 주변의 자연 환경이 열대림으로 가득 덮인 곳이거나 벼농사를 지을 수 있는 몬순 기후 지역이 아니라 건조 지역임에는 틀림없지만, 그

세 종교의 발상지가 끝없는 사막이라는 상상력도 지나친 착각이다. 오히려 그 세 종교의 흥망성쇠가 이뤄진 고대 중근동 지역은 이른바 '반월형옥토 지대'로서 유프라테스강과 티그리스강, 요단강, 나일강이 가져다준 풍요로운 옥토 지대를 배경으로 하여 문명이 발생한 곳이다.

현상학적인 종교 유형론에 따르면, 오늘날의 세계 문명을 이루어온 가장 중요한 보편적 종교들은 발생 과정에서 뚜렷한 세 가지 흐름으로 대별된다.[4] 중근동 지역의 예언자적 종교 유형, 인도계의 신비적 종교 유형, 그리고 중국에 뿌리를 둔 성인(聖人) 종교가 그것이다.

세계 종교의 첫 번째 흐름은 중근동 지역을 무대로 주로 유목 생활에 바탕을 둔 세 가지 아브라함계 종교들과 관련되어 있으며, 유대교와 기독교와 이슬람교가 여기에 속한다. 이 범주에 속한 종교들의 공통된 특징은 절대자의 뜻을 인간 공동체와 역사 현실에 전달하는 예언자들의 역할과 권위를 매우 존중한다는 것이다. 따라서 이들을 묶어 '예언자적 종교'라고 부르기도 한다. 이들 예언자적 종교들은 절대적 인격신에 대한 '믿음의 경건성'을 내세우고, 경전을 신의 말씀으로 간주하여 절대적 권위를 부여하며, 개인의 인격성과 역사성에 대한 책임을 중시하여 현세와 내세의 심판과 응보 사상을 강조한다.

세계 종교의 두 번째 흐름은 주로 인도 대륙에서 기원한 것인데, 『우파니샤드』에서 절정에 도달한 범아일여(梵我一如) 사상을 강조하는 브라만종교, 그 개혁 사상으로 발생한 종교 개혁자 마하비라(Mahavira)의 가르침으로부터 유래한 자이나교, 그리고 참지혜의 등불을 밝힌 고타마 싯다

---

4) 한스 큉·줄리아 칭, 『중국종교와 그리스도교』, 이낙선 옮김 (분도출판사, 1994), 13~14쪽 참조.

르타로 시작된 불교가 이 범주에 속한다. 종교학자들은 이들 세 가지 위대한 종교의 공통된 특징을 '신비 종교'라는 말로 요약한다. 우주의 궁극적 실재와 순수한 참된 자아가 궁극적으로는 둘이 아니고 하나요, 만유가 동심일체(同心一體)라는 자각 또는 깨달음은 분석적이고 실험적인 지식으로는 이해할 수 없으며 주체와 객체라는 이분법을 넘어선 초월적인 의식 상태에서만 달성된다고 보기 때문이다.

이들 '신비 종교'의 일반적 특징은 자아나 사물에 대한 집착을 고통의 근본 원인으로 간주하며, 모든 정신적·신체적 행위가 업보를 남긴다고 하는 윤회 사상을 받아들인다는 것이다. 또 시간성이나 역사 의식을 중요하게 생각하지 않고 초탈의 상태를 강조한다는 것도 그 특징으로 들 수 있다. 인도에서 발생한 불교는 동남아시아 지역과 중국·한국·일본 등 동북아시아 지역으로 퍼지면서 발전해 갔고 그 지역의 문명과 사람들의 가치관을 형성하는 데 커다란 영향을 미쳤다.

세계 종교의 세 번째 흐름은 주로 중국 대륙에서 발생한 종교로서, 특히 노장 사상과 긴밀한 관련을 지닌 도교와 신선 사상 그리고 유교가 이 범주에 속한다. 종교학자들은 중국에서 발생한 이 종교들의 특징을 한데 묶어 '성인 종교'라고 부르는데, 그 이유는 이들 종교들이 셈족계의 예언자적 계시 종교나 인도계의 신비 종교와 다르게 매우 주체적인 인간의 이성과 사색을 존중하면서 자아 극기와 수신을 통해 우주나 대자연과 조화된 일치의 경지에 도달하려는 현실적 인간을 매우 중시하기 때문이다. 이들 '성인 종교'는 사후의 영생이나 시공을 초월한 초탈이 아니라, 모든 인간이 성인(聖人)을 지향하고 이를 위해 정진해야 한다는 생각을 강조한다.

이상에서 살핀 세계 종교들의 세 가지 유형 가운데서 셈족계의 '예언자적 종교' 계통이 유일신관을 특히 강조하고 있다는 것은 일반적 상식이다. 그러나 좀더 깊이 들어가 보면 셈족계 종교들 안에만 유일신 신앙이 이루어지는 것이 아니라는 것을 알 수 있다. 유일신 신앙을 어떻게 규정할 것인가의 문제가 관건이지만, 만약 '유일신 신앙'이 '궁극적 실재' (The Ultimate Reality)의 무제약성 · 절대성 · 무한성 · 궁극성 · 초인격성 · 만유의 시원성 등을 신앙하거나 이해하는 종교적 자세라고 한다면, 힌두교의 '브라만', 노장 사상의 '도', 유교의 '무극'과 '태극', 불교의 '일원상' (一圓相), 천도교의 '하늘님' 사상이 모두 유일신론적 요소를 지니고 있는 것이다.

그 반대로 생각해 볼 때 셈족계 종교, 즉 유대교와 기독교와 이슬람교에서 신앙하는 유일신관이 통속적으로 이해되는 것처럼, 무슨 인격적 절대자에 대한 인격주의적 신관으로 모두 설명되는 단순한 신관이 아니라는 점을 알 필요가 있다. 2장에서 좀더 구체적으로 살펴보겠지만, 유대교 · 기독교 · 이슬람교의 신비 전통에서는 언어나 개념으로 표현되거나 이해할 수 없는 절대적 인격신의 또 다른 측면을 강조하고 있는 것이다.

결론적으로 말하면 유일신관을 인간과 비슷한 속성과 개성을 지닌 '인격적 신'을 믿는 신관으로 보거나, 유교나 불교나 힌두교 등 위대한 동양 종교가 '비인격적 절대자'라는 관념을 갖는다고 하는 생각은 매우 위험하며 또 진실도 아니라는 것이다. 우선 여기에서는 유일신 신앙이란 셈족계 종교들이 지닌 셈족계 문명 신이 아니라는 점만을 기억해 두면 충분하리라고 생각한다. 어느 특정 문명에 귀속된 신은 해당 문명이 만들어낸 우상이지 진정한 유일신이 될 수 없기 때문이다.

유일신 신앙은 성경적 신앙의 독점물이 아니다

셈족계 종교들, 다시 말해서 '예언자적 종교' 들 중에서 그리스도교가 한국에 본격적으로 전래된 사건은 가톨릭으로 말하면 지금부터 220여 년 전이요 개신교로 말하면 불과 120여 년 전이다. 1784년은 조선 천주교회의 창설자라고 말할 수 있는 이승훈(李承薰), 이벽(李檗), 권일신(權日身) 세 사람이 세례를 받고, 같은 해 겨울 명례동(지금의 명동)에 살고 있던 중인 계급의 신자 김범우 집을 교회당으로 삼아 최초로 조선 교인들이 주체적 예배를 드린 해로 한국 가톨릭 교회의 창립 원년이다.[5]

개신교의 경우는 한국 가톨릭보다 꼭 100년 뒤인 1884년 황해도 솔내골(송천)에 최초로 개신교 교회당이 세워지면서 그 역사가 시작된다. 그 다음해(1885년) 미국 선교사 언더우드와 아펜셀러가 입국하여 광혜원과 배재학당이 설립되었다.[6]

무교(巫敎)는 차치하더라도 한국 불교나 유교 등에서 보는 바와 같이 그 종교들이 한국 문화와 사회에 끼친 절대적인 영향력에 비한다면, 한국에 들어온 그리스도교는 상대적으로 매우 짧은 선교의 역사를 가질 뿐이다. 그럼에도 불구하고 특히 한국의 근현대사에서 그리스도교가 한국 사회의 정치 · 경제 · 사회 · 문화에 미친 영향을 고려하지 않으면 한국 근현대사 서술이 불가능할 정도로 큰 성장을 이룬 것이 사실이다. 한국 그리스도교가 한민족 사회에 던진 창조적 공헌과 사회 역사 변혁을 선도해

---

5) 유홍렬, 『한국천주교회사』 증보판 상권 (가톨릭출판사, 1994), 89쪽.
6) 민경배, 『한국 기독교회사』 개정판 (대한기독교출판사, 1992), 505쪽 참조. 1887년엔 한국 최초로 성서번역위원회가 조직되고, 같은 해 7월과 10월에 각각 한국장로교회와 감리교회의 대표적 교회랄 수 있는 새문안교회와 정동교회가 설립되었다.

온 촉매적 기능은 결코 과소 평가할 수 없을 만큼 크다.

한국 가톨릭 교회와 개신교, 넓게 말해서 한국 그리스도교가 한국 근현대사에 끼친 빛과 그림자는 간단하게 몇 마디로 처리할 수가 없다. 그러나 한국 근현대 사회가 형성되는 동안 그리스도교가 인권 사상과 자유 사상을 고취하고, 사회 신분 계급을 철폐하는 데 앞장서며, 여성의 해방과 주권재민의 민주주의를 토착화하는 데 기여하였으며, 또 한글을 보급하고 문맹 퇴치 운동을 펼쳤고, 서구 의학 을 비롯한 과학 사상을 도입하고 역사 의식을 고취시키는 등 여러 분야에서 커다란 영향을 미친 점은 누구도 부인할 수 없다.

그러나 한국의 근현대화 과정에서 보여진 그리스도교는 민족 운동과 인간의 존엄성, 민주주의적 가치를 지키려는 노력, 그리고 분단된 조국을 평화 통일의 길로 이끌려는 노력 같은 밝은 면만 가지고 있는 것은 아니다. 한국 그리스도교, 특히 개신교는 한국 사회에 어두운 그림자를 함께 드리우고 있는데, 그중에서도 한국의 개신교 교단들이 성경적 신앙의 독특성과 고유성에 심취한 나머지 민족 문화나 전통 종교에 배타적 태도를 보인 점이라든지, 전통 문화나 가치를 마치 고대 모세 시대 이스라엘 민족이 가나안에 진입할 때 가나안 땅을 풍미하던 바알 종교나 이교 신앙과 같은 범주로 생각하여 배타적으로 대한 점은 매우 유감스러운 측면이다. 그런 개신교의 태도는 타종교에 대한 무지의 소산이요, 성경이라는 경전을 문자주의적으로 잘못 이해한 경직된 성경관에 기초한 편협한 태도가 아닐 수 없다.

보수적 기독교인들이 신앙 생활에서 보여준 경건성이나 선행, 열성적인 전도 생활을 탓할 필요는 없다. 그런데 한국 개신교의 보수적 성향의 뿌리는 한국 민족에게 개신교를 전도해 준 미국 선교사들의 근본주의적 기독교 교파 신학이 기초를 이룬 것인데, 근본주의 기독교 신학의 제일원리가 다름 아닌 '성경의 문자 무오류설'이라는 것은 지적할 필요가 있다.

무릇 모든 종교에서 경전의 중요성과 그 권위는 종교의 심장과 같아서 매우 중요하다. 그러나 종교의 경전 속에 시공을 초월한 항구적 진리와 계시적 진리가 내포되어 있다는 신념과 종교 경전은 신탁과 같이 글자 한 자 한 자가 절대 오류일 수 없는 진리를 지닌다고 확신하는 경직된 신념과는 구별되어야 한다.

만약 후자처럼 '성경 무오류설'이라는 교리적 도그마를 제일원리로 설정하고 기독교를 이해하거나 이웃 종교를 이해하려 들면 매우 어려운 문제에 봉착하게 된다. 예를 들면『구약성경』의 중심 뼈대는 '모세 오경'이라는 경전 속에 정립되어 있는데, 저 유명한 모세의 십계명 중 첫 계명이 "너희는 내 앞에서(또는 나 밖에는) 다른 신들을 섬기지 못한다"(「출애굽기」 20 : 3)라고 쓰여 있다. 여기에서 말하는 유일신이란 모세에게 자신의 이름을 '야훼'(여호와)로 알리신 신을 말한다.

그러므로, 한국의 열성적이고 보수적인 기독교 신도들은 '야훼'(여호와)라는 이름으로 불리는, 성경이 전하는 그 신 이외의 다른 이름을 지닌 신은 모두 우상이거나 반기독교적 신앙이기에 배타적일 수밖에 없다는 단순 논리를 펼친다. 한국 보수적 기독교인들의 논리대로라면, 한민족 5천 년의 유구한 역사 속에서 우리 조상은 참하나님 없이, 참하나님을 떠나서 우상 신들을 섬기며 살아온 셈이 되고 만다. 왜냐하면 우리 조상은 보수적 기독교인들의 말하는 참유일신의 이름 '야훼'(여호와)라는 신의 이름을, 적어도 성경이 한국에 소개되기 전엔 들어본 적도 없고 들어볼 기회마저 없었기 때문이다.

그러므로 성경의 가치와 존경심이 지나쳐서 성경을 문자적으로 절대 오류가 없는 교리적 명제로서 이해하는 것은 성경을 올바로 이해하지 못하는 태도이며, 엄청난 모순과 혼란을 피해갈 수 없게 된다.

그러나 유감스럽게도 오늘날 한국 개신교의 보수적 교단 안에서 신앙훈련을 받고 자란 교인 중에는, 유일신 신앙은 '성경' 안에만 계시된 것이어서 '성경적 신앙'을 통해서만 유일신의 바른 뜻을 알 수 있을 뿐이라고 여기며, 자신들만이 그 진리를 전파할 독점적 권리와 의무를 지니고 있다고 자부한다. 그리스도교가 유일신 신앙을 지닌 위대한 세계적 보편 종교임에는 틀림없지만, 한국 보수적 개신교도들이 이해하는 그런 뜻에서 기독교가 위대한 것은 결코 아니다.

'철저 유일신 신앙'이라는 관점에서 보면 유대교는 더욱 철저한 유일신 신앙의 태도를 보이고 있으며, 6세기 아라비아반도에서 발생한 이슬람교는 아브라함 종교와 모세 신앙과 예수의 가르침을 다 인정하면서도 더욱더 철저한 '유일신 신앙'을 주장하고 있다.

또한 한국인의 마음속에 면면이 이어져온 '하느님' 신앙은 18세기 동학 운동에서 여실히 분출되는데, 원효(元曉)로부터 의상(義湘), 이황(李滉), 이이(李珥)를 거쳐 최제우(崔濟愚), 최시형(崔時亨)의 마음속에서 진리와 생명의 빛으로 그들을 비추었던 '궁극적 실재'로서의 '존재 자체'이신 하나님이 성경이 증언하는 '유일하신 하나님'과 다른 신이라면, 보수적 기독교인이 말하는 성경의 신 자체가 유일하지 않은 '상대적 신'으로서 기독교 종파신이거나 기독교 문명신일 수 있는 것이다. 그런 신은 우리와는 아무런 관련도 가질 필요 없는 '외래 신, 수입된 신'이요, 더 혹

독하게 말하자면 18~19세기 서구 기독교 문명이 동양 문화나 제3세계 식민 지배 시대에 서구 열강이 무력을 앞세우고 들여온 '문화 제국주의자들의 폭력적 신'일 뿐이다.

우리는 성경이 전하는 위대한 하나님 신앙, 곧 "긍휼과 자비가 풍성한 신이며, 자유와 정의의 신이며, 평화와 사랑의 신"이 한국의 보수적 기독교인의 닫힌 마음과 좁은 소견 때문에 왜곡된 모습으로 한국의 비기독교인에게 비춰지는 그런 배타적 종파신은 아니라고 생각한다.

성경 진리가 참이라고 믿는 '성경 무오류설'의 문자주의적 성경관 때문에, 한국의 독실한 그리스도교인 중에는 우리 조상이 귀의해 왔던 불교, 유교, 천도교, 원불교 등을 인정하지 못하고 배타적 태도를 취할 수밖에 없다고 생각하는 사람들이 의외로 많다. 그것은 사실 따지고 보면 한국 개신교 평신도들의 잘못이라기보다는 기독교 선교사, 성직자, 신학자들의 책임이 더 크다. 잘못 이해된 성경관은 일가, 친척, 형제, 자매간에 종교 문제에 따른 갈등과 상처로 이어지는 경우도 많다. 이런 비극은 종교를 바로 이해하고 성경을 올바로 이해함으로써 하루속히 극복되어야 한다.

이 책의 중요한 목적 중 하나는 성경이 증언하는 유일신 신앙의 참뜻이 무엇이며, '야훼'(여호와)라는 신의 이름이 말하려는 참된 의미가 무엇인지를 함께 생각해 보는 것이다. 그러면 이제부터 본격적으로 셈족계 종교 전통 속에서 유일신 신앙이 어떻게 형성되어 왔으며, 그 분명한 의미도 모른 채 우리가 예배 시간에 '야훼 하나님', '여호와 하나님'이라고 불러왔던 신명(神名)의 실체를 이해하는 신앙의 순례길을 떠나보기로 하자. 삶이란 어차피 순례의 여행길이요, 종교란 딱딱한 교리이거나 신념 체계라기보다는 신비롭고 아름다운 도상에 있는 '삶의 길, 그 자체'이기 때문이다.

2. 이스라엘 민족과 유대교의 유일신 신앙

아브라함과 모세의 하나님 체험

셈족계 종교 중에서 가장 역사가 오래되고 뿌리가 깊은 종교는 이스라엘 민족이 지녀왔던 유대교이다. 넓은 의미에서 사람들이 유대교라고 말할 때는 아브라함과 이삭과 야곱으로 대표되는 이스라엘 민족의 족장 시대부터 현재에 이르는 약 3,800년 동안 면면이 지속되는 이스라엘 민족, 곧 유대 민족의 종교를 총칭하여 말한다. 그러나 엄밀하게 말하면 아브라함 족장 시대와 모세 시대를 거쳐 이스라엘의 위대한 예언자들이 활동하던 시대의 이스라엘 민족의 전반기 신앙과, 기원전 6세기 이후에 발전해 온 후반기 유대교는 조심스럽게 구별되어야 한다. 유대교의 형성은 이스라엘 민족사와 밀접한 관련을 가지고 있다.

역사적으로 이스라엘 민족은 주권 민족 국가를 유지하고 있다가 고대 앗시리아제국과 바빌로니아제국에 의해 멸망하였다. 이때 정신적 거점을 이루던 예루살렘 성전이 붕괴되고 이스라엘 지도자들과 일부 백성이 세 차례에 걸쳐 바빌로니아 제국에 끌려가(기원전 597, 587, 582년) 50년 가까이 포로 생활을 했다. 그러다 고레스(Cyrus)가 이끄는 페르시아제국이 새로 중근동 세계를 평정하면서, 포로로 잡힌 민족을 고국으로 되돌아가게 했다.(기원전 539년) 이스라엘 민족은 포로 생활에서 귀환한 후 성전을 재건(기원전 515년)하고, 율법을 정비하고, 모세 오경, 즉 『토라』(Torah, 율법서)에 기초하여 더욱 세밀하게 종교법과 생활법을 다듬어갔다. 그러므로 기원전 400년 이후, 『탈무드』(Talmud)를 바탕으로 형성된 유대 민족의 정치적 · 종교적 · 사회적 삶의 유기적 총체가 유대교를 만들어낸 것이다.

그러나 유대 민족은 로마 식민지로 편입되면서 지금까지 계속되는 유랑의 신세에 떨어지게 된다. 바빌로니아에서 귀환한 후 재건하였던 제2성전은 로마의 지배 아래 놓였던 70년 다시 허물어지고 유대 민족은 사방으로 흩어져 한 평의 땅도 정신적 상징물로서의 성전도 없이 살아가는 고난의 민족이 되었다. 그 고난의 절정은 제2차 세계대전 당시 나치 치하에서 600만 명이나 되는 유대인이 집단 살육을 당하면서 정점에 달했다. 그러나 2천 년 동안 그들은 세계 어느 곳에 흩어져 살든 자신들이 거주하는 공간에 시나고그(會堂)를 설립하고 율법 교사인 랍비를 두어 꾸준히 자신들의 신앙을 전승시켜 나아갔다. 그리고 가정에서는 부모가 아이들의 제사장이 되어 식탁을 제단으로 삼아 그 신앙을 더욱 공고하게 만들어갔다.

마침내 제2차 세계대전이 끝난 후 유엔 총회 결의에 의해 유대 민족은 그들의 고토(故土) 위에 이스라엘 국가를 재건하고, 이슬람교를 신봉하는 10억 명 이상의 아랍인들에 둘러싸인 채 꿋꿋이 그들의 놀라운 능력을 온 세계에 과시하고 있다. 그들은 사막을 젖과 꿀이 흐르는 오렌지 밭으로 만들어 삶의 터전을 가꿨다. 노벨상 수상자의 절반 정도가 유대 민족 혈통과 관련이 있다고 한다.

이스라엘 민족의 그 놀라운 창조적 능력과 고난을 통해 생명의 꽃을 피우는 정신력은 그들의 종교 신앙에서부터 나온다. 그리고 그들의 종교 신앙의 뿌리는 아브라함의 신앙과 모세의 유일신 신앙으로부터 온다. 세계 문명의 중요한 축을 형성해 온 그리스도교와 이슬람교도 알고 보면 그먼 뿌리가 아브라함의 신앙과 모세의 유일신 신앙에 있으니, 그리스도교를 어떻게 바라보든 먼저 아브라함과 모세가 지녔던 유일신 신앙의 본질과 역동성이 무엇이었는지 알아볼 필요가 있다.

역사가들에 의하면 아브라함은 기원전 1800년 무렵 고대 바빌로니아 제국의 함무라비 왕과 동시대에 살았던 실재 인물이었으며, 『구약성경』「창세기」 18장에서 언급한 대로 매우 특이한 종교적 소명 경험을 겪고서 지금의 팔레스타인 땅으로 이동한 유목민의 부족장이었다. 아브라함의 조상은 지금의 페르시아만 서쪽에 자리잡고 유프라테스강과 티그리스강의 하류 지역인 바빌로니아제국의 번영한 도시 우르(Ur)를 떠나, 지금의 터키와 시리아 국경 지대쯤 되는 하란(Haran)에 거주하여 살았다. 아브라함 때에 이르러 독특한 신의 소명 경험을 겪고서 "그의 본토 친척 아비집을 떠나"(「창」 12: 1) 지금의 팔레스타인 지역, 곧 가나안 땅으로 이주하였다. 기원전 20세기부터 기원전 18세기 무렵의 가나안 땅은 중근동 지역에 흩어져 살던 여러 족속들의 이동이 잦은 매우 어수선한 곳이었다. 『구약성경』에 이름이 나오고 고고학적 발굴에 의해 확인된 족속들의 이름만 해도 가나안 족, 히타이트 족, 아모리 족, 브리스 족, 히위 족, 여부스 족 등이 있다. 『구약성경』「신명기」 26장에 나타나는 초기 이스라엘 백성들의 추수 감사 예배 때 한 목소리로 고백하던 그들의 공동 신앙 고백을 보면 "우리 조상들은 떠돌아다니던 아람 사람"(「신」 26 : 5)이라는 구절이 나오는데, 아람 인은 아모리 족과 밀접한 관계를 가진 족속이고, 아브라함과 그 후손은 이들과 혈통상으로 매우 긴밀한 관계가 있는 것으로 학자들은 본다.[1]

그런데 고대 사회에서 "그의 본토 친척 아비 집을 떠남"이란 그렇게 간단한 일이 아니다. 고대인의 삶은 그들의 삶의 터전인 토지와 그들의 안전을 보장하는 혈족에 의해 생존 자체가 보존되고 영위되는 사회이다. 고대뿐만 아니라 현대에 이르기까지 인간의 삶은 토지와 혈통에 깊이 연계되어 있다. "피는 물보다 진하다"는 말도 있듯이 '흙과 피'는 고대인들을 집단적 유기체적 삶의 구조 속으로 연계시켜 주는 생명줄과 같은 것이고 인간의 본능처럼 인간 집단을 쉽게 결집시키는 마성을 지닌다.

그리하여 고대 사회의 신들은 일정한 지역에 거주하며 같은 혈통을 지닌 족속을 지켜주고 그 영역 안에서 그들의 생사화복을 주장하는 부족신의 성격을 지니고 있었던 것이다. 이런 고대 사회의 삶의 자리를 감안해 볼 때, 아브라함이 "본토 친척 아비 집을 떠나" 그를 인도하는 신의 음성을 따라 미지의 땅과 열려진 미래의 시간 속으로 떠났다는 것은 성경적 신앙의 역사에서 매우 중요한 '역사적 이정표'로서 의미를 지닌다.

아브라함과 이삭과 야곱의 하나님이 고대 초기 족장 시대의 종교 현상을 일부 반영하고 있는 것은 차라리 당연하다 하겠지만, 그럼에도 불구하고 아브라함의 종교 체험과 그의 신앙에는 매우 색다른 점이 있다. 우선

---

1) 버나드 W. 앤더슨, 『구약성경의 이해』, 강성열 · 노항규 옮김 (크리스챤 다이제스트, 1996), 52 ~63쪽.

아브라함을 불러낸 그 신은 아브라함이나 그 후손들과 직접적인 혈통 관계가 전혀 없으며, 따라서 핏줄로 맺어진 관계가 아니고 일종의 계약적 관계의 신이었다. 고대 사회에서 신앙되었던 대부분의 신이 일정한 지역을 주관하는 공간적으로 예속된 신이고, 일정한 종교적 성소에서 종교 의례를 통해 희생 제물을 열납받는 신이었지만, 아브라함을 부른 신은 일정한 공간에 매어 있지 않았던 것이다. 종교학자 미르치아 엘리아데 (Mircea Eliade)의 말에 따르면, 아브라함의 신앙은 '영원 회귀 신화'에 뿌리를 둔 우주적 공간 중심의 종교를 극복하고, '희망과 미래를 약속하는 종교', 계약 종교에로 전환하는 계기를 이루게 되었다고 한다.[2]

성서학자들에 따르면 이스라엘의 종교사 속에서 아브라함과 이삭과 야곱의 3대에 걸친 족장들의 이름으로 상징되는 '조상들의 하나님'과, 모세를 통해 소개되고 나타난 '야훼'라는 이름을 지닌 하나님과의 불연속적인 연속성 또는 연속적인 불연속성은 항상 신학적 난제 중 하나였다. 한국어 성경에는 모두 '전능의 하나님', '높으신 하나님', '거룩한 하나님' 등으로 번역되어 표기되었기 때문에 일반 신도들은 당연히 아브라함과 이삭과 야곱도 '야훼'(여호와)라는 유일신을 섬기며 신앙 생활을 영위했을 것이라고 추정하지만, 히브리어로 쓰여진 『구약성경』 원문에는 전혀 다른 신 이름으로 표기되고 호칭되고 있다.

'조상들의 하나님'과 모세의 '야훼 하나님'과의 불연속적인 연속성은 모세를 통한 계시적 말씀 속에서 너무나 뚜렷하게 언급되고 있다. 그 대표적인 성경 구절을 한 군데 인용하면 아래와 같다.

---

2) Mircea Eliade, *The Myth of the Eternal Return: Cosmos and History* (Princeton University Press, 1974), pp. 108~110.

"하나님이 모세에게 이렇게 말씀하셨다. '나는 '주' (主)다. 나는 아브라함
과 이삭과 야곱에게 '전능한 하나님'으로는 나타났으나, 그들에게 나의 이
름을 '야훼' (여호와)로는 알리지 않았다. 나는 또한, 그들이 한동안 나그네
로 몸 붙여 살던 가나안 땅을 그들에게 주기로 그들과 언약을 세웠는데, 이
제 나는 이집트 사람이 종으로 부리는 이스라엘 자손의 신음 소리를 듣고,
내가 세운 언약을 생각한다. 나는 주(主)다. 나는 이집트 사람들이 너희를
강제로 부리지 못하게 거기에서 너희를 이끌어내고, 그 종살이에서 너희를
건지고, 나의 팔을 펴서 큰 심판을 내리면서, 너희를 구하여내겠다.……'"
(『구약성경』「출애굽기」 6 : 2∼6)

위의 성경 구절에 의한다면, 아브라함과 이삭과 야곱 등 이스라엘 3대
족장의 후손들이 기원전 13세기, 이집트 람세스 2세의 통치 기간 후반기
에 이집트에서 나오기 전에는 비록 유일신 신앙을 지켰을지라도 그 유일
신의 이름을 '야훼' (여호와)라고 부르지 않았다는 것이 확실한데, 그렇다
면 그때 그들은 신의 이름을 어떻게 호칭하였던가? 학자들의 연구에 의
하면 아브라함과 이삭과 야곱이 정착했던 가나안 지역에는 고대 사회에
서 흔히 그러하였듯이 다양한 신들이 숭앙되고 있었고, 아브라함의 자손
들은 그중에서도 '엘' (El)이라고 호칭하는 최고신을 섬기고 있었다.
그것은 마치 한국 종교사 속에서 무교(巫教)가 고대 사회부터 한민족
의 기층 종교로서 기능하며 다양한 몸주신들을 섬겨왔지만, 신통계(神統
系)의 '하눌님, 한울님, 하느님'을 최고신으로 인정하고 높이 섬겨온 것
과 다르지 않다. 이스라엘 조상들의 신은 '엘'이었고, 뒤에는 '엘로힘'
(Elohim)으로 호칭되며 경외 대상이 되었다.

한국어로 성경을 번역하는 과정에서 『구약성경』에 나타나는 히브리어 신을 가리키는 호칭 '엘'을 그대로 번역하지 않고 대부분 우리말 보통 명사 '신, 하느님, 하나님' 등으로 번역했지만, 여러 가지 특별한 지명이나 인명 등에서 그 흔적이 남아 있다. 예를 들면 '이스라엘'은 '엘(하나님)이 겨루신다'라는 뜻이요, '이스마엘'은 '엘(하나님)은 들어주소서'라는 뜻이며, '벧엘'은 '엘(하나님)의 집'이라는 뜻이며, '엘엘로헤이스라엘'은 '엘(하나님), 이스라엘의 엘(하나님)'이라는 뜻이다. 위의 예에서 보듯이 고대 아브라함의 후손들은 사람 이름, 땅 이름 혹은 사건 이름에 그들이 섬기는 신의 이름을 연관시켜 호칭함으로써 그들의 정체성과 기원을 표현하였다.

성서학자들에 따르면 모세 이전 이스라엘 족장 시대와 그 후손들은 비록 유일신론적 신관을 가지고 있었지만, 신께 제사 드리고 기도하는 거룩한 성소(聖所)나 특별한 종교 체험과 결부하여 '엘'(하나님)을 다양하게 호칭하면서 예배하였다고 한다. 그 대표적인 것들을 열거하면 다음과 같다. '엘 샤다이'(El Shaddai, 전능의 하나님, 「출」 6: 3, 「창」 17: 1, 「창」 43: 14 등 참조), '엘 엘리욘'(El Elyon, 지극히 높으신 하나님, 「창」 14: 18~24), '엘 올람'(El Olam, 영생하시는 하나님, 「창」 16: 13), '엘 로이'(El Roi, 감찰하시는 하나님, 「창」 16: 13) 등이 그 대표적 사례들이다.[3]

한 가지 특이한 것은 아브라함과 그 후손들이 '엘'이라고 호칭되는 가나안 지역의 보편적 신 이름에 다양한 특성을 부가함에 따라 예배 드리는 성소마다 신의 모습이 다르게 나타나지만, 아브라함과 그 후손들은 고대 사회에서 일반적으로 이해되는 방식과 같은 '지방 수호신'(local

---

3) 존 브라이트, 『이스라엘의 역사』, 박문재 옮김 (크리스챤 다이제스트, 1996), 124~130쪽 참조.

numina)으로서 자신들의 하나님을 이해하지 않고 전능하고 유일하신 하나님이 그들에게 나타나는 신현(神現, theophany)의 존재 방식으로 이해했다는 점이다.

아브라함과 이스라엘 족장들의 하나님은 특정 시공간에 제약되는 '지방 수호신'도 아니었고, 진정한 신들이 다수 존재한다고도 믿지 않았다. 그렇기 때문에 아브라함의 후손들은 나중에 모세를 통해 전달되는 말씀, 곧 조상들에게 나타났던 '조상들의 하나님'이 곧 '야훼'였다는 불연속적 연속성의 논리를 쉽게 받아들였던 것이다.(「출애굽기」6: 2~6) 아브라함과 그 후손들은 '엘' 신을 폐기하고 '야훼' 신으로 대체한 것이 아니라, 전자가 후자 안에서 통전적으로 교체되었던 것이다. 그러한 이치는 마치 한민족이 오랫동안 하느님 신앙을 지니고 오다가 성경을 통하여 보다 철저한 유일신적 신관을 접하면서 한국의 그리스도인들이 자연스럽게 성서적 유일신 신관을 받아들이는 이치와 같다.

이스라엘 민족의 신앙과 유대교의 뼈대를 세운 두 인물은 두말 할 것도 없이 아브라함과 모세인데, 모세에 관한 보도 기록은 아브라함보다 풍요롭고 또 역사적 시계(視界) 안에도 뚜렷하게 들어온다. 과거 한때에 특히 보수적 개신교 신학자들이나 목회자들은 통칭 '모세 오경'이라는 말이 의미하는 대로 『구약성경』 처음 부분, 곧 이스라엘 사람들이 『토라』라고 부르는 다섯 권의 두루마리 책(「창세기」, 「출애굽기」, 「레위기」, 「민수기」, 「신명기」)을 모세가 직접 썼다고 주장하였다. 그러나 18세기 성서 문헌 비평학적 연구와 역사 비평적 연구 등을 통해서 분명하게 밝혀진 것은 '모세 오경'이 한두 사람의 개인 저작물이 아니라는 것이다.

오랫동안 이스라엘 백성 속에 면면이 이어져 내려온 구전 자료와 일부

문헌 기록 자료를 이스라엘의 엘리트 집단들이 어느 역사적 계기에 채록하고 편집하고 재구성하고 재해석하면서 신앙 공동체 안에서 전승시켜 왔다. 성서학자들은 이들 다양한 전승 자료를 네 가지 범주로 분류하고 각각의 자료군에 'J 자료, E 자료, P 자료, D 자료'라는 명칭을 붙였다. 자료들은 기원전 6세기 전후 몇몇 엘리트 집단 혹은 학파의 특성에 따라서, 그리고 그들이 채록 편집한 전승 자료 속에 나타난 '신명(神名) 호칭'이 '야훼'인지 또는 '엘로힘'인지에 따라 나누어졌다.

성경의 기록과 편집과 전승 과정에 인간들의 참여와 노력이 개입되었다는 것이 확실하게 밝혀졌다고 해서, 성경을 포함한 위대한 종교 경전이 인간들의 평면적 역사 과정 속에서 산출된 순전한 '인간적 산물'로 폄하되는 것은 아니다. 18세기 계몽주의 시대에 합리주의 사상이 기승을 부리던 때에는, 객관적이고 실증적이고 과학적이라는 명분 아래 고대 종교적 경전 속의 모든 신적 계시성이나 초월적 영감성이 제거된 채 성경이 단지 '고대 문헌 자료집' 그 이상이 아니라는 인본주의적 해석이 고집된 적이 있었다.

그러나 오늘날 지성과 영성이 성숙해진 시대에 경전에 대한 두 가지 극단적 태도는 배척되어 마땅하다. 그 한 가지는 극단적 보수적 입장으로서 경전이 완전한 신의 계시서로서 글자 한 자 한 자가 신의 직접 계시의 기록물이라는 입장이요, 또 다른 한 가지는 극단적 자유주의 입장으로서 모든 경전은 인간의 이성과 심리 상태의 반영물에 불과하다는 입장이다. 하늘에서 완전 제작되어 곧장 땅에 주어진 종교 경전은 없다. 그렇다고 해서 종교 경전이 고대 신화들과 인지가 덜 발달된 고대 시대 문헌 자료들의 집대성인 것도 아니다.

종교 경전이란 개인과 집단에게 심원하고 결정적인 거룩 체험과 구원 체험과 진리 체험이 주어지고, 그것을 해당 시대 언어와 풍속과 학문 체계 속에 담아 이해한 대로 기록 전승된 것이다. 빛이 물 속으로 진입할 때는 굴절되듯이 순순한 신적 계시라 할지라도 인간의 마음과 역사 수면에 닿으면 일정하게 굴절된다. 성경이라는 위대한 경전에 대하여 위와 같은 이해를 전제로 하고서, 『구약성경』이 전해 주는 모세와 모세가 경험한 하나님 체험을 약술하면 다음과 같다.

역사적 인물로서 모세는 아브라함보다 약 600년 뒤에 이집트에서 출생한 히브리인의 후손이었다. 역사적 시기는 이집트 19왕조 람세스 2세 치하의 말기쯤이니 서력 기원으로 계산하면 기원전 1280년 무렵의 인물이다.[4] 『구약성경』 속에는 그의 탄생 설화가 전해 오는데(「출」 2 : 1~10), 그는 장성하면서 이집트의 문물을 배우고 익혀 세상 물정에도 통달하고 지도력도 뛰어난 인물로 주목받았다. 성인이 된 후 같은 민족인 히브리인의 혈통적 뿌리가 무엇인지 알게 되고, 이집트 도시를 건설하는 토목 공사의 노동자로 동족 이스라엘인들이 노예 신분으로 동원되어 혹사당하는 것을 보면서 의분을 느끼기도 하고, 또 동족에게 배척받기도 하면서, 시나이반도 미디안 땅으로 도피, 미디안 제사장 이드로의 양떼를 돌보는 목동이 되었다.

『구약성경』 속에는 모세의 신 체험이 매우 인상적으로 기록되어 전승된다.(「출」 3 : 1~4 : 17) 저 유명한 미디안 광야에서 모세가 경험한 '불타는 떨기나무 속에서의 신현(神現) 체험'(theophany, 「출」 3 : 1~12)이 그것이다. 모세의 소명 체험이며 동시에 최초로 그가 야훼 신과 부딪친 거

---

4) 버나드 W. 앤더슨, 『구약성서 이해』, 72~73쪽.

룩한 체험이기에 '불타는 떨기나무 속에서의 신현 체험'은 이스라엘 민족의 유일신 신관을 이해하는 데 결정적인 자료가 된다. 건조하고 황량하기 그지없는 척박한 미디안 광야 들판에 뿌리를 내리고 자라나는 일년생 관목이 '떨기나무'이다. 군락을 이뤄 성장하기 때문에 나무라기보다는 덤불처럼 보이기도 한다. 강수량이 절대적으로 부족한 광야에서 끈질기게 생명을 지속해 가는 볼품없는 나무들은 뜨거운 한낮 사막의 햇빛만으로도 자연 발화되어 쉽게 타버리는 연약한 나무이다.

그런데 어느날 모세가 호렙산이 멀리 보이는 광야로 나아갔을 때 이상한 현상을 목도하게 된다. 거룩한 불꽃으로 타오르는 떨기나무 한복판에서 일종의 종교적 '성현(聖現) 체험'(hierophany)을 하게 되는 것이다. 종교학에서 '성현 체험'과 '신현 체험'은 조심스럽게 구별되지만 혼성적으로 이해되기도 한다.

'성현 체험'이란 '거룩한 실재'를 체험하는 것이다. 신령님, 천사, 영적 존재, 초월적 존재자의 현존 체험을 말한다. '신현 체험'은 글자 그대로 신이 직접 나타남을 경험하는 체험이다. 그런데 흔히 셈족계 종교에서 천사와 같은 영적 존재는 절대 초월자인 유일신의 전권 대사일 뿐만 아니라 구체적으로 신의 현존으로 간주되기에, 모세가 불타는 떨기나무 덤불 가운데서 '하나님의 사자인 천사'가 나타나는 것을 경험하는 것은 곧 '전능한 거룩하신 분 야훼 하나님'에 대한 현존 체험이라고 할 수 있다.(「출」3 : 1~6)

모세의 유일신 체험은 이스라엘 종교 사상의 뼈대를 형성하게 되고, 아브라함과 이삭과 야곱으로 대표되는 이스라엘 족장들의 일반적인 '엘 하나님' 신앙에 특유한 색깔과 전통을 부여하는 계기가 된다. 모세가 경험하고 만난 '야훼' 하나님의 본질과 속성은 '야훼 신명 연구'라는 주제로 따로 다루기로 하고, 우선 여기에서는 모세의 유일신 신앙의 총괄적 특성을 고찰하기로 한다.

첫째, 모세가 경험한 유일신은 모세 개인 또는 이스라엘 백성의 종교적 심리 상태가 조성해 낸 신관이 아니고, 거의 예기치 않은 상태에서 모세와 이스라엘 공동체에게 주어진 특유하고도 강렬한 '신적 계시' 체험으로 주어진 것이었다.

많은 종교 심리학자들은 인간성 안에 가능성으로 존재하는 생래적 종교성이 어떤 계기를 통해 싹이 트고 발전해 가면서 저급한 정령 신앙 단계에서 고차원적인 유일신관으로 발전해 간다고 주장한다. 특히 계몽주의와 헤겔 역사 철학의 영향을 받던 시대에 모든 사상이 저급한 상태에서 고급한 상태로, 단순한 상태에서 복잡한 상태로 나아간다는 발전사관 또는 진보사관의 관점이 종교사 연구에도 널리 적용된 시대가 있었다.

물론 미디안 광야에서 목동으로 일하는 모세가 자신의 눈에 직접 보이지 않는다고 해서 멀리 떨어진 이집트 땅에서 노예 신분으로 강제 노역에 시달리는 동족의 고통과 민족의 비애를 깡그리 잊어버리고 살았다고 단정할 수는 없다. 비록 목동이라는 신분 상태이지만 잠재 의식이건 무의식이건 간에 모세는 동족의 문제를 늘 생각해 왔다고 가정할 수 있는 것이다. 그럼에도 불구하고 모세가 호렙산 가까운 미디안 광야에서 '불타는 떨기나무' 한복판의 거룩한 광휘에 둘러싸여 자기를 부르는 거룩한 절대자에 대한 신현 체험을 한 것은 그에게 들이닥친 구체적인 사건으로 그를 사로잡았다. 이 사건은 그에게 주어진 사건이지 그가 예견하거나 기대하거나 심리적으로 투영한 사건이 아니었다.

그러므로 모세 종교에서 유일신 신앙은 첫째, 거룩한 주 하나님이 절대적인 주체성과 주도성을 가지고 절대적 유일신이 어떤 속성과 어떤 뜻을 지닌 것인가를 스스로 보여주시는 절대 타자로서의 하나님을 믿는 신앙이다. 유일신 신앙이란 신적 자유와 임의성을 가지고 '자기를 계시하시는 하나님'을 믿는다는 것을 의미한다. 모세의 유일신은 우주의 이법(理法)이거나 우주의 조성 원리 같은 개념이 아니고, "모세야!"라고 그의 이름을 구체적으로 부르며 다가오는 초인격적 하나님이다.

'신적 자기 계시' 사건을 체험하는 개인이나 집단은 강렬한 정동적(情動的) 엑스터시를 경험하는 동시에 기존의 자기 존재의 터전으로 주어진 정당성이 근저에서 흔들리고 해체되는 경험을 하게 된다. 그리하여 자기 존재가 '절대 유일자' 앞에서는 한갓 먼지요 비존재에 불과하며, 윤리적으로는 정결(淨潔)하지 못한 존재임을 절감하게 된다. 모세가 유일신 체험을 했을 때 그의 마음속에 들려왔다는 소리, "이리로 가까이 오지 말라. 네가 서 있는 곳은 거룩한 땅이니 너는 신을 벗어라"(「출」3: 5)라는 소리는 그것을 상징한다.[5]

둘째, 모세가 경험한 유일신 신앙은 스스로의 절대 자유와 권능 속에서 자기를 계시하시는 절대 유일신 하나님과 이스라엘 민족간의 시공간적 혈통적 관계가 아니라, 오로지 유일신이 지닌 '자비와 긍휼의 속성' 때문에 맺어진 '은총의 선택' 관계이다.

이러한 성격은 모세의 '신현 체험'에서 절대 유일신의 자기 계시 장소

---

5) '거룩 체험'의 현상학적 분석과 그 특성에 대한 고전적 명저로서 R. 오토, 『성스러움의 의미』, 길희성 옮김 (분도출판사, 1987) 참조. 성경 속에서 이러한 '거룩 체험'의 가장 전형적 기사로서 세 가지를 들 수 있다: 모세의 소명 기사 이야기(「출」3: 1∼6), 예언자 이사야의 소명 기사 이야기(「이사야」6: 1∼7), 사도 바울의 소명 기사 이야기(「사도행전」9: 1∼9) 참조.

가 특별한 성소(聖所)가 아니라, 척박한 땅 미디안 광야에서 생존하기 위해 몸부림치는 '떨기나무' 덤불이었다는 사실로 상징된다. 그것은 곧 이집트에서 노예살이를 하는 고난의 종족 히브리인들을 상징하며, 더 넓게는 억눌림과 착취로 고통당하는 생명체들의 소외된 생명 현실을 상징한다. 다시 말하면 모세가 경험한 유일신 하나님은 고통과 핍박 속에서 울부짖는 피조물의 신음소리를 차마 외면하지 못하는 유일신의 '자비와 긍휼의 속성' 때문에, 그들 속에 나타나고 그들과 특별한 관계를 설정하고 그들과 특별한 계약 관계 속에 스스로 들어오시는 하나님으로 고백된다.(「출」3 : 7~12) 모세의 유일신 종교에서 유일신은 제국과 제왕의 권위를 옹호하고 정당화해 주는 종교 이데올로기로가 아니라, 도리어 폭정과 억압으로부터 연약한 생명들을 해방시키는 '해방과 자유의 신'으로 고백된다.

셋째, 모세의 유일신 신앙에서는 철저한 윤리성이 요청되는 윤리적 유일신관이 강조된다. 이 점은 다음에 좀더 자세하게 언급하겠지만, 모세의 유일신 신앙이 가나안 원주민의 '바알 신'과 왜 그토록 처절한 신앙적 투쟁을 하게 되는지를 이해하는 관건이 된다. 다시 말하자면 모세의 유일신 야훼는 그 자신의 '긍휼과 자비의 속성' 때문에 이유 없이 히브리 노예들을 해방시키고 돌보는 하나님으로 자기를 계시한다. 이스라엘 민족을 선민으로 선택하는 대신 이스라엘 백성이 '야훼' 하나님의 '거룩, 자비와 긍휼, 그리고 자유와 정의'를 닮아 살아가야 하는 책임을 지게 한다.

'바알'은 오랫동안 가나안 원주민과 그 지역 농경 사회에서 섬기는 주신(主神)이었다. 특히 농경 사회라는 배경 때문이기도 하지만 주민들은 '바알' 신을 '풍요와 다산'을 주관하는 신으로 숭앙하면서 '제액초복'

(除厄招福)을 기원하였다. 뿐만 아니라 '바알 종교'는 자연의 순환 리듬에 따라 풍요한 우주의 재생, 신의 창조력의 발현, 그리고 대지와 농경민의 다산력이라는 삼중 관계가 유기적으로 연결된다고 믿었기에, 바알 종교에서는 윤리성이 관심의 초점이 아니라 다산 능력이 관심의 초점이었다. 흔히 종교적 상징으로서 '소'가 다산과 힘의 상징으로 숭앙된 것은 널리 알려져 있다.

이 지역의 종교사는 가나안 원주민의 토착적 '바알 종교'를 지지할 것인가 아니면 모세의 '야훼 종교'가 내세우는 정신을 지지할 것인가 하는 문제 사이에 놓인 긴장과 갈등의 투쟁사이기도 한데, 그 본질은 무슨 형이상학적인 신들의 싸움에 있는 것이 아니라 종교성의 본질을 제액초복과 다산 풍요로 삼을 것인가, 아니면 정의 평등과 윤리 도덕으로 삼을 것인가의 사이에 놓인 갈등과 대결에서 발생하는 것이다. 모세의 십계명 후반부가 철저한 윤리적 인간 관계에 관련된 계명으로 구성된 이유가 거기에 있다.(「출」 20 : 1~17)

넷째, 모세의 유일신 신앙은 종교 유형론적으로 볼 때 거룩한 공간을 중심으로 한 '원형 반복'의 종교성에 새로운 계기를 수혈하고 있는데, 거룩한 시간을 중심으로 한 '새로움의 창발'이라는 정신의 모티브를 인류 종교사 속에 불어넣은 것이 그것이다. 다시 말하면 모세의 유일신 종교는 과거 지향적이거나 태고적 우주의 원형을 지향하고 반복하는 종교가 아니다. 그러한 종교성과 대조되어, 삶을 아직 도래하지 않은 미래의 역사 지평, 곧 유토피아를 향해 나아가도록 추동하는 힘을 지니게 한다.

모세 종교에서 보이는 이러한 역사 중시의 종교성, 미래 지향적 종교성, 아직 도래하지 않았지만 희망의 미래를 향해 창조적 전진과 현실 변혁 및 현실 혁명을 추동하는 종교성은 이미 살핀 대로 아브라함의 유일신 신앙을 계승한 것이다. 현실에 안주하거나 상대적인 현실 가치를 절대시하는 태도는 곧 '우상 숭배'라고 규정되어 강렬한 비판과 저항에 직면한다. 그 상대적 가치가 정치적 이념이든, 종교적 상징 체계든, 제왕적 권력의 현실이든, 제액초복을 염원하는 인간의 통속적 갈망이든 아무런 예외가 없다.

도대체 아브라함과 모세가 이끄는 히브리 공동체를 통해 인류의 정신 문화 속에 유입된 이러한 새로운 종교적 패러다임의 기원과 본질은 무엇인가? 이를 이해하기 위해서는 모세 종교에서, 그리고 모세 이후 이스라엘 종교사 속에서 중심축을 이루는 '야훼 신앙'의 본질을 밝혀야 하고, 그 목적을 위해서 '야훼'라는 이름이 함의하는 바가 무엇인지 현대 학문이 이룬 연구 결과를 총동원하여 해명해야 한다.

야훼(여호와)라는 신 이름의 의미

야훼라고 호칭되는 이스라엘의 배타적 유일신이 이스라엘 백성에게 알려지는 역사적 시기와 그 배경에 대하여 『구약성경』 자체가 서로 상반되는 긴장과 갈등을 나타내보인다. 그 긴장을 메워보려는 이스라엘 종교 지도자들이 경전 편집 과정에서 보인 고민은, 마치 고대 유물 발굴지에서 캐낸 깨진 국보급 도자기를 정교하게 붙여보려는 고고학자들의 고민과 비슷하다. 예를 들면 야훼라고 호칭되는 배타적 절대 유일신이 모세 이전에는 이스라엘 백성에게 전혀 알려지지 않았다는 사실이 『구약성경』「출애굽기」 6장에 분명하게 나타난다.

"나는 주(主)다. 나는 아브라함과 이삭과 야곱에게 '전능한 하나님'(엘 샤다이)으로는 나타났으나, 그들에게 나의 이름을 '야훼'(여호와)로는 알리지 않았다."(「출」6:3)

위 구절은 분명히 '야훼'라는 신의 이름이 모세 시대에 처음으로 계시되었음을 알려주는 대목이다. 그런데 「출애굽기」 3장에는 다음과 같은 구절이 나타난다.

"하나님이 모세에게 말씀하셨다. '너는 이스라엘 자손에게 이르기를 '야훼, 너희 조상의 하나님, 이삭의 하나님, 야곱의 하나님이 나를 너희에게 보내셨다' 하여라. 이것이 영원한 나의 이름이며, 이것이 바로 너희가 대대로 기억할 나의 이름이다.'"(「출」3:15)

이 구절은 '야훼'라는 신이 갑자기 등장한 낯선 하나님이 아니고, 이스라엘 족장 시대부터 그들을 돌보고 인도하던 같은 하나님임을 역설하려는 신학적 의도가 깊게 깔려 있다. 그러나 한국의 기독교인들은 이러한 문제에 대하여는 들은 바 없이, 한글 번역 성경 그 자체가 신성불가침하고 오류가 없는 계시적 경전이라고 믿어오는 데 익숙해져 있기 때문에, 학자들의 이러한 담론을 읽게 되면 몹시 당황할 수밖에 없다. 더욱이 다른 단어도 아니고 성경에 계시된 절대 유일신의 이름에 관한 것이어서 이러한 당황스러움은 더욱 클 수밖에 없다. 1970년대 한국 가톨릭과 개신교가 공동 번역한 『공동번역성경』 이전에 발간된 한글 『개역성경』에는 '야훼'라는 신의 이름이 모두 '여호와'라고 쓰여져 있는데, 도대체 '야훼'와 '여호와'가 어떻게 다른 것이며 또 가장 중요한 신 호칭이 달리 표기되는 연유가 무엇인지 모르는 까닭에, '야훼'라고 표기된 성경 자체만 보아도 일종의 이단적인 신신학(新神學)의 산물이 아닌가 하여 거부감을 나타내기도 한다.

'야훼'라는 신의 이름에 대해 살피기 전에 그 문제와 관련하여 '경건한 침묵'으로 강요된 문제들을 모두 열거해 보면 다음과 같다.

① '야훼'와 '여호와'는 같은 신인가 전혀 다른 신인가? 같다면 왜 그런 상이한 발음과 영문 표기가 발생하게 되었는가?

② 종교 예배 의식에서 '신명' 호칭이 그렇게도 중요한 일이라면 유대교의 종교적 영성을 고스란히 물려받은 예수와 12사도 및 바울의 행적을 기록한 복음서와 사도 서신들에는 왜 '야훼' 또는 '여호와'라는 신 호칭이 한 번도 등장하지 않는 것인가? 그렇다면 한국 기독교 성직자들이 유난히 '야훼 하나님' 또는 '여호와 하나님'이라고 예배시에 강조하는 까닭은 무엇인가?

③ 동양 고전인 『도덕경』 제1장에 보면 "이름할 수 있는 이름은 영원한 이름이 아니다"(名可命 非常名)라고 말했는데, 도대체 유일무이한 절대적 유일신에게 무슨 이름이 필요한 것인가? '야훼'는 다양한 신들 중에서 자기를 구별하려는, 이스라엘 민족이 섬기던 신의 '고유 명사'인가, 아니면 그들이 경험한 유일신 하나님의 '신적 속성'의 표현인가?

④ '야훼'라는 신명의 어원 분석을 통해서 알려진 최근 학계의 연구 결과는 무엇인가?

⑤ 성경에서 증언되는 유일신 '야훼'와 우리 조상의 '하느님'은 아무 관련이 없는 전혀 이질적인 새로운 신인가? 아브라함과 이삭과 야곱의

하느님이 곧 '야훼'라고 고백했듯이 성경의 하나님과 한민족의 '하느님' 사이에 내재하는 불연속성과 연속성은 무엇인가?

위에서 열거한 문제들은 짧은 글로 충분히 밝히거나 논구할 수 있는 성질의 것이 아니다. 이 글에서는 성서학자들의 전문적인 학술 용어나 지나치게 어려운 학술 논쟁을 피하고 건전하고 상식적인 수준에서 이 문제를 진지하게 생각해 보려고 한다. 『구약성경』 원문에 나타나는 히브리어 표기는 이해하기 어려우므로 영어 표기상의 발음대로 적는다.

『구약성경』 속에 신의 이름이 직접 언급될 때는 두 가지 이름이 별다른 모순 없이 나란히 표기되는데, 그 한 이름은 '야훼'(YHWH)이고 다른 이름은 '엘로힘'(Elohim)이다. '야훼'라는 신의 이름은 약 6,700회 나타나고, '엘로힘'은 약 2,500회 나타난다.[6] 헨델의 유명한 합창곡 「메시야」에 반복적으로 나타나는 구절 '할렐루야(Halleluya)라는 말 자체가 '찬양하라, 야훼를'이라는 뜻이다. '야훼'라는 절대 유일신의 이름이 명시적으로 나타나는 최초의 성경 기사라 할 수 있는 「출애굽기」 3장 13~15절을 한번 보자.[7]

「출애굽기」 3: 13

모세가 하나님(Elohim)께 아뢰었다. "제가 이스라엘 자손에게 가서 '너희 조상의 하나님께서 나를 너희에게 보내셨다'하고 말하면, 그들이 저에게

---

6) Gerhard von Rad, "The Revelation of the Name Jahweh," *Old Testament Theology*, vol. 1, pp. 179~190 (New York: Harper & Row, 1962), 허혁 옮김, 『구약성서신학』 제1권 (분도출판사), 185~193쪽 참조.
7) 인용하는 성경 구절은 대한성서공회가 발행한 『표준새번역성경전서』(1993)를 사용한다.

'그의 이름이 무엇이냐?' 하고 물을 터인데, 제가 그들에게 무엇이라고 대답해야 합니까?'

「출애굽기」 3: 14

하나님(Elohim)이 모세에게 말씀하셨다. "나는 스스로 있는 나다.('ehye 'asher 'ehyeh/I am who am I. 또는 I will be who I will be.) '스스로 계신 분('ehyhe/I am)이 나를 너희에게 보내셨다' 하여라."

「출애굽기」 3: 15

하나님(Elohim)이 다시 모세에게 말씀하셨다. "너는 이스라엘 자손에게 이르기를 '여호와(Jehovah(NEB)/YHWH(RSB), 너희 조상의 하나님, 곧 아브라함의 하나님, 이삭의 하나님, 야곱의 하나님이 나를 너희에게 보내셨다' 하여라. 이것이 영원한 나의 이름이며, 이것이 바로 너희가 대대로 기억할 나의 이름이다."

위에서 인용한 『구약성경』「출애굽기」 3장 13~15절을 자세히 보면 여러 가지 의문이 우선 풀린다. '야훼' 또는 '여호와'라고 한글로 번역 표기된 이름은 히브리어 발음으로 '에호예'('ehyeh)라고 발음되는 히브리어인데, 그 히브리어가 본래는 자음으로만 표시하는 문자이므로 그 히브리어 자음 네 글자를 영어 알파벳으로 표기하면 YHWH가 된다. 이것을 소리나는 대로 표기하는 방식에 두 가지 상례가 있는데, 『영어성경개역표준역』(RSV)에서는 그대로 'YHWH'로 표기해 놓았고, 『뉴 잉글리쉬 바이블』(NEB)에서는 '여호와'(Jehovah)라고 영어 발음 표기를 해놓았다.[8]

그러므로 우리 한글 성경에 나타난 유일신 이름 '야훼'와 '여호와'는 두 가지 서로 다른 신의 이름이 아니라 발음이 다른 두 가지 표기 방식 때문에 나타난 같은 신의 이름이며, 미디안의 '불타는 떨기나무' 한복판에서 자기를 계시하신 모세의 하나님 체험 이야기에서 유래한다는 것을 알 수 있다. 그리고 '야훼' 혹은 '여호와'라는 유일신 이름이 모세를 통해 처음으로 이스라엘 백성에게 계시되기 전에 이스라엘 사람은 하나님을 '엘로힘'이라고 불렀다는 것도 히브리 원문 경전에서는 확연하게 드러난다.

그렇다면 왜 『신약성경』에는 '야훼' 혹은 '여호와'라는 유일신 이름이 한 번도 나타나지 않으며, 예수와 그의 제자들은 모두 유대인인데도 그러한 신 호칭을 사용한 흔적이 나타나지 않는가? 그 수수께끼는 다음 두 가지 사실, 즉 고대 사회에서 이름이 지닌 특별한 의미, 특히 신의 이름을 부르거나 사용하는 의미가 우리 현대인과 전혀 달랐다는 사실과 히브리어 성경이 헬라어로 번역되는 과정에 나타난 역사적 사건의 의미가 무엇인가를 분명하게 알아야 풀린다.

고대 사회로 올라갈수록 이름은 그저 부르기 좋은 호칭이거나 단순한 언표 이상의, 이름과 그 이름의 주인공 사이에 놓인 긴밀하고 본질적인 연결성이 문제가 된다. 다시 말해 이름과 그 이름의 주인공이 분열되어 따로 존재하는 것이 아니라, 그 주인공은 이름과 함께 이름으로서 실재하는 것이다. 그러므로 고대 사회에서 이름이란, 이름을 지닌 자의 본질 표현이고 그 이름에 부합되는 고유한 능력과 속성을 포함하며 동시에 그것을 표현한다.[9] "야훼(여호와)의 이름을 망령되이 함부로 부르지 말라"는

---

8) 버나드 W. 앤더슨, 『구약성서 이해』, 강성렬 · 노항규 옮김 (크리스챤 다이제스트, 1994), 84~85쪽 참조.
9) 폰 라드, 『구약성서신학』 제1권, 허역 옮김, 187쪽 참조.

십계명의 한 계율이 의미하는 것은, 이름은 곧 야훼 하나님 그 실재 자체라는 뜻이다.

이러한 의식이 아주 강했던 이스라엘 백성은 '야훼'의 이름을 함부로 부르기를 두려워하여 경전을 읽을 때 '야훼'(YHWH)라는 히브리어 네 글자가 나타나면 '아도나이'(主)라고 달리 읽었다. 그리고 기원전 3세기 무렵 히브리어 성경이 헬라어로 번역될 때, 히브리어 '아도나이'(Adonai)는 '주'(主)라는 같은 의미의 헬라어 단어인 '큐리오스'(Kyurios)로 대체되어 번역되고 읽혀져 왔다.

구약학자 폰 라드는 70년 예루살렘 성전이 붕괴되기 전에는 '야훼'라는 신 호칭은 단지 예루살렘 성전에서 특별한 기회에만 사용되었고, 유대인의 회당 예배에서는 이미 사용되지 않았을 것으로 추정한다.[10] 이것이 왜 『신약성경』에는 '야훼' 또는 '여호와'라는 유일신 이름이 등장하지 않는가 하는 신학적이며 역사적인 이유이다. 그러나 비록 신의 이름을 달리 불렀을망정 아브라함과 모세 같은 예언자들이 '야훼' 이름을 부르던 그 유일신 앞에서의 경건성을 잃어버리거나 변질시킨 것은 아니라는 점을 명심해야 하겠다.

그렇다면 도대체 '야훼' 혹은 '여호와'라는 신명이 지니고 있던 본래적 의미와 그 능력은 무엇이었는가? 우리는 이 문제를 전문가들의 견해, 특히 히브리어의 어원 분석과 그 언어학적 분석을 통해서 살펴볼 수밖에 없다. 이미 살펴본 대로 호렙산이 멀리 내다보이는 미디안 광야의 변방 어느 황량한 들판에서 모세가 경험한, '불타는 떨기나무'의 거룩한 영광의 광휘 속에서 들려온 신의 이름은 히브리어로 '에흐예 아쉘 에흐예'('ehyeh

---

10) 폰 라드, 『구약성서신학』 제1권, 193쪽.

'aser 'ehyeh, 스스로 있는 자)였다. 히브리어에 정통한 구약학자들의 연구에 의하면 「출애굽기」 3장 14~15절에 나오는 '야훼'라는 유일신 이름은 히브리어 동사 어근 '하야'(hyh/HaYaH)에서 파생되었다고 하는데, 그 동사의 본래적 의미는 '떨어지다'(fall), '생기다'(befall), '되다'(become), '생존하다'(be, exist) 등이라고 한다.[11]

특히 '야훼'라는 유일신 이름이 히브리어 문법 구조와 히브리어 음운론을 통해서 보면 '미완료 동사형'의 이름이며, 히브리 동사 '하야'(hyh)는 그리스 철학이나 독일 관념론 철학에서 흔히 말하는 '본질 개념'(eccential concept)이 아니라 '현상적·기능적 개념'(phenomenal-functional concept)으로 이해되어야 한다고 강조한다. 그렇기에 성서학자들은 위에서 언급한 「출애굽기」 3장 14절에서 계시된 모세의 유일신 이름 '야훼'를 다음과 같은 몇 가지 매우 의미 깊은 해석으로 풀어낸다.

첫째 해석은 현재 한국어 성경에서 번역된 것처럼 '야훼'를 '스스로 있는 자'라고 번역해서 이해하는 경우이다. 이것은 '하야'(h-y-h)라는 히브리어 동사 일인칭 단수 현재 시제로 해석하여 '나는 존재한다'(I am)라는 의미로 파악된다. 전혀 근거 없는 해석은 아니지만, 잘못 이해하면 '야훼'를 그리스 철학에서 말하는 존재론적 의미로 오해하여, 시공을 초월하여 영원히 존재하고 있는 신, 시작도 끝도 없는 '존재 자체로서의 신'을 의미한다고 생각하기 쉬운데, 고대 히브리적 사유 체계에서 본다면 어울리지 않는 해석이라고 구약학자들은 본다. 히브리적 사유 체계에서는 본질 개념보다는 기능적·현상적 개념이 중시되기 때문이다.

---

11) 김이곤, 『구약성서의 고난신학』(한국신학연구소, 1989), 58~59쪽. 특히 이 책에 실린 「고난신학의 맥락에서 본 야훼 神名 연구」 참조 (55~83쪽).

둘째 해석은 '하야' (h-y-h)라는 동사를 일인칭 단수 미래 시제로 해석하여 "나는 있을 것이다"(I will be who I will be)로 해석하는 경우이다. 이러한 해석은 유대 철학자 마틴 부버(Martin Buber)도 지지하는 입장인데, 고대에 흔한 주술적 종교에서와는 전혀 달리 신을 불러내는 주술을 암송하면 신이 제의 공동체의 요청에 의해서 저절로 등장하는 그런 피동적 신이 아니라, 절대 주체적이고 자유와 전능과 은총의 속성을 지닌 '야훼' 하나님이라고 보는 것이다. 이렇게 보면 "내가 너와 함께 하리라"(「출」 3: 12)와 같은 의미 맥락에서처럼, 「출애굽기」 3장 14절에 계시된 '야훼' (에흐예, 아쉘, 에흐예)라는 신의 이름은 "내가 너와 함께 있을 것이다"(I will be with you)라는 의미로서 읽어야 한다는 해석이 가능하다.

셋째 해석은 '하야' (h-y-h)라는 동사의 사역형으로 해석하여 '야훼' 라는 신 호칭은 "나는 존재하게 되는 자를 존재하게 하는 자이다"(I am the One who causes to be what comes into existence)라는 의미로 이해하는 관점이다. 사역형으로 파악하면 단순히 '있다' (to be)가 아니라 능동적이고도 적극적으로 '있게 한다' 는 의미가 강조되면서 이스라엘 백성과 만물을 존재하게 하는 자, 없는 것과 다름없는 자들을 당당하게 존재하도록 '붙들어주는 자' 라는 의미를 지니게 된다.

결론적으로 말하자면 「출애굽기」 3장 14∼16절에 계시되는 이스라엘의 유일신 이름 '야훼' (여호와)는 그 유일신 자신의 신적 속성과 기능을 '문장형 이름' 으로 계시하는 '에흐예 아쉘 에흐예' 에서 유래하였는데, 그 안에 함축된 의미는 광야의 연약한 떨기나무(sene, 스네) 같은 존재자들, 곧 억압받고 고난받는 이스라엘 민족과 모든 피조물을 '존재하게 하는 자' , '지탱해 주는 자' , 자비와 긍휼의 심정에서 그들의 울부짖음에

'응답하는 자'라는 의미를 지닌다는 것이다.

뒤집어 말하자면 고대의 강대국인 이집트, 바빌로니아, 앗시리아 등에 시달리고 천대받던 유랑 민족 이스라엘 종족이 경험하고 만났던 '신비롭고 절대적이며 궁극적인 실재'를 위에서 언급한 바의 신적 속성을 지닌 자라고 고백하는 것이다. 여기에서 유일신 자신이 자기 이름을 계시한 것과 관련하여 유일신의 신적 속성과 기능을 이해하고 그에 대한 신앙을 고백하는 이스라엘 민족은 둘이면서 하나가 되는 것이다. 해석학적으로 말하면 '계시하시는 유일신'은 언제나 신앙 공동체에 의해서 일정한 삶의 자리와 역사 문화적 상황 속에서 이해되고 받아들여진 '계시된 유일신'이 되는 것이다.

이스라엘 예언자들의 유일신 신앙

독일의 철학자 칼 야스퍼스는 『역사의 기원과 시간에 대하여』(1949년)라는 명저에서 인류 문명의 정신적 위대한 기초들은 기원전 800년부터 기원전 200년까지 600여 년 동안에 그 기초가 확고하게 놓여지게 되었다고 보고, 그 시대를 인류 문명의 '차축 시대'라고 불렀다. 이 시기에 그리스에서는 소크라테스, 플라톤, 아리스토텔레스가 활동했고, 인도와 근동에서는 고타마 싯다르타, 마하비라, 조로아스터가 탄생하였고, 중국에서는 공자, 맹자, 노자, 장자 등이 출현했으며, 이스라엘에서는 아모스, 호세아, 이사야, 예레미야 등 기라성 같은 예언자들이 활동하였다.

야스퍼스가 이 시대를 인류 문명의 '차축 시대'라고 명명하는 이유는, 그 시대 이후에도 물론 인류 문명은 정신적으로나 물질적으로 큰 발전을 이룩해 왔지만, 그 이후 시대 문명은 본질적으로 볼 때는 우주와 인간과 궁극적 실재와의 관계성, 인간다운 삶의 윤리성, 시간과 역사에 대한 비전, 죄와 죽음 등 실존적 부정성을 돌파하는 지혜와 용기 등이 '차축 시대'에 출현한 위대한 사상가들이 설파하고 가르친 그 정신적 자양분을 토대로 한 것이며, 실질적으로는 그들이 도달한 정신적·영적 수준을 오늘날에도 능가하지 못한다고 보았기 때문이다.

이스라엘 백성이 기원전 1250년 무렵 이집트에서 나와 40여 년간 광야를 유랑한 뒤 마침내 '약속의 땅' 가나안에 입주하고 나서 약 200년 동안 왕을 두지 않은 채 정치적 신앙 공동체인 '지파(支派) 동맹' 시대를 거쳐 왕정 시대에 이르게 되는데, 모세 시대에 확고하게 정립된 유일신 신앙 전통은 이 시기 동안 예언자들의 활동을 통해 그 맥을 이어가게 된다. 이와 같은 예언자들의 정신을 대표할 만한 세 사람이 아모스, 호세아, 미가인데 이들은 모두 기원전 8세기 무렵에 활동한 예언자들이다.

예언자들의 유일신 신앙을 바르게 이해하기 위해서 지나치게 전문적인『구약성경』신학의 학문적 연구 업적을 모두 섭렵할 필요는 없다. 그러나 거대한 알프스산맥과도 같고 광대한 태평양과도 같은『구약성경』의 세계 속에 도사린 큰 산맥의 줄기와 바다 밑을 관통하는 해류의 흐름을 간략하게나마 짚어볼 필요가 있다. 구약학자 장일선은『구약성경』의 '전승 맥락'을 다음과 같은 도표로 더없이 간결하고 명쾌하게 표시하고 설명을 붙인 바 있다.[12]

이 도표를 작성한 장일선의 설명을 인용해 보자.

---

12) 장일선,『구약전승의 맥락』(대한기독교서회, 1983), 6쪽.

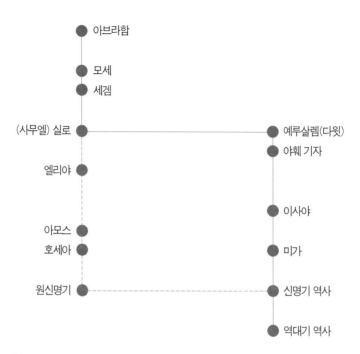

"우리는 이 도표에서 이스라엘 신앙의 원천을 모세로부터 잡은 것이다. 그러나 아브라함을 민족의 시조로 보기 때문에 모세 때까지는 점선으로 표시해 본다. 그래서 모세로부터 시작된 전승의 흐름은 부족 동맹체의 중앙 성소를 통해 실로에까지 이어졌다가, 여기서 법궤가 예루살렘에 옮겨짐에 따라 전승의 흐름이 남왕국으로 우회(迂回)하면서 새로운 남왕국 전승이 시작된다고 본다. 이것은 야훼 기자와 예언자 이사야 그리고 신명기 역사로 이어진다. 한편 북왕국에서는 모세 전승의 일부가 지하수로 땅 속에 스며들었다가 엘리야, 아모스, 호세아, 원신명기에서 샘물처럼 솟아나지만, 북왕국의 멸망과 함께 그 흐름은 남왕국으로 흘러 들어와 신명기 역사에 합쳐지면서 새로운 개혁 운동을 조장시키고, 이 흐름은 그 뒤 역대기 역사로 흘러

내려 간다고 본다."[13]

일반 독자들에게 이러한 인용문은 다소 난해할지도 모르겠다. 전승, 부족 동맹, 성소, 법궤, 남왕국, 북왕국, 야훼 기자, 신명기 역사 등 마치 외국어 서적을 읽는 듯한 매우 낯선 단어들과 접하면서 총체적 의미가 쉽게 파악되지 않을 것이기 때문이다. 그런 독자의 느낌은 당연한 것이다. 왜냐하면 위 인용문은 적어도 약 2천 년 가까운 이스라엘 역사의 우여곡절을 그 정신사의 맥을 따라 짚어 내려가는 것일 뿐 아니라, 여기에 등장하는 낯선 단어들은 18세기 이후 성경에 대한 학문적 비평 연구 결과를 부분적으로 나타내는 어휘들이기 때문이다.

그러나 약간의 보충 설명을 덧붙여본다면 그 전모를 어렵지 않게 이해할 수 있을 뿐더러, 복잡다단한 『구약성경』의 세계를 한눈에 꿰뚫어보는 지혜의 눈이 열리게 될 것이다.

첫 번째로 알아야 할 것은 이스라엘 민족의 연대기적 흥망성쇠에 대한 간략한 예비 지식이다. 아브라함이라는 인물이 고대 바빌로니아제국의 영웅 함무라비 대왕과 동시대 인물이라는 사실은 언급한 바 있다. 이 시기는 대략 기원전 1850년 전후이다. 아브라함의 후손들, 구체적으로 이삭과 야곱 그리고 야곱의 열두 아들을 우두머리로 하는 히브리 족속이 팔레스타인의 기근을 피하여 이집트로 이주한 뒤, 고센 지방을 중심으로 번영을 누리다가 이집트 19왕조 람세스 2세 치세 때에 노예 신분으로 전락하여 고생한 후 이집트를 탈출한 시기가 기원전 1250년 전후이니까, 이집트에서 약 600년 동안 거주한 셈이다.

---

13) 같은 책, 6~7쪽.

그후 기원전 1200년을 전후하여 가나안 거주민과 겨루면서 가나안 땅에 야곱의 후손 12지파가 모두 정착하고 왕을 세우지 않은 채 부족 동맹체인 '지파 동맹'이라는 독특한 정치적 연대 구조를 형성, 200년 동안 지냈다. 그 기간 동안 모세의 유일신 신앙은 세겜, 실로 등 지방 성소(聖所)에서 맥을 이어갔는데, 성소의 상징은 그 안에 안치한 십계명 돌판과 만나 등을 보관한 법궤였다.

그러다 남쪽 유대 지파에 속했던 다윗이 헤브론과 예루살렘을 중심으로 하여 정치 군사적 통일을 이루고 '모세 전승'의 상징인 법궤를 예루살렘으로 옮긴 후부터, 이스라엘 백성의 정치적·종교적 중심지는 세겜과 실로에서 예루살렘으로 옮겨지게 된다. 그 결과 북쪽 10지파가 뭉친 이스라엘 왕국과 남쪽 2지파가 연합한 남왕국인 유대왕국 사이엔 정통성 시비와 함께 정치적·종교적인 긴장과 갈등이 지속되었다.

이스라엘 민족이 왕을 세워 왕정 시대를 연 것은 기원전 1000년 무렵인데, 통일 왕국 시대는 사울 왕, 다윗 왕, 솔로몬 왕 3대뿐이고, 그 뒤 이스라엘 민족은 남북 양국으로 분열되어 북은 이스라엘왕국, 남쪽은 유대왕국이라 부르는 분열 왕국 시대를 지내었다. 북왕국은 기원전 721년 앗시리아에 의해 멸망되고, 남왕국 유대는 기원전 587년 신바빌로니아에게 멸망된다.

유대왕국의 멸망은 지도자 집단의 바빌로니아 강제 이송으로 이어졌는데, 바빌로니아의 포로 생활에서 귀환한 후 제2성전을 건설하고 민족의 중흥을 시도하지만 국내외 여건으로 그 결과는 신통치 않고, 모세의 영적 유일신 신앙의 맥을 이어가던 예언자들의 목소리도 끊기게 되었다.

기원전 4세기 이후부터 경직된 성전 중심주의와 율법 중심주의라고 할 수 있는 두 가지 틀을 강화한 유대교(Judaism) 시대를 열면서 면면히 이어가던 이스라엘 민족 공동체는, 정치적으로 알렉산더 대왕의 지배와 로마제국의 지배를 받다가 70년 무렵 로마에 맞선 항전 결과 예루살렘과 그 중심 성전이 완전 초토화되어 지구상에서 국가로서의 흔적을 상실하게 되었다.

우리가 다음으로 살펴보아야 할 문제는 이스라엘 민족의 정치 군사적 흥망성쇠에 관한 연대기적 지식보다 더 본질적인 것인데, 어떻게 하여 이스라엘 백성이 자신들의 역사를 기록 보존하고 해석하면서 후대로 전승시켜 갔는가 하는 문제가 그것이다. 전승이란 전하여 대대로 내려오는 진리 체험, 신앙 고백, 가치 체계를 현재 삶을 누리는 개인과 집단 속에 받아들이고 재해석하면서 다음 세대로 계승시켜 가는 '정신적 삶의 해석학적 운동 행태'를 의미한다.

18~19세기 성경 연구가 학문적으로 깊이 있게 진행되면서 밝혀낸 사실은, 우리가 일반적으로 '모세 오경'이라고 부르는 『구약성경』첫 부분의 다섯 권만이 아니라, 이스라엘의 역사서나 예언서, 문학서 들이 현재 편집 기록된 형태대로 아브라함 시대나 모세 시대에 기록된 것이 아니라 구전(口傳)으로 혹은 문서 자료로 전해 내려오다, 이스라엘 민족의 멸망 위기를 전후한 시기에 뚜렷한 역사 의식과 신앙 고백을 가진 개인 혹은 일련의 사제 계층과 예언자 제자 집단에 의해 기록되고 편집되고 전승되어 왔다는 것이다.

현대의 학문적 성경 연구 방법은 다양하게 발달되어 왔다. 그러한 연구 방법들을 통해 성경 기자들이 전하려던 위대한 영적 메시지도 더욱 명료하게 밝혀지게 된다. 대표적인 성경 연구 방법 중에는 문서 비평(Literary

Criticism), 양식 비평(Form Criticism), 전승 비평(Tradition Criticism) 등을 들 수 있다.

문서 비평이란 글자 그대로 성경의 원래 본문을 비교하면서 누가 언제 어디서 왜 그런 내용의 종교적 문헌 자료를 기록했는가 연구하는 것이다. 양식 비평이란 문자로 기록 보전되기 이전에 말과 이야기를 통해 전해 오던 내용을 밝혀내고, 신화 · 설화 · 민담 · 역사적 서술문 · 지혜 · 예언과 신탁 · 감사시 등을 창출해 낸 신앙 공동체의 '삶의 자리'(Sitz im Leben)를 역추적하며 다양한 문학 양식이 지닌 특성을 연구하려는 노력이다. 전승 비평은 앞에서 언급한 두 가지 연구 방법을 참고하면서도, 성경 이야기의 핵심 줄거리가 무엇이며, 어떻게 그러한 핵심 줄거리 내용이 형성되고 시대마다 재해석되면서 전해 내려오는가를 연구하는 것이다. 비유컨대 문서 비평과 양식 비평이 진주 목걸이를 앞에 놓고서 각각 진주들의 크기와 강도와 진위와 색깔과 진주 채록 과정과 구입 과정을 연구하는 전문 보석상 같은 역할을 하는 것이라면, 전승 비평은 다양한 진주 알들을 실에 꿰어 빛나는 '진주 목걸이'라는 작품으로 만들어내는 일을 한 것이라고 하겠다.

전승 비평 연구는 결국 '구원의 역사'에 대한 연구이다. 앞에서 인용한 장일선 교수의 도표에 의하면 모세가 집대성한 '야훼의 구원 전승'은 실로의 사제 사무엘(Samuel)을 통해 전승되고, 북왕국의 예언자 아모스(Amos)와 호세아(Hosea)에 의해 샘물처럼 솟구쳐나왔다가, 북왕국 멸망 후 남쪽 유대왕국에서 '야훼 기자' 및 '신명기 기자'라고 학문적으로 명명하는 일련의 신앙 집단체들에 의해 그리고 미가 선지자에 의해 재천명되는 것으로 설명된다.

신학적 전문 용어인 '야훼 기자', '원신명기', '신명기 역사' 등과 같은 용어에 대해서도 살펴보자. 이 역시 어려운 것도 아니고 복잡한 내용도 아니다.

'모세 오경' 중 마지막 다섯 번째 책의 이름이 「신명기」(申命記, Deutronomy)이다. '두 번째 법 또는 반복된 법'이라는 뜻인데, 여기에서 법이란 율법 곧 하나님의 계명 『토라』를 말한다. 이 「신명기」의 서문은 모세가 이스라엘 백성을 광야에서 40년 동안 인도한 후 가나안 땅에 들어가기 전, 시내산에서 처음 받았던 계명의 정신과 내용을 다시 천명하는 '고별 연설문' 형태로 구성되어 있다.

학자들의 연구로 이 「신명기」가 모세 시대(기원전 13세기)를 역사적 배경으로 하고는 있지만, 실질적으로는 기원전 7세기 무렵 남왕국 유대가 위기에 처하면서 이스라엘 민족이 거국적으로 회개 운동을 벌이면서 선민 공동체라는 인식하에 종교 개혁을 이루어가던 시기에 옛 자료들을 재편집하고 구성하고 해석하면서 기록한 경전이라는 사실이 밝혀졌다.

그러한 개혁 운동과 자료 집대성 운동을 주도한 일군의 신앙 집단 무리를 '신명기 사가' 또는 '신명기 학파'라 부른다. 이들은 모세 종교의 야훼 유일신 신앙 정신을 회복하고 혁신하는 것을 자신들의 목적으로 삼았다. 그래서 '야훼 기자'들은 야훼 종교의 유일신 신앙과 높은 윤리 의식, 정의를 추구하고 긍휼히 여기는 마음을 강조하여 사랑의 계명과 야훼 유일신의 무조건적인 은혜와 선택적 계약 신앙을 주장했다.

이상에서 언급한 『구약성경』 연구 결과에 대한 간단한 예비 지식을 바탕으로, 이스라엘 예언자들의 유일신 신앙의 본질적 특징이 무엇인가를 살펴보자.

첫째, 예언자들의 유일신 신앙의 대상은 모세가 경험한 절대 초월적 존재로서, 하늘과 땅 위에 어떤 형상이나 개념도 그를 대신할 수 없는 절대주(絕對主)의 성격을 지닌 인격적 하나님이었다. 그 유일신의 절대 초월성은 유일신과 피조된 세계와의 직접적 인과 관계와 존재 유비적 관계성을 부정하기 때문에, 우주 자연 속에 내재하는 신성한 생산력과 법칙과는 다른 것이다. 모세의 유일신 종교는 고대 사회에서는 매우 이례적일 정도로 초기부터 점성술이나 무당의 사술(邪術), 신접(神接)한 자들의 신탁과 복점(卜占), 자연물 숭배 등을 철저히 배격하였다. 야훼 유일신은 역사와 시간의 주(主)일 뿐만 아니라, 공간적 자연의 주라고 고백되면서, 보이는 것과 보이지 않은 모든 것의 실질적 창조주로 받들어졌다.

우주 대자연은 유일신 창조주의 영광과 능력이 나타나 보이는 현장이지만, 우주 대자연 그 자체가 신령스럽거나 마법적 능력을 가진 것이 아니라고 확신하는 '자연의 비마력화' 신앙 때문에, 후일 자연과학이 발달할 수 있는 기초 여건을 제공하기도 하였다. 기원전 6세기 무렵, 제2이사야라고 일컫는 무명의 예언자의 입에서 다음과 같은 말이 선포되고 있는데, 이러한 사상은 이스라엘 민족이 기원전 6세기 무렵에 가장 순수한 유일신 신앙의 절정에 도달했다는 것을 의미한다.

"나는 주(主)다. 나 밖에 다른 이가 없다. 나 밖에 다른 신은 없다. 네가 비록 나를 알지 못하였으나, 나는 너에게 필요한 능력을 주겠다. 그렇게 해서 사람들이 해가 뜨는 곳에서나 해가 지는 곳에서나, 나 밖에 다른 신이 없음을 알게 하겠다. 나는 주(主)다. 나 밖에는 다른 이가 없다. 나는 빛도 만들고 어둠도 창조하며, 평안도 주고 재앙도 일으킨다. 나 주(主)가 이 모든 일을

한다.…… 나 주가 이 모든 것을 창조하였다."(「이사야」 45 : 5~8)

둘째, 예언자들의 유일신 신앙의 관심은 절대 유일신이 단수인가 복수인가 등의 숫자 문제가 아니라, '야훼'라고 이름이 알려지고 '야훼 하나님'이라고 고백된 유일신의 속성과 그가 하시는 일이다. 그리고 예언자들의 줄기찬 증언은 야훼 유일신의 신적 속성이 '정의와 공평' 그리고 '자비와 긍휼'이라는 데 집중된다.

예언자들의 유일신 신앙의 전제는 이렇다. 이스라엘 백성이 유일신 하나님과 특별한 관계를 갖게 된 연유 자체가 이스라엘 민족의 혈통적 우수성이나 그 민족의 도덕적 우월성 때문이 아니다. 현재의 중동 지역, 고대의 근동 사회에서 강대국들 사이에서 천대받고 시달리며 생존 자체를 위협받는 '광야의 떨기나무' 같은 연약한 무리의 신음과 하소연을 차마 모른 척하지 못하는 영원자의 긍휼히 여기시는 은총과 불의한 것을 징치(懲治)하는 공의로우심이 출애굽 사건의 발동 원인이라고 예언자들은 고백한다.

여기에서 야훼 하나님을 고백하는 이스라엘 민족 공동체와 예언자 사상의 유일신관은 피조물들에게 '정의와 사랑'을 요청하는 '해방시키는 하나님'으로 그 신관의 색깔을 뚜렷하게 드러낸다. 모세의 '야훼 전승'을 바르게 이어가는 참 예언자인가 거짓 예언자인가를 판가름하는 판단 요건도 바로 '정의와 사랑'이다.

예언자들의 줄기찬 투쟁은 이스라엘 민족 공동체 밖을 향한 것이 아니라, 바로 이스라엘 민족과 그 지도자들이 '야훼 하나님 신앙'의 본질을 변질시키고 그 정도(正道)에서 이탈하는 것에 대한 불타는 질타요 회개를 촉구하는 경고 메시지로 이어진다. 예언자들은 이스라엘 민족이 야훼 하나님을 '이스라엘의 민족신'으로 전락시키려 하거나, 이스라엘의 왕족이 야훼 하나님을 왕권과 정치 체제를 보장하는 '정치적 이데올로기'로 변질시키려 할 때 사자같이 저항하였다. 뿐만 아니라 이스라엘의 성전을 중심으로 활동한 사제들이 화려하고 위엄을 갖춘 종교 의례 행위를 통하여 야훼 하나님을 맘대로 조종하거나 불러낼 수 있는 듯이 생각하여 야훼 하나님을 성전 안에 유폐시키는 '성전 중심의 종교'에 대하여도 가차 없는 비판을 가하였다.

예언자들의 비판 정신의 본질은 '우상 타파'인데, 우상이란 상대적인 것을 절대적인 것으로 주장하면서 인간을 '거짓 절대' 앞에 예속시켜 자유를 박탈하고 인간성을 비인간화하는 것을 말한다. 가치 체계, 정치 권력과 정치 이념, 민족이나 국가주의, 그리고 역사적 개별 종교의 절대화도 '거짓 절대'로 군림하여 하나의 우상이 될 수 있다. 하비 콕스(H. Cox)가 적절하게 지적한 것처럼, 이스라엘의 창조 신앙, 출애굽 경험, 십계명의 우상 제작 금지 계명은 각각 '자연의 비마법화', '권력의 비신성화', '가치의 비성별화'라는 3대 비판 정신의 원류가 되어, 서구 기독교 문명 사회에서 우상을 타파하는 줄기찬 비판 정신의 원형으로 흘러 내려오게 되었다.

이러한 유일신 신앙의 기본 정신을 가장 잘 나타낸 예언자가 기원전 8세기의 두 예언자 아모스와 호세아이다. 2,800년이 지난 지금도 순수한 들사람[野人]인 두 예언자의 소리는 현대 종교인들의 양심을 북처럼 울리게 한다.

"(주 하나님이 이렇게 말씀하신다.) '나는 너희가 벌이는 절기 행사들이 싫다. 역겹다. 너희가 성회(聖會)로 모여도 도무지 기쁘지 않다. 너희가 나에게 번제물이나 곡식 제물을 바친다 해도, 내가 그 제물을 받지 않겠다. 너희가 화목제(和睦祭)로 바치는 살진 짐승도 거들떠보지 않겠다. 시끄러운 너희 노랫소리를 나의 앞에서 집어치워라! 너의 거문고 소리도 나는 듣지 않겠다. 너희는, 다만 공의(公義)가 물처럼 흐르게 하고, 정의가 마르지 않는 강처럼 흐르게 하여라.'"(「아모스」 5: 21~24)

"그날에는 내가 이스라엘 백성을 생각하고, 들짐승과 공중의 새와 땅의 벌레와 언약을 맺고, 활과 칼을 꺾어버리며 땅에서 전쟁을 없애, 이스라엘 백성이 마음놓고 살 수 있게 하겠다. 그때에 내가 너를 영원히 아내로 맞아들이고, 너에게 정의와 공평으로 대하고, 너에게 변함없는 사랑과 긍휼을 보여주고, 너를 아내로 삼겠다. 내가 너에게 성실한 마음으로 너와 결혼하겠다. 그러면 너는 나 주(主)를 바로 알 것이다."(「호세아」 2: 18~20)

셋째, 예언자들의 유일신 신앙의 본질을 언급함에 있어서 소홀히 하기 쉬운 제삼의 특징이 있는데, 그것은 그들에게 자신을 계시하신 유일신 야훼 하나님은 거룩하신 분이며, 그 깊이와 넓이와 높이를 인간의 종교 심성으로는 다 헤아릴 수 없는 '경외해야 할 분'이라고 생각한 것이다.

예언자 사상은 철저한 유일신의 세계 초월성과 절대 주권을 인정하고, 이 세계와의 직접적 인과 관계를 부정하기 때문에, 유일신의 초월성과 피조 세계의 관계 맺는 방도는 '존재의 유비'를 통한 관조가 아니라, 절대자의 뜻의 표현인 '말씀을 듣고 따름'이었다. 사물의 이치를 관조하는 헬라적 사유 방식은 '보는 일'을 중요시하지만, 히브리적 사유는 '듣는 일'을 중요시한다. 왜냐하면 한 인격의 깊이와 심층의 뜻은 인격체의 자기드러냄이라는 '말 사건'을 통해서 가장 명료하게 알려지기 때문이다. 히브리 종교의 전통에서 하나님의 말씀을 듣는다는 것은 말씀을 듣고 그 말씀의 뜻에 순명하며 삶 속에서 그 뜻을 실천한다는 것을 의미한다.

그러나 아무리 절대자 유일신의 뜻의 표현인 '하나님의 말씀'일지라도 그것이 인간에게 이해되고 의미를 드러내려면 인간의 언어 구조 속에 들어와야 한다. 그런데 인간의 언어는 히브리어, 헬라어, 라틴어, 중국어, 한국어를 막론하고 신의 순수한 뜻의 표현인 '하나님의 말씀'을 드러내는 순기능과 그 본질을 가리고 굴절시키는 역기능을 동시에 수행한다. 다시 말해 인간의 언어는 절대자의 뜻을 '계시하면서 동시에 은폐'하는 양면성을 지니게 된다는 것이다. 모든 종교의 거룩한 경전들은 하나같이 그러한 제한성을 지닌다. 그래서 기원전 8세기에 예언자 미가(Micah)는 다음과 같이 이스라엘 유일신 사상의 핵심을 총괄적으로 표현한다.

"너 사람아, 무엇이 착한 일인지를 주께서 이미 말씀하셨다. 주께서 너에게 요구하시는 것이 무엇인지도 이미 말씀하셨다. 오로지 공의(公義)를 실천하며 인자(仁慈)를 사랑하며 겸손히 네 하나님과 함께 행하는 것이 아니냐!"(「미가」 6 : 8)

넷째, 예언자들의 유일신 신앙의 본질로서 현실 역사 의식과 역사 한복판에서의 초월을 강조하는 범우주적 생명 공동체 사상을 들 수 있다.

이스라엘의 종교도 여타의 종교와 마찬가지로 현재적 시공간을 초월하는 신령계에 대한 관심과 체험을 보여준다. 성경에는 이른바 영적 세계에 대한 다양한 묘사도 나타난다. 천군 천사에게 옹위되어 거룩한 보좌에 좌정하고 있는 초월자 하나님에 대한 상징적 이미지도 그려지며, 예레미야(Jeremiah), 이사야(Esaiah), 에스겔(Ezekil) 등 예언자들의 예언 활동과 병행하는 신비 체험의 '비전들'도 그려진다.

그럼에도 불구하고 이스라엘 신앙과 모세의 야훼 종교의 특징은 구원 행위의 마지막 실현 장소가 언제나 지상의 역사 현실 위에서의 '샬롬'〔平康〕의 실현에 놓인다는 데 있다. 현세를 부정하거나 비관적으로 멸시하면서 영적 신비 세계를 지향하는 타계(他界)적 신앙, 사후 세계 신앙, 역사 너머에서 이루어지는 지복(至福) 신앙이란 본질적으로 이스라엘 신앙 세계에서는 낯선 것이거나 이차적인 관심거리였다. 이스라엘의 족장들이 유일신 야훼 하나님께 받은 축복과 계약의 약속 내용도 영혼의 사후 세계에서의 구원 문제가 아니라, 땅을 기업으로 받고 후손들이 번창하며, 정의와 긍휼이 입맞추는 건강한 이 세상에서 인간답게 사는 것이었다.

계약 사상은 약속과 그 약속의 실현을 기다리는 미래 지평과 그 약속에 뒤따르는 계약 당사자간의 상호 성실한 책임 이행을 요구하였다. 이로부터 타자의 책임적 인격성에 대한 존중, 계약 이행자간의 자유로운 의사 결정, 그리고 아직 약속이 실현되지 않은 척박한 현실에서 미래 역사 지평에 대한 '희망의 존재론'이 싹을 틔운다. 구원의 가능성과 출발점은 역사 너머 신으로부터 오지만, 구원의 궁극적 실현은 역사를 통하여, 역사와 함께 그리고 역사 안으로 온다. 그리고 그 '역사'란 야훼 하나님의 '구원 의지'와 그에 응답하는 사람들의 책임 있는 '참여 의지'를 통해 실현될 수밖에 없다. 여기에서 우리는 성서적 종교가 지닌 역사에 대한 강렬한 관심과 목적 지향적인 역사관의 텃집을 본다.

유대 신비주의 카발라에 나타나는 유일신 신앙

앞에서 잠시 언급한 대로 예언자 신앙은 야훼 유일신의 말씀과 뜻을 전달하는 소명을 가졌지만, 야훼 하나님의 헤아릴 수 없는 권능과 신비, 그 높이와 넓이와 깊이에 대하여 '경외하는 마음' 을 지닐 것을 강조했다. 인류의 모든 종교는 개인과 집단이 어떤 '궁극적 실재' 에 대한 경험적 체험과 직관적 이해를 언어(경전, 교리, 신학)와 행위(상징, 의례, 실천)로 표현하려는 시도이며, 그 일이 전문적으로 혹은 보다 효과적으로 이뤄지도록 사제 계급이나 성직자를 매개자로 삼게 된다.

그런데 종교사 속에는 그와 같은 '궁극적 실재' 에 대한 문자적 · 예전 (禮典)적 접근 방법에 한계를 느끼거나, 중간 매개인인 성직 계급의 중재 기능을 넘어서서 직접 '궁극적 실재' 를 체험하고자 하는 열망이 일어나면서 신비주의 운동이 발생하였다. 그러므로 신비주의 운동은 종교 역사 안에서 어느 때는 혁신적 신풍 운동으로, 어떤 때는 제도적 종교의 형식주의와 메마른 학문적 교조주의 속에 영적 에너지를 보충하는 재충전 운동으로 작용하기도 했다. 물론 모든 신비주의 운동이 긍정적 효과만을 산출한 것은 아니어서 탈선적이고 파괴적인 결과를 초래하기도 하였다.

이스라엘의 종교사 속에 나타난 신비주의 운동을 카발리즘(Kab-balism)이라고 부르는데, '카발라'(Kabbalah)라는 어휘 자체는 '전통' 이라는 의미로 해석되지만, 여기에서는 모세의 야훼 종교의 법적 전통을 이어오는 정통 유대교의 신학과 예배와 성경 해석에 대비하여, 비정통적·비교적(秘敎的) 성격을 띠는 '신비 전통'을 의미한다.

모세의 정통 야훼 신앙은 철저한 윤리적 유일신 사상이었기에 처음부터 범신론적·신화적 요소를 거부했고, 정통 유대교 랍비들의 『토라』해석과 예배 의식 속에는 일관되게 합리주의 정신이 관철되었다. 그 결과 신성에 대한 인간의 직감적 감정과 신비 체험, 언표되지 않는 신성의 깊이와 신적 실재에 대한 감득 능력, 삶 속에 내재하는 비합리적이고도 역설적인 경험 등을 충족시키지 못하는 정통 유대교의 여백의 공간 속에서 유대 신비주의는 숨쉬고 있다 할 것이다.

이 글에서는 유대 신비주의인 카발리즘의 유래와 그 발전 과정에 대해서 자세히 언급하지 않는다. 다만 이스라엘의 야훼 유일신 신앙이 카발라 신비주의에서 어떻게 이해되고 변질되었는가만 언급할 것이다.[14] 유대 신비주의 카발리즘은 12세기를 전후하여 유대교와 그리스도교와 이슬람교가 서로 겨루면서 사상 교류가 활발하게 이뤄졌던 스페인에서 왕성하게 꽃피웠다.

그러나 유대 신비주의의 연원은 사실 유대인의 경전인 「창세기」 1장에 나타난 태초의 창조 설화와 「에스겔서」 1장에 나타나는 천계의 비전과 영광의 보좌를 둘러싼 영물들의 환상 및 하늘의 불 마차 등 영적 비전들 속에 무궁무진한 신비적 에너지를 함축하고 있다. 유대교 신비주의인 카발리즘 속에는 정통 유대교의 유일신 신앙에서는 받아들일 수 없거나 쉽게 화해할 수 없는 몇 가지 이단적 요소가 담겨 있다.

그 첫째는 카발리즘이 「창세기」 1장에 나타난 유일신 야훼 하나님의 말

---

14) 카발라에 관한 국내 자료로서는 다음 책을 참조하라. Charles Ponce, 『카발라』, 조하선 옮김 (물병자리, 2000); Brian Lancaster, 『유대교 입문』, 문정희 옮김 (김영사, 1999).

씀에 의한 '무로부터의 창조설'을 부정하고, 창조가 '절대 초월적이며 무한한 유일자'(아인소프, Ayin-Sof)의 생명 에너지가 유출(流出, SEFIRO) 또는 방출(放出)된 결과라고 주장하는 것이다.

둘째로, 정통적 유대교에서는 모세 종교의 근간을 이루어온 야훼 하나님이 유일신임을 주장하는 데 반하여, 카발리즘은 야훼 하나님이 그보다 더 상위에 있는 절대 존재자, 규정할 수 없고 제한할 수 없으며 존재나 비존재의 상대적 개념을 넘어선 '무제약자' 또는 단순히 '무'라고 표현할 수밖에 없는 무제약적 궁극적 실재가 드러난 형태라고 주장한다는 사실이다. '아인소프'(Ayin-Sof)란 또 다른 신의 이름이 아니라, '한계, 제약, 끝'을 의미하는 소프(Sof)라는 단어와 '무'를 의미하는 아인(Ayin)이란 단어의 합성어로서 '무제약자' 또는 '무, 공'이라는 뜻이다.

그런데 문제는 단순히 부정적인 의미에서 '없다'는 뜻이 아니라, 한국의 종교 사상가 유영모의 표현대로, '아인소프'는 '없음으로 계신 이'라는 것이다. 불교적 표현을 빌린다면 공(空)은 공인데 묘공(妙空)이요 충만공(充滿空)이라는 것이다.

카발리즘이 정통 유대교의 유일신 사상과 다른 세 번째 요소는 세피로트(SEFIROTH) 사상이다. 세피로트란 유일무이한 절대 무한자 '아인소프'의 생동적인 모습과 같은데, '아인소프'로부터 쏟아져 나오는 창조적 에너지, 신적 광휘, 창조 원리를 총체적으로 일컫는 개념이다. 카발리즘은 숫자의 신비, 히브리 문자의 신비, 그리고 『토라』에 쓰인 말씀의 신비가 '세피로트'에 상응하는 원리와 창조 능력을 담지한 표현 형태라고 본다. 세피로트는 삼라만상의 변화와 생성의 원리이면서 창조적 매개체이다. 야훼 유일신 신앙에서 야훼 하나님의 신적 속성으로 생각하는 지혜,

정의, 사랑, 긍휼, 평화, 안내 등도 모두 세피로트의 표출 형태이다.

넷째 차이는 카발리즘은 형이상학적인 구원론을 취하여 삼라만상이 대대적 분리 상태 속에서 존재하고 있다가 다시 대대적 합일 상태로 귀일하는 것이 곧 '구원'이라고 보기 때문에, 유일신의 은총 사상이나 '궁극적 새로움의 창조'로서 몸의 부활 사상이나 만물의 새로운 영화로서 이루어지는 종말적 갱신 같은 믿음이 없다는 것이다.

카발라 신비주의는 유대교적 영지주의라고도 말할 수 있겠다. 다만 유대 카발리즘에서는 유랑하는 이스라엘과 함께 동행하고 동거하는 야훼 하나님처럼, 만유 가운데 그리고 인간의 영혼과 신앙 공동체 안에 현존하고 거주한다는 쉐키나를 말하는데, '쉐키나'는 치유하고 양육하고 돌보는 '무한자'의 모성적 속성을 암시한다.

이상에서 우리는 유대교의 신비주의 카발라에서 말하는 요지가 야훼 종교의 유일신 신앙과 어떤 점에서 차이가 있는지 잠시 살펴보았다. 그러나 이 책에서 우리가 주목하고자 하는 유대 신비 사상 카발라의 의미는 다른 데 있지 않다. 모세의 야훼 하나님 유일신 신앙이 『토라』, 『탈무드』, 『미쉬나』(Mishnah), 『게마라』(Gemara), 『미드라쉬』(Midrash) 등 유대교의 전승 문헌을 통해 아무리 정교하게 논구되고 증언되더라도 거기엔 한계가 있다는 사실이다.

그러므로 모세의 유일신 체험으로부터 비롯된 이스라엘 민족의 야훼 신앙에서의 유일신은 '절대 궁극적이고 유일하신 이', '신비자 하나님'이 이스라엘 민족의 역사적 경험과 문화적 맥락 속에서 언표된 것이며, 유일신 신앙의 이스라엘식 형태라는 것을 인정해야 한다는 점이다. 그 점을 유대 신비주의 카발라는 우리에게 간접적으로 암시해 주고 있는 것이다.

진정한 유일신은 국경이나 민족이나 문화 형태를 초월한 '신비로운 무한자'이기에 다양한 문명과 역사 속에서 유일신은 다른 모습으로 체험되고 다양한 색깔을 띠게 마련이다. 그러면 이제 이스라엘의 종교 체험 속에서 탄생하였으나, 유대교의 한계를 뛰어넘어 또 다른 특색을 드러내는 그리스도교의 유일신 신앙을 검토해 보기로 하자.

3. 그리스도교의 유일신 신앙과 삼위일체론

『신약성경』엔 '야훼'라는 신 이름이 없다

성경의 경전화 과정

그리스도교에서 믿는 하나님도 유일신이라고 생각하는 것이 일반적 상식이며 그런 견해는 옳다. 그러나 좀더 자세히 말해 그리스도교의 유일신관은 '삼위일체론적 유일신'(Trinitarian Monotheism)관이다. 이는 유대교나 이슬람교에서는 받아들일 수 없는 입장이다. 여기에서 우리는 그리스도교가 그에 앞선 신앙적 모태인 유대교와 분리되어 그리스도교로서 독립하여 세계 보편 종교의 하나로 발전해 간 여러 가지 동기와 특징 가운데 가장 중요한 것으로 '삼위일체론'이라는 신관이 정립된 것을 들수 있음을 분명히 알 수 있다.

그러므로 그리스도교가 유일신 신앙을 철저히 견지하는 종교인가 아닌가 하는 문제는 삼위일체론이라는 매우 난해한 하나님에 대한 신앙 고백이 어떻게 형성되었으며 그 진의가 무엇인가를 해명하는 데에 그 관건이 있다 할 것이다. 그러나 삼위일체론이라는 교의가 공식적으로 교회 공의회에서 정립된 것은 325년이기 때문에, 그 이전 300년 동안 이어져왔던 초기 그리스도교의 본질과 발전 과정, 그리고 『신·구약성경』의 확립에 대한 약간의 이해가 필요하다.

한국의 그리스도교는 「창세기」를 비롯한 『구약성경』 39권과 「마태복음」을 비롯한 27권의 『신약성경』을 통산하여 66권으로 구성된 『신·구약성경』을 경전으로 받아들이고 있다. 한국 가톨릭 교회는 개신교와 달리 몇 가지 경외전(經外典)을 인정하고 있다. 『신·구약성경』이라는 표현은 그리스도교가 이스라엘 민족의 유대교 경전을 받아들이면서, 예수 그리스도 안에서 성취된 '새 약속'〔新約〕이라는 전제 아래 유대교 경전 속에 포함된 율법서, 예언서, 성문서 들이 '옛 약속'〔舊約〕이라는 신앙적 해석과 판단을 내린 결과이다. 그러나 유대교 입장에서는 그런 견해를 받아들일 수 없으며, 이스라엘 민족은 자신들의 경전을 『구약성경』이라고 부르지 않고 『율법서–예언서–성문서집』(Torah-Nebiim-Kethubim)이라고 부른다.

그리스도교 경전의 일부인 『구약성경』의 내용을 보면 「창세기」 1장에 천지 창조 이야기, 12장엔 기원전 1850년 전후에 살았던 아브라함 이야기가 나오며, 「출애굽기」는 기원전 1250년 전후에 활동했던 모세 이야기가 기록되어 있기 때문에, 『구약성경』이 매우 일찍 이스라엘 백성의 경전으로 집대성되었을 것이라는 오해를 갖게 한다. 그러나 역사적으로 유대교 경전이 문자로 집대성되고 경전으로서 최종 확정된 것은 대체로 기원전 600년 이후의 일이며, 유대교 정경(正經)으로 확정된 것은 '모세 오경'(율법서)이 기원전 400년 전후, 예언서는 기원전 200년 전후, 그리고 「시편」 등 성문서집은 서기 90년 전후이다.[1]

물론 문서로 집대성되고 정경으로 확정된 시기가 그렇다는 말이지, 그 내용들은 구전을 통해서 또는 파피루스나 양피지로 만든 두루마리에 문자로 쓰여진 자료들 속에 간직되어 멀리는 2천 년 전부터, 가깝게는 기원전 600년까지, 따로따로 전승 자료 속에 담겨 이스라엘 백성과 그 주위 문화 유산으로 전해 내려온 것이다. 이것은 마치, 단군 신화의 내용이 한민족 역사 속에서 오랜 옛날부터 구전되어 왔지만, 중국을 지배한 몽골의 한반도 침략으로 국운이 시련을 당하던 13세기 고려 충렬왕 때의 승려 일연(一然)에 의해 『삼국유사』에 문자로 기록된 경우와 비슷한 것이다.

유대교의 경전은 본래 히브리어로 기록되었는데, 헬레니즘 시대 때 헬라어로 번역되는 과정을 거쳤다. 세계사 속에서 헬레니즘 시대란 연대기적으로는 알렉산더 대왕의 죽음 이후, 그의 제국 휘하 장군들에 의해 분할 통치되는 시기부터 로마제국이 알렉산더제국의 영토 일부인 이집트를 합병할 때까지(기원전 323~30) 약 300년 동안의 시기를 말한다. 이시기에 단순히 정치적으로만이 아니라 헬라(그리스)의 철학, 과학, 문화 및 생활 양식과 가치관 일반이 알렉산더제국 영토 각 지역에 보편적 문화 양식 내지 가치로서 뿌리를 내리게 되었다.

제국의 영토는 지금의 알렉산드리아 항구를 포함한 지중해 연안 도시들과 이집트, 마케도니아 지역 전체, 터키, 이란과 이라크 지역, 아프가니스탄과 파키스탄, 그리고 시리아와 레바논, 이스라엘 지역 전체를 포함하였다. 헬레니즘 문화는 헬라어를 만국 공용어로 사용하면서 그리스 정신, 그리스 생활 양식, 그리스적 예술과 문화가 보편적 문화로서 풍미하던 시기를 말한다. 이 무렵 유대인들은 세계 각국에 흩어져 살았는데, 특히 이

---

1) 박대선 · 김찬국 · 김정준, 『구약성서개론』(대한기독교서회, 1976), 29쪽.

집트의 항구 도시 알렉산드리아에는 헬라계 유대인들의 집단 거주지가 많았고, 때문에 유대인의 후손은 헬라어로 번역된 경전의 필요성을 절감하게 되었다.

그리하여 기원전 250년 무렵 알렉산드리아에서 헬라계 유대인 장로 70인이 모여 히브리어로 쓰여진 유대교 경전을 헬레니즘 세계의 보편적 국제어였던 헬라어로 번역하여 간행하였는데, 이를 『70인역』(Septuagint, LXX)이라고 부른다. 자연스럽게 이 『70인역』은 헬라계 유대인들(Hellenistic Jews)에게 크게 환영을 받으면서 절대적 권위를 지니게 되었다. 사도 바울이 읽었던 성경도 이 헬라어 역본이었다고 학자들은 판단한다. 그리고 그리스도교 초대 신도들도 이 헬라어 역본의 『구약성경』을 읽었다고 학자들은 결론 내린다.

야훼-여호와-하나님 호칭

그런데 히브리어 성경에서 야훼(Yaweh)라고 표기된 히브리어 신 호칭이 나타나는 곳은 『70인역』 헬라어 경전에서는 모두 '큐리오스' (主, Kyrios)로 번역되었다. 그 이유는 본래 이스라엘 사람들이 히브리어 성경을 읽을 때, 감히 '야훼' (Yaweh)라고 읽지 못하고 히브리어로 '아도나이' (主, Adonay)라고 발음하여 읽었으므로, '아도나이'에 해당하는 헬라어 단어 '큐리오스'로 번역하여 읽게 된 때문이다.

한국 개신교도들의 대부분은 1970년대 새로 번역한 『공동성경』 번역본에 표기된 '야훼'라는, 히브리어 발음으로 표기된 '하나님 이름'을 접하고 거부 반응을 보였다. 오랫동안 익숙한 『한글개역성경』(1937년 완간)에서 '여호와'라고 표기된 유일신 하나님 이름이 갑자기 '야훼'라고 변경되어 표기되었기 때문이다. '야훼'와 '여호와'가 종류가 다른 유일신인 것은 아니다. 두 이름 모두가 모세가 '불붙은 떨기나무'에서 들었고 예언자들이 선포하던 이스라엘의 유일신 이름인데, '야훼'가 '여호와'로 잘못 일컬어져 굳어져버린 경위는 다음과 같다.

본래 이스라엘의 경전(모세 오경 율법서, 예언서, 성문서집)이 문자로 기록될 때 사용된 원어가 히브리어임을 우리는 알고 있다. 그런데 원래 히브리어는 자음만 있고 모음은 없는 문자였다. 그리하여 경전을 낭송할 때 히브리어 발음의 다양성이 큰 문제가 되었다. 성경을 정확하게 낭독할 수 있도록 새로운 모음 기호를 제정한 것은 이스라엘의 맛소라 학파에 의해서이다. 오늘날의 학자들은 이것을 '맛소라 모음 기호'라 부른다.[2]

경전 단어 하나, 구절 하나마다 유일신 하나님의 계시적 진리가 신비롭게 나타나 있다고 믿었던 이스라엘 사람들이 '야훼'를 '여호와'라고 잘못 발음할 리가 없다. 그들은 '야훼'(YHWH)라는 네 글자로 이루어진 히브리어 단어가 나오면 '아도나이'라고 금방 바꾸어 대체하여 읽곤 했다. 유일신 이름을 직접 입으로 발음하여 부르는 것을 두려워했기 때문이다. '여호와'라는 유일신 발음이 발생하게 된 것은 히브리어 자음인 '야훼'(YHWH)와 '아도나이'(Adonay)라는 히브리 모음이 혼합하여 '예호와아'(YeHoWaH)라는 혼성어 발음이 생기게 된 데 기인하고, 이 혼성어 히브리 발음의 영어 발음식 표기가 13세기 무렵부터 나타난다고 학자들은 말한다.[3] 영어식 알파벳으로 표기된 것이 '예호와'(Jehova)이고, 그 것의 한글 발음 표기가 '여호와'로 된 것이다.[4]

그것이 왜 『신약성경』을 읽는 그리스도인들이, 『신약성경』 속에서 '야

---

2) 같은 책, 32쪽.

훼'라는 가장 중요한 신 호칭을 한 번도 발견할 수 없는가 하는 직접적 이유이다. 그리고 기독교인들이 읽는 『구약성경』엔 왜 '여호와'라고 인쇄되어 있는가에 대한 언어학적인 역사 과정과 거기에 얽힌 신앙적 이유인 것이다. '야훼'와 '여호와'는 모세와 이스라엘 민족이 체험하고 불렀던 동일한 유일신 이름이었다는 것과, 히브리어의 본래 발음에 더 충실한 발음과 표기법은 '야훼'라는 것을 알아둘 필요가 있다.

위에서 말한 대로 한글판 『신약성경』에는 '야훼'도 '여호와'도 찾아볼 수 없다. 그리스도인들의 유일하신 창조주 하나님을 호칭할 때는 거룩하신 '주 하나님' 또는 영광과 존귀를 받으시기에 합당하신 '주 하나님'이라고 표현하지만, 이스라엘 사람들이 '야훼' 이름을 부르면서 감지하던 '두렵고 떨리며 황홀한' 영적 체험에 미치지 못하는 것이 실상이다.

뿐만 아니라 '야훼'라는 신 호칭을 그 이름 자체가 담고 있는 초월적 의미, 신성, 권능을 이해하고 감지하면서 읽으려면 히브리 언어를 알아야할 뿐만 아니라, 이스라엘 신앙 공동체의 신앙 고백적인 '삶의 자리' 혹은 '종교적 맥락' 안으로 들어가야 한다. 그런데 헬레니즘 세계 안에서 살아가는 헬라계 유대인과 이방인으로서 유대교로 개종했거나 혹은 기독교로 개종한 사람은 그러한 '삶의 자리'로 전환하는 것이 거의 불가능하다. 해석학적 삶의 자리 변환이 일어나지 않은 채 단순하게 신 이름만 '야훼'라고 부르면, 낯선 외래의 신 이름이 전통적 신명을 대체한 형국이

---

3) '야훼'라는 이스라엘 민족의 '하나님 이름'에 관하여 좀더 자세한 내용을 알고자 한다면 국내 연구 논문으로서 다음 논문을 참조할 수 있다. 장일선, 「구약신학의 주제」, 63~83쪽, 『하나님의 이름』(대한기독교출판사, 1982); 김이곤, 「구약성서의 고난신학」, 55~83쪽, 『고난신학의 맥락에서 본 야훼 신명 이해』(한국신학연구소, 1989).
4) 박대선 외 공저, 『구약성서개론』, 33쪽.

되어버리고, 본래 모세와 예언자들이 '야훼'라고 부르면서 느끼던 영적 체험은 증발되어 버린다.

전문 학자에 의하면 기원전 540년 무렵 제2이사야 때에 이르러 '야훼'가 유일신으로 확고하게 인정되고 이로써 이스라엘 종교사에 철저한 유일신관이 확립되나, 유일신의 거룩한 이름을 직접 부르는 것이 두렵고 적당하지 않다는 생각은 더욱 보편화되어 갔다. 느헤미야(기원전 444~432년) 시대인 기원전 5세기 중반부터 시작되어 기원전 3세기 무렵에 이르면 이스라엘 백성의 고유한 유일신의 명칭인 '야훼'가 더 이상 쓰여지지 않았다고 한다.[5] 구약학자 폰 라드도 1세기 무렵에 유대인들의 회당에서는 이미 '야훼'라는 신 호칭이 사라졌고, 단지 예루살렘 성전에서 그것도 특별한 기회에만 사용되었다고 본다.[6]

여기에서 우리는 매우 중요한 한 가지 사실을 깨닫게 된다. 『도덕경』 제1장에서 갈파한 대로 '절대적 진리 자체', '유일하신 하나님' 또는 '유무를 포함한 참 도(道)'는 인간 문화사 속에서 형성된 문자나 발음에 매여 있는 제한된 하나님이 아니라는 사실이다. 인류 종교사 속에 나타난 다양한 유일신 이름들(야훼, 알라, 브라만, 도, 하눌님 등)은 신비 자체, 진리 자체, 존재 자체이신 언표 불가능한 절대 포괄자로서의 '궁극적 실재'가 구체적인 인간 공동체들의 '삶의 자리', 곧 그들이 처한 정치적·역사적·문화적·자연 환경적 맥락 속에서 계시된 '궁극적 실재'를 이해하고 응답한 해석학적 반응인 것이다.

구체적 구원 경험과 진리 체험을 현실적으로 알게 하는 구체적인 신의

---

5) 같은 책, 33쪽.
6) 폰 라드, 『구약성서신학』 제1권, 193쪽.

이름들은 해당 인간 공동체 안에서 심원하고 고유한 의미를 지닌다. 그러나 어느 특정 문화 공동체의 신 이름만이 '참하나님'의 이름이고 다른 문화 공동체에서 표기된 신 이름은 우상의 이름에 불과하다는 단순 논리는 21세기를 살아가는 성숙한 현대인들에게 받아들여질 수 없다. 만약 그런 논리가 기승을 부린다면, 고대 모세 시대처럼 21세기에도 다양한 신들의 이름을 가진 문명들간의 '문명 충돌'과 '종교 전쟁'을 피할 수 없을 것이다.

자기가 귀의하는 종교 전통을 귀중하게 여기고 자기 종교에 충실한 열린 신앙심과, 맹목적이고 반지성적인 종교적 광기를 뜨거운 신앙심이라고 착각하는 닫힌 신앙심은 마땅히 구별되어야 한다. 그 일은 개인의 선택에 맡길 문제가 아니고, 21세기를 살아갈 성숙한 종교인이라면 마땅히 받아들여야 할 진리의 덕목 문제이다.

예수와 바울의 유일신 신앙

그리스도교 신앙의 모태가 되는 이스라엘의 신앙 전승

『신약성경』속에 '야훼'나 '여호와'라는 유일신의 이름이 명시적으로는 한 번도 나타나지 않는다고 해서, 예수로부터 시작되고 바울에 의해 교리의 기본틀이 만들어진 그리스도교라는 보편 종교가 모세의 유일신 신앙과 전혀 관계없는 새로운 종교인 것은 아니다. 도리어 유대 종교사와 이스라엘의 신앙 전통의 광맥 속에서 가장 순수한 정금을 뽑아내어 계승하고, 거기에 더 심원한 새로운 이해의 차원을 불어넣어 유대적 유일신 신앙을 민족이나 지역을 넘어서는 온 우주적 보편 종교로 승화시켰다고 보는 것이 옳다.

예수와 사도 바울은 1세기에 생존했던 역사적 인물로서 모두 유대인이며, 그들의 새로운 영적 종교로서의 새로운 '복음' 운동은 이스라엘 종교사가 내포한 영적인 흐름 안에서 형성되고 이해된다. 그리스도교라는 보편 종교가 자신을 유대교 곧 이스라엘의 종교 전통으로부터 분명하게 갈라서고 자신의 정체성을 보다 분명하게 정립하려 할 때 초대 그리스도인 중에는 갈등을 느낀 사람도 있었다. 말시온(Marcion)과 같은 인물의 저항에서 보는 바처럼, 『구약성경』 속에 담겨 있는 매우 부정적이고 배타적인 유일신관의 찌꺼기들은 예수 그리스도 안에서 자기를 계시하신 '사랑의 하나님'과 양립할 수 없으므로 『구약성경』을 기독교 경전에서 제외시키고 유대교 전통 유산과 완전히 구별 지을 것을 주장하였다.

예를 들면 '전쟁에 능한 신 야훼', '선민 이스라엘을 편애하는 야훼', '보복과 질투의 신 야훼', '여성들과 아이들을 폄훼하는 가부장적 야훼', '자기만을 섬기라고 윽박지르는 야훼' 등 모세 종교의 유일신관에 붙어 있는 역사적 제한성 때문에, 예수 그리스도 안에 나타난 순수한 '사랑의 종교'를 구현하기 위해서 그리스도교는 『구약성경』이나 유대교의 종교적 유산과 철저히 분리될 필요가 있었던 것이다. 그러나 그리스도교 교회는 말시온이 주장하는 그런 주장을 이단으로 규정하고 받아들이지 않았다.

이스라엘의 종교사가 지닌 정신적 유산을 받아들인다는 것은 유대교 속에 녹아 있는 민족주의적이고 시대착오적이며 종교 이데올로기적인 요소까지를 모두 무조건 답습한다는 것을 의미하지 않는다. 예수는 분명히 "새 포도주를 위해서는 새 가죽 부대"가 필요하다는 것을 알고 있었다. 「마태복음」 기자의 입을 통해 표현된 초대 그리스도교 공동체의 입장은 예수가 "율법이나 예언자의 말을 폐기하려고 온 것이 아니라 완성하러 오신 이"(「마태」 15: 17~19)로 표현한 데서 잘 나타난다.

만약 그리스도교를 이스라엘 신앙 전승 맥락에서 완전히 독립시켜 버리거나 『신약성경』을 『구약성경』에서 완전히 분리시킨다면, 이것은 마치 대지 위에 뿌리내리고 서 있는 거대한 푸른 느티나무의 뿌리를 도끼로 모두 잘라내고 뿌리에 붙은 흙들을 다 털어낸 후 큰 화분에 옮겨 심는 꼴이 되어버릴 것이다. 초기 그리스도교 교회는 그렇게 하지 않았다. 동시에 그리스도교를 단순히 유대교의 연장이거나 지리적 확충이라고도 생각하지 않았다. 그 양자 사이에는 분명히 변증법보다도 더 강력한 '부정을 통한 돌파'가 있었다.

초대 그리스도교 교회의 공동체 의식 속에는 예수 그리스도의 십자가 사건을 통해서 유대교를 포함한 모든 기존 종교의 '폐기와 성취'가 이뤄졌다는 확신이 있었다. 그런 맥락에서 예수와 바울의 유일신 신앙은 이스라엘 종교사가 죽음으로서 지켜온 유일신 신앙의 더 철저한 관철과 정화(淨化)라 할 수 있다. 그래서 그들의 유일신 신앙은 본래적 의미에서의 '철저 유일신 신앙'이 되었다.

예수의 유일신 신앙

예수의 유일신 신앙관이 어떤 것이었을지 보여주는 문헌 자료에는 일차적으로 네 개의 복음서가 있다. 현대의 성서 연구 결과, 네 개의 복음서가 단순한 '예수의 전기'를 문헌으로 남겨두려는 의도로 쓰여진 '전기적(傳記的) 작품'이 아니고, "예수가 그리스도이시다"라고 증언하고 고백하는 초대 신앙 공동체의 신앙 고백적 작품이며 선교 목적을 가지고 집필

하거나 편집한 증언적 작품임이 밝혀졌다.

이 말은 네 개의 복음서 속에서 예수가 직접 한 말씀이라고 표현 보도된 기록물 중에는, 녹음기에 녹취했다가 테이프를 풀어서 기록한 확실한 예수의 어록이 아니기 때문에, 초대 그리스도교 신앙 공동체의 '믿음의 눈'이라는 해석학적 매체를 통해서 '예수 말씀'이라는 확신을 가지고 표현된 구절이 적지 않게 많다는 것을 의미한다.

전승되어 오는 네 개의 복음서가 지닌 문헌 자료적 성격이 그러하기 때문에, 순수한 '역사적 예수'의 언행과 인격의 복원은 거의 불가능하다고 생각하는 극단적 성경학자들이 있다. 그러나 대부분의 성경학자들은 네 개의 복음서가 지닌 자료적 성격이 앞서 언급한 것처럼 제한적 조건이 있음에도 불구하고, 역사적 예수가 직접 하신 말씀이 무엇이었는가, 그리고 역사적 실재 인물로서의 예수의 인격은 어떠했는가, 예수가 가르치고 이루고자 했던 비전이 무엇이었는가를 파악하기에 충분한 자료적 가치를 지니고 있다고 판단한다.

신약성서신학이라는 학문 연구 분야에서 인간 예수로서의 역사적 인물 탐구를 '역사적 예수'(historical Jesus 또는 Jesus of history) 연구라 하고, 신앙의 대상으로서 예배 공동체에 의해 메시아 그리스도라고 선포된 신앙의 대상으로서 연구를 '케리그마적 그리스도'(kerygmatic Christ 또는 Christ of faith) 연구라고 하여 구별한다. 복음서의 자료적 성격 때문에 네 개의 복음서를 통하여 '역사적 예수'를 찾아낸다는 것은 불가능하며 또 후대 사람들에게 '역사적 예수'가 어떠했는지 아는 것이 크게 중요하지 않고, 그가 선포하였고 초대 크리스천들이 받아들였던 복음 메시지, 곧 '케리그마적 그리스도'만이 관심을 가질 만한 가치가 있다고 주장하는 학자들이 있다. 그러한 입장을 대변하는 대표적 학자가 20세기 신약성서학자로서 유명한 이가 루돌프 불트만(R. Bultmann)이다.

그러나 1950년대부터 불트만의 제자 중에서 케제만(Kaesemann), 보른캄(Bornkamm), 콘첼만(Konzelmann) 등 저명한 신약성서학자들이 복음서 자료의 성격에도 불구하고 역사적 예수에 관한 역사적 핵을 복음서 안에서 발견할 수 있다는 것과, 그리스도 신자들로서 '역사적 예수' 를 알고자 하는 의도와 필요성은 당연하고 매우 중요한 일이라고 주장하였는데, 이들을 '후기 불트만 학파' 라고 부른다. 이에 관한 논쟁을 '역사적 예수' 와 '케리그마적 그리스도' 상호 관계성에 대한 신학적 담론이라 부른다.[7]

1980년대에 들어와서 미국 신학계를 중심으로 하여 '성서문학회' 와 '예수세미나' 라는 학술 단체가 '역사적 예수' 탐구를 새로운 방향과 새로운 관점에서 시작하여 신선한 충격을 던지고 있다. 나는 '후기 불트만 학파' 의 입장을 받아들이면서 1980년대 '역사적 예수' 연구 결과를 참조하면서 예수가 가르친 '유일신 신앙' 의 본질에 접근해 보려고 한다.

첫째, 예수 자신의 유일신 신앙과 관련하여, 유일신 하나님과 자기 자신의 관계를 어떻게 스스로 이해하였는가의 문제이다. 하나님과의 관계에서, 자기의 사명과의 관계에서 예수의 자기 의식 또는 메시아 의식을 문제삼아 보는 것이다.

---

7) 이에 관한 자세한 연구는 다음 자료를 참고하라. 전경연 편집, 「현대 역사적 예수 논구」, 『복음주의신학 총서』 제14권 (기독교서회, 1982); 김창락, 「성서 읽기 역사 읽기」, 13~69쪽, 『20세기 후반기의 신약신학』; 『루돌프 불트만의 신학: 디딤돌인가 걸림돌인가?』 (한국신학연구소, 1999); 존 도미닉 크로산, 『예수는 누구인가?』, 한인철 옮김 (한국기독교연구소, 1998); 마커스 보그 & N. 톰 라이트, 『예수의 의미: 역사적 예수에 대한 두 신학자의 논쟁』, 김준우 옮김 (한국기독교연구소, 2001).

성경 속에 등장하는 예수에 대한 호칭들은 대개 '케리그마적 그리스도'에 대한 초대 교회 공동체의 고백들이다. 예를 들면 '예수 그리스도', '하나님의 아들', '인자'(人子), '주'(主, Lord), '부활하신 분' 등이 대표적이다. 역사적으로 유대인 출신 남자인 예수는 보통 사람들이 상상할 수 없을 만큼, 그가 '하나님 아버지'라고 친근하게 부른 '유일신 하나님'과 매우 친밀한 관계를 유지하였다. 「요한복음」 기자는 예수의 유일무이할 정도의 하나님과의 친밀성을 두고 "나를 본 사람은 아버지를 보았다.…… 내가 아버지 안에 있고, 아버지가 내 안에 계신다"(「요」 14 : 9~10)라고까지 표현하고 있지만, 복음서 어느 곳에서도 예수는 자기 자신을 신격화하지 않았다.

고대 건국 신화나 혹은 세계 창조 설화 속에서 흔히 나타나는 절대자 하나님과 문명 창시자 혹은 종교 창설자 사이의 초자연적 혈통 관계 따위는 예수의 경우에는 철저하게 부정된다. 예수 자신이 스스로 거룩한 하나님의 신적 속성을 분담한 신령한 존재로서의 신인(神人, God-man)임을 철저히 부정한다. 어느 날 어떤 사람이 예수에게 다가와서 말하기를 "선하신 선생님, 내가 영원한 생명을 얻으려면 무엇을 해야 합니까?"라고 물었을 때, 예수는 "어찌하여 너는 나를 선하다고 하느냐? 하나님 한 분밖에는 선한 분이 없다"(「마가」 10 : 17~18, 「마태」 19 : 16~30, 「누가」 18 : 18~30)라고 응수하였다. 자기 자신에 대하여 '선한 선생님'이라고 부르는 대중의 호칭마저도 겸손하게 거절하고 "선한 이는 오직 하나님 한 분뿐"이라고 한 예수의 자의식 속에 예수를 신이라 부르고 싶은 신화적 유혹은 끼여들 자리가 없다.

"말씀이 육신이 되어 우리 가운데 거하셨다"(「요한」 1 : 14)라는 저 유명한 성경 구절을 문자 그대로 받아들여 '성육신 신앙'을, 고대 신화적 세계관에서 흔했던 신이 인간 몸을 입고 잠시 인간 세상에 환생한 경우처럼 이해하면 큰 잘못이다. 위의 말은 예수라는 인간의 말씀과 행태, 곧 그의 전 존재가 하나님의 뜻과 혼연일체가 되어 살았던 분에 대한 신앙 고백적 표현이다. 역사적 예수를 가장 가까이 모시고 살았던 베드로를 비롯한 열두 제자나 사도 바울은 예수가 "다윗의 혈통을 타고, 나사렛 동네에서 자란", 자기들과 같은 유대인 중 한 사람이라는 것을 추호도 의심하지 않았다. 하나님이 그분을 지극히 사랑하시고 성령을 물 붓듯이 부어주시고, 죽음의 권세에 매어 있을 수 없는 '의롭고 진실한 분'이었기에 하나님이 그분을 죽음으로부터 일으켜세워 만인의 구주가 되도록 높이셨다고 증언할 뿐이다.

둘째, 예수는 이스라엘 백성이 율법서(『토라』)인 「신명기」 6장 4~5절에 나타나는 구절이 모든 율법의 핵심 정신임을 갈파하여 모세로부터 이어져 내려오는 유일신 야훼 신앙을 확인하셨다.

예수를 난처한 곤경에 빠뜨리려는 예수의 대적자들은, 예수가 정식으로 가마리엘 율법사 같은 예루살렘 명문가 랍비 문하에서 수학한 적도 없고 정식적인 랍비 자격증도 없는 갈릴리 변두리 지방 출신자에 불과하다는 점을 문제삼아 곤란한 문제를 제기하거나 자격 테스트를 하는 듯한 질문을 곧잘 던졌다. 예수는 수많은 민중의 마음을 사로잡았으며, 초능력을 행하여 병자를 고치고, 힘겨운 삶과 율법 종교의 무거운 멍에에 지쳐 자포자기한 사람들을 격려하고 새롭게 일으켜세워 새 삶을 향한 용기를 얻게 하였다. 시샘과 질투와 미움이 쌓여감에 따라 예수를 제거하려는 의도를 가진 바리새파 사람이나 율법 교사가 청중 앞에서 예수에게 공개 질문을 던졌다. "선생님, 율법 가운데 어느 계명이 중요합니까?" 예수의 대답은 이랬다.

"'네 마음을 다하고, 네 목숨을 다하고, 네 뜻을 다하여, 주 너의 하나님을 사랑하라' 하셨으니, 이것이 가장 중요하고 으뜸가는 계명이요, 둘째 계명도 이것과 같은데, '네 이웃을 네 몸과 같이 사랑하여라' 한 것이다. 이 두 계명에 온 율법과 예언서의 본뜻이 달려 있다."(「마태」 22 : 36~40, 「마가」 12 : 28~34, 「누가」 10 : 25~28)

예수의 이 대답은 예수께서 이스라엘 백성의 근본 신앙 고백인 「신명기」(6 : 4~5)와 「레위기」(19 : 18)를 인용하여 율법과 예언서의 정신을 총괄적으로 갈파한 것이다. 예수의 대답이 새로운 것은 마음과 목숨과 뜻을 다하여 오직 한 분이신 하나님을 사랑하는 일과 자기 이웃을 자기 몸처럼 사랑하는 일은 동전의 앞뒤 관계처럼 나눌 수 없다고 본 점이다. 특히 「신명기」 6장 4~5절은 이스라엘 민족에게는 가장 중요한 『토라』 계명으로서 '쉐마'라고 하여 이스라엘 야훼 신앙의 주춧돌이다. 예수가 '쉐마'를 율법의 근본 주춧돌이라고 천명한 것은 예수가 철저한 유일신 신앙을 계승한 분임을 나타내 보이는 것이다.

셋째, 예수의 유일신 신앙이 얼마나 진지하고 성실한 것이었는지, 예수에게 유일신 신앙이 단지 종교 철학적인 원리가 아니라 그의 삶 밑바닥에서 그의 삶을 이끄는 거룩한 정열을 동반한 신앙이었는지를 공개적으로 천명한 사건이 성전 정화 사건(「마태」 21 : 12~17, 「마가」 11 : 15~19, 「누가」 19 : 45~48, 「요한」 2 : 13~22)이었다.

'성전 정화' 사건 또는 '성전 숙정' 사건이라고 부르는 이 사건은 어느 날 예루살렘 성전 마당에서 일어난 해프닝이었지만, 예수의 적대자들이 예수를 죽이기로 마음먹게 만든 매우 중요한 사건으로 예수의 공적 생애의 전환점을 이룬다. 예수가 공적 생애를 살았던 기간(30~34년)은 아직 예루살렘 성전이 건재하여 해마다 각종 성전 제사 의례가 정기적으로 모셔지고 있었다.

　문제의 발단은 야훼 하나님께 드리는 희생 제물을 마련하기 위한 장터가 성전 마당 뜰까지 들어서고, 외국에 살던 디아스포라 유대인들의 편의를 돕는다는 명목으로 환전상 점포까지 들어서서 글자 그대로 성전이 아니라 '도적의 소굴'이 되어 있었던 데 있다.

　야훼 유일신 신앙에 독실한 예수의 거룩한 분노는 하늘에 닿는 듯했다. "성전 안에서 매매하는 모든 자를 내어쫓으시며 돈 바꾸는 자들의 상과 비둘기를 파는 자들의 의자를 둘러엎으시고 저희들에게 말하기를 '성경에 기록하기를 내 집은 기도하는 집'이라고 불릴 것이라고 했는데 너희들은 강도의 굴혈을 만들어버렸다"(「마태」 21:13)고 일갈하였다. 예수의 거룩한 분노가 너무나 위엄 있고 단호한지라, 장사꾼들과 자릿세로 주머니 용돈을 채우던 성전 경비병이나 관리인도 압도당하여 현장에서 도망치듯 사라졌다.

　그러나 뒤에 이 소식을 전해 들은 대제사장들과 서기관들은 예수를 어떻게 죽일까 모의했다고 성경에 기록하고 있으니(「마가」 11:18), '성전 숙정' 사건이 당시 종교 기득권자들에게 준 충격파가 얼마나 컸던가를 여실히 알 수 있다. 아무튼 이 사건을 통하여 우리는 예수의 유일신 신앙에 대한 순수한 열정이 얼마나 각별했던가를 알 수 있으며, 전통적인 건물 중심의 '성전 종교' 가 얼마나 많이 속화되고 형식화되어 있었는지 알 수 있다. 여기서 예수는 성전 종교 시대를 극복하여 눈에 보이지 않는 "영과 진리 안에서 예배하는"(「요한」 4 : 24) 영적 종교 시대를 열어가기로 결단하게 된다.

넷째, 예수의 유일신 신앙을 가늠해 볼 수 있는 또 다른 측면은, 예수가 실존적 존재로서 삶의 과정 속에서 겪은 '유혹' 과 '고난' 에 직면하여 취한 태도이다. 우리가 특히 주목해야 할 것은 저 유명한 세 가지 '광야의 유혹' 과 고난의 절정으로 주어진 십자가 처형 사건에서 보여준 태도이다.

20세기 신학자 폴 틸리히(P. Tillich)는 예수가 메시아(그리스도)일 수 있는 것은 실존의 유한성 안에서 실존 조건의 한계 상황에 시달리고 유혹을 받으면서도 실존으로서의 현실 인간과 본질로서의 인간 본래성 사이의 근본적 분리를 극복하고 하나됨의 상태를 초지일관 유지하는 예수의 새로운 실존적 존재의 능력 때문이라고 말한다.[8] 이 말은 역사적 예수는 '하나님의 독생자 로고스의 화육체' 이기 때문에 땅 위에서 보통 인간과는 달리 인간으로서의 어떠한 유혹, 고뇌, 번민, 아픔 등을 겪지 않았을 것이라는 '신화적 그리스도론' 을 거부한다.

그런 통속적 기대와는 정반대로, 네 개의 복음서는 예수 또한 인간으로서 그가 메시아의 사명을 자각하고 큰 하늘의 뜻에 순명하려는 마음을 다질수록 강한 유혹이 다가왔다고 증언한다. 예수는 고대 사회에 흔했던 "사람 모습으로 변신하여 땅 위를 걷는 신"이 아니었다. 그는 여인의 몸 안에 잉태되어 탄생되었고, 가난한 갈릴리 농촌과 어촌에서 어린 유년 시절을 보냈으며, 청년기 이후는 가족을 부양하기 위해서 손바닥이 거칠어

---

8) Paul Tillich, *Systematic Theology*, vol.2 (University of Chicago Press, 1957), p. 119.

지도록 노동했다. 또 어지러워져만 가는 풍진 세상에서 하나님의 올곧은 뜻이 무엇인지 깊이 사색하고 기도하였다.

공관 복음서는 세 복음서(「마태」 4 : 1~11, 「마가」 1 : 12~13, 「누가」 4 : 1~13)에서 예수가 받은 유혹과 관련한 기사를 싣고 있다. 세 가지 유혹이 한꺼번에 몰아닥쳤는지, 일생 동안 끈질기게 받았던 가장 극복하기 힘들었던 유혹의 본질이 세 가지로 요약되어 복음서 속에 편집되었는지는 모른다. 후자의 가능성이 더 클 것이다. 유혹은 세 가지 범주였는데, 첫째는 물질 문제요, 둘째는 권력 문제요, 셋째는 종교적 구원의 길에 관한 문제, 특히 군중 동원과 관련된 기사이적(奇事異蹟)의 문제였다.

역사 과정에는 인간의 근본 문제는 물질의 빈곤에서 오는 것이기 때문에 수단 방법을 가리지 않고 '빵 문제'만 해결하면 세상을 구원할 수 있다고 생각한 사람들이 많았다. 일용할 양식이 없어 고통당하는 가난한 민중 속에서 살았던 예수에게도 그 유혹이 늘 따라다녔다. 경제 제일주의 정책, 고도 성장 신화론, 질보다 양을 우선하는 사고 방식, 배금주의적 가치관 등은 모두 이 첫 번째 유혹과 관련된 문제들이다.

둘째 유혹은 사회 공동체 속에서 공익을 증대하기 위해 필요한 권력과 정의의 관계, 권력 수행의 합법적 절차의 문제, 인간의 명예욕과 지배 욕망, 합법을 가장해 부당한 권력과 적당히 타협하는 힘의 논리 등과 관련된 문제였다.

셋째 유혹은 종교에는 늘 따르게 마련인 대중성의 인기 영합, 초능력을 이용한 혹세무민으로 종교 왕국을 이뤄보려는 허망한 꿈, 종교의 구경(究竟) 목적을 '해탈'이나 '새로운 사람'으로 변화하는 것에 두지 않고 세상 속에서 혈육적 인간의 욕망 성취 수단으로 생각하게 하는 실용주의적 종교관 등과 관련된다.

세상을 살아가면서 모든 사람들이 강하든 약하든 부딪치는 이 같은 근본적인 세 가지 유혹 앞에서, 어떻게 자기를 순수하게 지키며 하나님의 뜻을 관철시켜 나아갈 것인가의 문제가 '광야 시험 기사' 속에 원형적으로 예시되고 있는 것이다. 특히 성경 기사는 예수가 언제 시험을 받는가 하는 문제를 중요하게 다루고 있는데, 성경 기사는 예수가 하나님 나라 운동을 시작하고자 요단강에서 세례를 받고 물에서 올라왔을 때, 하나님의 영이 자기 위에 내리는 것을 느꼈을 때, 그리고 "내가 너를 사랑하고 좋아한다"는 하늘의 확인 소리까지 듣는 때부터라고 소개한다. 말하자면 평범한 삶을 떠나 더 높은 이상을 가지고 지도자로서 일하려 할 때 세 가지 유혹이 닥쳐든다는 것이다.

그러나 예수는 순수하고 굳건한 신앙심으로 이 모든 유혹을 이겨냈다. "사람이 빵으로만 살 것이 아니라, 하나님의 입에서 나오는 모든 말씀으로 살 것이다", "주 너의 하나님을 시험하지 말라", "주 너의 하나님께 경배하고 그분만을 섬겨라" 등 복음서는 성경에 기록된 말씀을 거듭거듭 확인하면서 예수가 유혹을 이겨냈다고 전한다. 예수는 단순한 휴머니스트나 도덕 교사가 아니며, 사회 혁명가도 직업 종교인도 아니었다. 그는 철저하고도 순수한 유일신 신앙을 전인적 생명의 몸으로 살아가는 '믿음의 사람'이었다.

사람들의 상상을 초월한 예수의 이 올곧고 순수한 유일신 신앙, 그가 아버지라고 부를 만큼 친근함을 가지고 하나님과 혼연일체되는 삶을 살았던 예수의 유일신 신앙이 가장 드라마틱하게 나타나는 장면은 죽음을 앞둔 고난의 상황 앞에서 이루어진다. 인류의 성인으로 존경받는 예수,

고타마 싯다르타, 공자, 노자 같은 인물 중에서도 가장 젊은 나이에 죽임을 당한 이는 예수뿐이다. 그러한 사실은 예수교를 다른 여타의 종교와 다른 색깔을 띠게 만드는 요인이 된다.

아무튼 예수는 유대 종교 지도자들의 음모와 로마 총독 빌라도의 형집행, 우매한 유대인의 군중 심리로 엮어지는 '희대의 비극 드라마'에서 주인공이 된다. 그리고 십자가 처형을 앞에 둔 절체절명의 상황에서 가장 인간답게 그러나 확고한 유일신 신앙을 지닌 신앙인답게 이렇게 울부짖으며 기도를 드린다. "아바, 아버지여, 아버지께서는 모든 것이 가능하오니 이 잔을 내게서 옮기시옵소서. 그러나 나의 원대로 마옵시고 아버지의 뜻대로 하옵소서."(「마가」 14: 36) 인격적 절대자를 믿는 예수의 유일신 신앙이 가장 극적으로 나타난 기도이다.

골고다 언덕 위에 높이 세워진 십자가 위에서 고난의 쓴잔을 마셔야 할 형편에 놓여 있을 때조차, 예수의 유일신 신앙은 "나의 하나님, 어찌하여 나를 버리셨나이까?"(「마가」 15: 34)라고 절규하면서도, 실은 죽음마저도 자신과 하나님을 갈라놓을 수 없다는 역설적인 절대 신뢰 관계를 극적으로 보여줄 만큼 강렬하다. 이것이 예수의 유일신 신앙심의 진면목이다.

다섯째, 예수의 유일신 신앙의 면모를 조감하기 위해 우리는 예수의 유일신 신앙이 전통적 모세 종교의 유일신 신앙의 맥을 이어가면서도 질적으로 고양된 다른 모습이 무엇인가를 고찰해야 할 필요가 있다. 우리는 그 점을 다름 아니라 보복적 인과응보 윤리를 넘어 원수를 사랑하는 데까지 이르는 유일신 하나님의 '우주적 은혜와 무제약적 사랑'에 대한 예수의 새로운 신념으로 보려고 한다. 그 대표적 성경 구절을 「마태복음」에서 찾아볼 수 있다.

"'네 이웃을 사랑하고, 네 원수를 미워하여라' 하고 말한 것을 너희는 들었
다. 그러나 나는 너희에게 말한다. 너희 원수를 사랑하고, 너희를 박해하는
사람을 위하여 기도하여라. 그래야만 너희가 하늘에 계신 너희 아버지의 자
녀가 될 것이다. 아버지께서는 악한 사람에게나 선한 사람에게나 똑같이 해
를 떠오르게 하시고, 의로운 사람에게나 불의한 사람에게나 똑같이 비를 내
려주신다. 너희를 사랑하는 사람만 너희가 사랑하면 무슨 상을 받겠느냐?
세리도 그만큼은 하지 않느냐? 또 너희가 너희 형제자매들에게만 인사를
하면서 지내면 남보다 나을 것이 무엇이냐? 이방 사람들도 그만큼은 하지
않느냐? 그러므로 하늘에 계신 너희 아버지께서 완전하신 것같이 너희도
완전하여라."(『표준새번역성경전서』, 「마태복음」 5 : 43~48)

심지어는 그리스도인들마저 흔히 말하는 예수의 '산상 설교' 중에 편
집된 위의 구절을 '원수 사랑'을 강조하는 예수 윤리의 한 특징으로만 간
주하고 현실적 인간의 삶 속에서는 불가능한 종말론적 윤리를 권하는 것
에 불과하다고 생각한다. 그러나 위의 구절은 예수 종교가 『토라』나 『탈
무드』에 뿌리를 둔 유대교 전승의 유일신 신앙과 본질적으로 어떤 점에
서 다른가를 보여주는 중요한 단초를 제시한다. 인용된 본문은 단순히
'원수도' 사랑하는 것이 옳다는 당위적 윤리 강령을 설교하는 것이 아니
다. 예수는 자신의 정신적 · 영적 토양을 이루고 있으나 시간이 흐르면서
역사의 오물로 더럽혀지고 훼손된 유대교의 유일신 신앙을 애초의 순수
한 상태로 복원해 내는 작업을 한 것이다.

그 작업을 통해 구체적으로는 유대교의 유일신 신앙을 담은 원래의 그림판 위로 얼룩진 배타적 선민 사상, 인과응보적 윤리 사상, 선악 흑백론, 그리고 하나님의 온전하심에 절대 도달할 수 없다고 가르치는 병든 신학적 인간학 등 인습에 젖은 일반인의 잘못된 생각을 정정할 수 있었다. 그리하여 예수는 유대 종파의 독점물처럼 되어버린 유일신 신앙을 민족 국가의 호국신과 특정 종교의 종파신이라는 쇠고랑에서 풀어내 보편 신앙의 본래 자세로 돌아가게 한 것이다.

예수의 유일신 신앙에는 하나님에 대한 경외심이 늘 살아 있지만 두렵고 보복적인 군주적 유일신관은 없으며, 세상을 태워버리는 불을 주러왔다고 선언한 '정의로운 하늘에 계신 하나님'을 목말라하면서도 어린아이들과 참새 새끼에 깃든 생명에까지 깊은 관심을 보이는 지금 여기에 '가까이 계신 하나님'을 보여준다.(「마태」 10: 26~31)

마지막으로 우리가 살펴볼 예수의 유일신관은 인간과 신의 '존재적 일치'를 추구하는 '동일성 원리'(Principle of Identity)를 기반으로 하는 것이 아니라, '참여의 원리'(Principle of Participation)를 기반으로 하여 '역사의 변혁'을 추구하는 모습으로 나타난다.

동일성의 원리를 기반으로 한 '존재적 일치'를 추구하는 종교는 '궁극적 실재' 그 자체와 인간의 본질이 근원적으로 차이가 있는 것이 아니므로 개체 인격의 특유성이랄지 인격적 존재의 의미 추구 행위의 총체인 역사 등에 관심이 많지 않다. 오로지 '궁극적 실재'와 '현실적 개체' 사이의 근원적 합일을 가로막는 망상과 무명(無明)의 백내장을 걷어내고 자기의 본질이 '아트만'이고 '아트만'은 본시 '브라만'임을 깨닫는 일이 중요할 뿐이다.

그러나 참여의 원리를 기반으로 하여 '역사의 변혁'을 추구하는 종교는 인격의 책임성과 고유성, 역사적 실재의 과정과 그 지향성을 중시한다. 인간의 목적은 '신적 본성'과 같아지는 것이 아니라 '신의 뜻'을 구현하는 것이다. 예수의 유일신 신앙은 후자의 전통에 서 있다고 보아야 한다.

이러한 예수의 유일신관의 특징은 예수와 그 제자들의 공동체가 추구했던 영성 운동의 총괄 표현, 곧 '주님이 가르치신 기도' 속에 잘 나타나 있다. '주님의 기도'의 중심 화두는 '하나님의 나라'이다. "하나님 아버지, 당신의 뜻이 이루어지이다. 당신의 뜻이 하늘에서처럼 땅 위에서도 이루어지이다"(주의 기도문, 「마태」 6 : 9~13, 「누가」 11 : 2~4)라는 구절에 잘 표현되어 있다.

예수에게 있어서 유일신 신앙을 지닌다는 말의 뜻은 어떤 체계화되고 정리된 신에 관한 지식이나 관념을 머릿속에 갖는다는 것이 아니다. 그것은 하나님의 선하시고 온전하신 뜻, 특히 정의와 공평 그리고 긍휼과 사랑의 뜻을 본받아 실천적으로 사는 일이었다. 그 일은, 역사 속에서 삶을 누리고 살아가는 사회적 존재인 인간에게는 정의, 자유, 사랑, 평화가 입맞추는 '하나님의 나라'가 땅 위에 실현되는 일에 참여함으로써, 하나님의 성품을 체현해 가는 길인 것이다.

사도 바울의 유일신 신앙

사도 바울은 예수의 생존 기간 동안에 예수를 직접 만나거나 그의 제자로 인정된 적이 없는 인물이다. 그러나 바울의 헌신적 활동과 자신의 전 존재를 들어 증언하는 '예수의 십자가와 부활의 도'에 관련된 그의 목회적 편지를 빼고서는 기독교의 역사를 이야기할 수 없다. 현재 『신약성경』을 구성하는 내용 중 바울의 편지로 간주되는 것을 제외해 버린다면, 기독교 교리와 신학의 대들보가 무너져버릴 만큼 '역사적 그리스도교' 정립을 위한 그의 공헌은 지대하다.

바로 그 바울은 누구이고 그의 유일신 신앙은 어떤 것이었을까? 바울의 여러 편지나 사도들의 행적을 기록하여 전하여 준 「사도행전」을 보면, 바울의 유대식 이름이 사울이고, 당시 소아시아 길리기아 지방 다소에서 베냐민 지파의 후손으로 태어났으며, 바리새파에 속한 부모의 열성적인 율법 준수 교육을 받고 성장했음이 확실하다.(「행」 22 : 1~3, 「빌」 3 : 4~6) 바울이 탄생하여 자랐던 다소는 지금의 터키와 시리아의 국경이 맞닿는 지중해의 연안 도시로 지금도 옛 도시 이름을 그대로 간직하고 있지만, 헬레니즘 시대에 다른 지중해 연안의 문화 도시 아테네와 알렉산드리아에 뒤지지 않는 학문의 중심 도시였다.

바울의 고향 다소에는 유대인들이 많이 모여 살면서 회당(Synagogue)을 중심으로 모세의 율법과 유대교의 종교 전통을 지켜가고 있었다. 로마 제국이 통치하던 시대에 바울은 유대인이지만 태어나면서부터 로마 시민권을 갖고 있었는데, 이것은 그의 집안이 경제적으로나 사회적으로 괜찮은 가정이었음을 증명한다. 요즘도 제3세계 국가에서 탄생한 젊은이가, 당대 최강 국가의 시민권을 갖고 교육과 정치의 중심 도시에 유학한다면 남들이 부러워하듯이, 당시 로마 식민 지배하에 있는 청년 바울은 부모를 잘 만난 덕으로 로마 시민권을 소지하고 있어서 자기 신분이 불리할 때나 민형사적 재판 관계에서 로마법의 보호를 받을 수 있었던 것이다.(「행」 22 : 25~29)

바울은 젊은 시절 예루살렘에 유학하여 당대 석학 가마리엘(Gamaliel)

문하에서 최고 학부의 수련을 쌓았기에 유대교 전통과 율법의 해석에 능통하였고, 모국어인 히브리어는 물론이요 당시 국제 공용어라 할 수 있는 헬라어를 능수능란하게 구사할 수 있었다. 바울이 예수의 사도가 되어 '천막 제조업'으로 식생활 문제를 해결했다는 기록이 나오는데, 이는 당시 유대인들이 누구나 한 가지씩 기술과 관련된 직업을 갖고 있었던 것과 관련된다.

우리가 바울의 유일신 신앙에 관심을 가지는 것은, 그리스도교 형성 과정의 첫 시기, 곧 아직도 네 개의 복음서나 『신약성경』이 기록되거나 경전으로서 인정되기 이전에, 예수와 동시대인으로서 그가 새로운 보편 종교의 근본 뿌리를 증언하는 유일하고도 믿을 만한 자격을 갖춘 제1차 '증인'이라는 점 때문이다. 성서학자들의 면밀한 연구에 의하면 「마가복음」, 「마태복음」, 「누가복음」은 예수의 십자가 처형 사건 이후인 기원후 70~80년대에 접어들어 쓰여지거나 편집되었고, 「요한복음」은 거의 90~100년 무렵에 기록되었다고 본다. 그러나 바울의 선교 초기 목회 편지들(「데살로니가 전·후서」, 「갈라디아서」, 「고린도 전·후서」) 등은 이미 50~60년대에 쓰여졌다.

그러므로 우리는 바울의 유일신 신앙을 살펴봄으로써 초기 그리스도교의 발생 이후 그리스도교가 지녔던 유일신 신앙이, 모태였던 유대교의 유일신 신앙과 어떤 점에서 같고 다른가를 알아볼 수 있는 것이다.

사도 바울은 1세기 팔레스타인의 지중해 문화권 속에서 살았던 시대의 아들이다. 그가 '시대의 아들'이라는 당연한 사실을 다시 한 번 짚고 넘어가는 이유는, 바울의 우주관이나 윤리적 교훈 속에서 발견되는 바, 현대인들이 받아들일 수 없는 신화론적 우주관이나 가부장적 가치관을 지적하려는 것이 아니다. 시대의 아들로서의 바울은 1세기에 유대 민족의 종교 문화적 전통 안에서 잔뼈가 굵은 사람이라는 의미를 갖는다. 그러나 바울은 조상들이 줄곧 지켜오던 경직되고 폐쇄적인 종교가 헬레니즘 문화 및 새로운 구원사적 전환 시대 속에서 그 유대적 배타성과 폐쇄성을 극복해야 한다고 굳게 확신했던 사람이라는 점에서 독특한 성격을 띤다.

무엇보다도 우리가 바울의 종교를 이해하려 할 때 염두에 두어야 할 점은, 그가 유대 종교의 두 기둥, 곧 율법 사상과 제사 종교의 긴 전통 속에서 자신의 종교적 사유 방식을 형성한 사람이라는 것이다. 그리하여 유대인이 아닌 모든 사람이 『토라』와 제사 제도를 답습해야 한다고 주장하지는 않았지만, 참된 구원이 무엇이며 어떻게 실현되는지를 설명하는 '구원론적 담론'에서 바울은 어쩔 수 없이 결의론적(決疑論的, casuistry) 율법 논리와 희생 제물을 요청하는 제사 논리를 구사할 수밖에 없었다. 이것은 바울의 약점이라기보다 그의 구원 종교의 특수성 또는 고유성이라고 보아야 옳다. 이러한 바울의 한계에도 불구하고, 바울의 유일신 신앙은 다음과 같은 점에서 예수의 유일신 신앙을 이어받아 유대교의 유일신 신앙과는 분명히 다른 그리스도교의 유일신 신앙의 초석을 놓았다고 할 수 있다.

첫째, 사도 바울의 유일신 신앙은 아브라함, 모세, 그리고 예언자들의 유일신 신앙의 핵심을 물려받아서, 하나님은 오직 한 분이신 주 하나님이시며, 인간의 주관적인 자기 투영의 대상이 될 수 없는 영원한 주권적 초월자라고 고백한다. 바울은 아들처럼 여겼던 믿음의 젊은 동역자 디모데에게 쓴 편지 속에서 다음과 같이 말한다.

"하나님은 찬양을 받으실 분이시오, 오직 한 분이신 통치자이시오, 만 왕의 왕이시오, 만주(萬主)의 주(主)이십니다. 오직 그분만이 죽지 않으시고, 사람이 가까이 할 수 없는 빛 속에 계시고, 사람으로서는 본 일도 없고 또 볼 수도 없는 분이십니다. 그분에게 존귀와 영원한 주권이 있기를 빕니다." (『디모데전서』 6 : 15~16)

그리스도교의 신인동형동성론적(神人同形同性論的, anthropomor-phic) 표현 때문에, 그리스도교 신관이 매우 유치하다고 잘못 생각하는 경우가 있다. 신인동형동성론은 신의 성품을 묘사하는 비유적 표현법으로서, 하나님의 희비애락과 하나님의 손발, 눈, 입 등을 은유적으로 사용하기를 주저하지 않는 태도를 말한다. 예수나 바울은 모두 신의 성품을 표현하는 데 신인동성동형론적 표현을 사용하였다.

그러나 위에서 인용한 바울의 표현에서 보듯이, 모세적 유일신론의 전통을 이어받은 그리스도교의 유일신관은 "사람이 가까이 할 수 없는 빛 속에 거하시고, 사람으로서는 본 일도 없고 또 볼 수도 없는 분"이라는 유일신의 절대 초월성을 강조한다. 여기에서 말하는 초월성이란 공간적 초월을 말하는 것이 아니라 유일신에 대한 인간 편에서의 규정 불가능성을 말하는데, 위의 인용문에서는 "사람으로서는 본 일도 없고 볼 수도 없는 분"이라는 시각적 표현법으로 강조하고 있다. 바울의 유일신 신앙에서 하나님은 찬양과 존귀와 영광을 받으시기에 오직 합당한 '스스로 자존하신 분'이었던 것이다.

둘째, 바울의 유일신 신앙에 있어서 절대 주체적 초월신은 결코 그리스 철학, 특히 신플라톤주의가 말하는 바와 같은 세계를 시공간적으로 초월한 타계의 절대 타자 같은 '부동(不動)의 동자(動者)'가 아니다. 다른 존재자들을 움직이게 하지만 자신은 변하거나 움직이지 않고 또한 희비애락과 같은 감정의 영향을 전혀 받지 않는 것을 그리스 철학자들은 신의 특성으로 생각하였다. 그러나 바울이 신앙하는 유일신은 피조된 세계 한복판에 내재하며 피조물들의 고통과 기쁨에 함께 참여하는 하나님이다.

헤브라이즘의 전통을 물려받은 바울의 유일신관은, 그가 아무리 헬레니즘의 문화적 영향과 스토아 철학의 동향을 접촉했을지라도, 그리스 철학자의 신관과는 너무나 달랐다. 바울의 유일신은 철저한 주체적 세계 초월신이기 때문에, 매우 역설적이게도 철저히 세계 내재적일 수 있는 하나님이었다. 바울에게 있어서 유일신 하나님의 세계 초월성과 내재성은 모순 당착 관계가 아니라 역설적인 '반대 일치'의 관계였다. 하나님은 스스로 '숨어 계신 이'가 아니다. 바울은 「로마서」 1장에서 다음과 같이 말한다.

"하나님을 알 만한 일이 사람에게 환히 드러나 있습니다. 하나님께서 그것을 환히 드러내주셨습니다. 이 세상 창조 때로부터, 하나님의 보이지 않는 속성, 곧 그분의 영원하신 능력과 신성은, 사람이 그 지으신 만물을 보고서 깨닫게 되어 있습니다. 그러므로 사람들은 핑계를 댈 수가 없습니다.…… 율법을 가지지 않은 이방 사람이, 사람의 본성을 따라 율법이 명하는 바를 행하면, 그들은 율법을 가지고 있지 않아도 자기 자신이 자기에게 율법입니다."(「롬」 1 : 19~20, 2 : 14)

이 인용 구문만을 보면 바울은 하나님에 대한 인간의 지식은 자연 상태의 인간의 본성 속에 본래 갖추어져 있는 것이며, 유대인들의 종교 전승 맥락 밖에서 삶을 살아왔던 비유대인들이 하나님의 율법을 전혀 모른 채 하나님 없이 살아왔다고 생각하지 않았다는 것을 알 수 있다. 사람의 본성 속에 양심의 소리로서, 율법은 시공을 초월해서 하나님의 뜻의 계시로서 알려져 왔다는 것이다. 인간의 품성 속에 하나님의 뜻과 이법(理法)이 본래적으로 갖추어져 있다는 생각은 동서고금의 성현들이 공통적으로 보여주는 것이다. 20세기 로마 가톨릭 신학자 중 대표적인 인물인 예수회 신부 칼 라너(Karl Rahner)는 자기 자신을 스스로 내어주고 계시하는 하나님의 존재 양여(讓與) 때문에 인간 본성은 태어날 때부터 하나님을 향하여 초월할 수 있는 '초자연적 자기 고양(高揚) 경험'을 한다고 말한다.[9]

칼 라너의 이러한 존재론적 계시 신학의 가장 중요한 근거는 그가 『신약성경』 「디모데전서」 2장 4절의 말씀, "하나님께서는 모든 사람이 다 구원을 얻고 진리를 알게 되기를 원하십니다"를 자기 신학 사상의 귀중한 초석으로 삼기 때문이다. 20세기 개신교의 변증법적 신학 운동가들은 19세기 서구 문명의 낙관주의와 진보사관이 지닌 허위 의식에 대한 날카로운 비판을 일차 목표로 삼았기 때문에, 자연 신학의 가능성을 부정하고 인간 본성의 '전적인 타락'을 강조했다. 그러나 지금 돌이켜보면 20세기 초에 칼 바르트로 대표되는 기독교 변증법적 신학자들의 한쪽으로 지나치게 치우친 강조는 언제나 진리의 일면을 가리고 만다는 것을 보여준다.

바울이 헤브라이즘의 종교 전통의 맥을 이은 유일신 신앙을 견지하는

---

9) 칼 라너, 『그리스도교 신앙 입문』, 이봉우 옮김 (분도출판사, 1994), 206~208쪽.

세 번째 특징으로서, 바울의 하나님은 초월과 내재라는 양극을 역설적으로 통일하는 동일성 지속의 하나님이 아니라, 끊임없이 새로움을 창조해 가는 하나님, '창조적 과정'을 중시하는 하나님이라는 것을 의미한다. 여기에 헤브라이즘의 밑바닥에 놓여 있는 역동성의 비밀이 있다.

예를 들면 바울이 그리스의 철학과 예술의 도시 아테네에서 '십자가의 도'를 전도하던 50년 무렵, 그는 불법적인 종교 사상을 유포했다는 혐의를 받아 아테네의 '아레오바고 법정'에 소환되어 그리스 시민 앞에서 자기의 소신을 설파할 소명 기회를 얻게 되었다. 조금 멀리 떨어져 아크로 폴리스 언덕 위에 세워진 파르테논 신전의 위엄과 건축미의 아름다움이 사람들을 압도하던 시대의 일이다. 바울은 아레오바고 법정 가운데 서서 이렇게 말하였다.

"아테네 시민 여러분, 내가 보기에 여러분은 모든 면에서 종교심이 많습니다. 내가 다니면서 여러분이 예배하는 대상들을 살펴보는 가운데, '알지 못하는 신에게'라고 새긴 제단도 보았습니다. 그러므로 나는 여러분이 알지 못하고 예배하는 그 대상을 여러분에게 알려드리겠습니다. 우주와 그 안에 있는 모든 것을 창조하신 하나님께서는 하늘과 땅의 주인이시므로, 사람의 손으로 지은 신전(神殿)에 거하지 않으십니다. 또 하나님께서는 무슨 부족한 것이라도 있어서 사람의 손으로 섬김을 받으시는 것이 아닙니다. 그분은 모든 사람에게 생명과 호흡과 모든 것을 주시는 분이십니다."(「행」17: 22~25)

아테네 시민의 자랑이요 자존심이자 그들 종교의 최고 표현 형태인 아크로폴리스 언덕 위에 위풍당당하게 서 있는 아테네 여신을 모신 파르테논 신전의 위용에 조금도 압도당하지 않고, 도리어 참하나님은 사람들의 손으로 지은 신전에 거하지 않는다고 말하면서, 매우 파격적이고도 놀라운 메시지를 전한다. 바울은 "모든 사람들이 하나님 안에서 살고 움직이고 존재하고 있다"(「행」 17 : 28)고 갈파한다.

목회 서신으로 평가되는 「에베소서」의 편지 속에서도 바울은 "주님도 한 분이시오, 믿음도 하나요, 세례도 하나요, 하나님도 한 분이십니다. 하나님은 모든 것의 아버지시요, 모든 것 위에(above all) 계시고, 모든 것을 통하여(through all) 계시고, 모든 것 안에(in all) 계십니다"(「엡」 4 : 5~6)라고 증언한다.

일반적으로 사람들에게 알려진 그리스도교 신관은 매우 왜곡된 형태로 잘못 전해져 오고 있음이 여기에서 드러난다. 통속적으로 그리스도교 신관은 '초월적 신'으로 알려져 있는데, 마치 하늘 위의 어떤 초자연적 신령계에 군주처럼 좌정하고 있어서 낮고 천한 이 속된 세계와는 거리가 있는 신인 양 왜곡되어 있다. 그러한 그리스도교 신관의 왜곡과 변질은 팔레스타인에 뿌리를 둔 히브리적 전통의 초대 그리스도교가 헬레니즘 세계로 퍼져 들어가면서 그리스 철학의 영향을 받아 그리스화된 데 일차적 원인이 있고, 17~18세기 계몽주의 시대에 뉴턴-데카르트 류의 기계론적 세계관이 당대를 풍미했을 때 영국의 이신론자(理神論者)들로부터 영향을 받은 데 이차적 원인이 있다.

그러나 우리가 위에서 살핀 대로 만약 그리스도교 유일신관의 가장 규범적인 표준을 예수의 유일신관과 사도 바울의 그것에서 찾아야 한다는 것에 동의한다면, 그리스도교의 유일신관은 만물의 '궁극적 실재'인 신의 '초월성', '내재성', '창조적 과정성'을 동시에 통전하는 매우 역설적인 신관임을 깨닫게 된다. 그리고 그 전형적인 진술 내용을 우리는 바울의 서한에서 충분히 발견할 수 있다.

넷째, 바울의 유일신관에서 창조주의 초월성, 내재성, 과정성을 하나로 통전시키는 논리적 원리와 가능성은 바울에게서 최초로 정교하게 정립되는 '성령론'(Pneumatology)에서 나타난다. 바울의 유일신은 세계의 창조적 과정 속에, 역사의 구원 행위 과정 속에, 인간 심령의 마음의 지성소 속에 '영적 임재'로서 현존하는 '영이신 하나님'이다.

배타적 유일신관을 지녔던 모세 종교의 전통에서 거룩하고 절대적인 야훼 하나님 자신과 세계 및 이스라엘과의 거리에 다리를 놓는 것은 '말씀으로서의 율법', '하나님의 이름', '지혜', '하나님의 쉐키나' 등이었다. 모세의 유일신 종교 전통에서 하나님은 유한한 피조물이 범접하지 못할 광휘에 둘러싸인 거룩한 불과 같아서 피조물들은 하나님과 직접 대면하는 것을 견디지 못한다고 느꼈다. "하나님을 직접 본 자는 죽는다"는 말은 신의 비밀을 훔쳐본 자에게 내리는 신의 징벌에 관련된 공포 신화가 아니다. 그 진의는 인간이 지성적으로나 감성적으로나 도덕적으로나 절대자를 직접 감당할 그릇이 못 된다는 유한성의 자각인 것이다.

이 간격과 거리를 메울 수 있는 길은, 바울의 헤브라이즘 종교 전통에서 보면, 오로지 신 쪽에서의 은혜와 자기 낮춤이라는 동기에 촉발되고, 우리가 태양 그 자체를 '빛과 열'로서 감지하듯이 영적 태양 그 자체의 현존 양태인 '성령'을 통해서 다시 이어진다. 바울은 "주님은 영이십니다. 주님의 영이 계신 곳에는 자유가 있습니다"(「고후」 3: 17)라고 말하고, "문자는 사람을 죽이고 영은 살립니다"(「고후」 3: 6)라고 갈파하면서,

하나님, 빛, 질그릇 등을 연결시켜 다음과 같이 증언하고 있다.

" '어둠 속에 빛이 비추어라' 하고 말씀하신 하나님께서, 우리의 마음속을 비추셔서, 그리스도의 얼굴에 나타난 하나님의 영광을 아는 지식의 빛을 우리에게 주셨습니다. 우리는 이 보물을 질그릇에 간직하고 있습니다. 이 엄청난 능력은 하나님에게서 나는 것이지, 우리에게서 나는 것이 아닙니다." (「고후」 4 : 6~7)

20세기 개신교의 신학자 폴 틸리히는, 흔히 사람들이 생각하기를 바울 사상과 그의 신학의 중심은 율법을 완전히 수행함으로써 구원을 얻는 것이 아니고 하나님을 믿음으로써 의롭게 된다는 도리를 가르친 '칭의(稱義) 신앙'이라고 생각하지만, 바울 사상에서 더 중요한 핵심은 '성령의 신학'이요, 성령 안에서 '새로운 피조물'이 된다는 믿음이라고 강조한다. 그런데 계몽주의 시대 이후 근현대인들은 사실 '성령' 또는 '영'(靈) 이라는 개념을 제대로 이해하지 못한다. 헤겔 철학에서 보듯이 서구 지성 사회에서도 '영'(Spirit)은 '정신'(Mind)과 동의어로 사용될 만큼 관념화되어 버렸고, 동양 전통 사회에서는 일종의 '혼령'(魂靈)과 같은 동의어로 쓰여져 초자연적인 '신기'(神氣)나 '대모 귀신'(大母鬼神) 같은 정령론(精靈論)에서 탈피하지 못한 모습을 보인다.

그러나 바울이 주장하고 『신약성경』이 증언하는 '영'의 이해는 전혀 차원이 다르다. '영'(Spirit)은 '유일신 하나님'의 '현존 양태'이다. 태양은 열 에너지를 동반한 빛이라는 실재로서 지구 위에 닿아 만물을 육성시키는 것처럼, 창조주 하나님 유일신은 '성령'이라는 존재 방식으로 피조된 세계에 현존하고 창조·보존·갱신의 활동을 한다. '영'의 개념 안에는 언제나 '의미와 능력'(meaning and power)이 통합되어 있다. 흔히 의미 없는 능력은 맹목적이 되거나 마성적이 되고, 능력 없는 의미는 공허한 관념의 말장난이 되어버린다. 바울의 영(靈) 개념에서는 의미와 능력이 최고 수준에서 통전되어 창조와 갱신의 원동력이 된다.

다섯째, 바울의 유일신 신앙에서 창조주 하나님이 유일하신 절대 타자이면서도 동시에 피조물의 중심에서 활동하는 내재적 하나님이요 피조물을 통하여 일하는 과정적 하나님이라면, 인간의 몸은 유일신 하나님이 거하는 최고의 성전이 된다고 하여 '몸의 성전론'이 강조된다.

바울 신학에서 성령의 세계-내-현존과 활동은 흔히 동양 종교 일반에서 통속적으로 회자되는 범신론의 일반 형태로 귀결되지 않는데, 몸으로서의 인간 존재가 다름 아닌 '성령이 거하시는 집'이라고 주장하기 때문이다. 이러한 생각은 최제우가 '시천주'(侍天主)를 체험적으로 계시받아 동학을 창도하고 그것이 천도교의 중심 종지가 된 것과 비슷하다. 최시형의 '시천주' 신앙과 '몸은 하나님의 성전'이라는 바울의 믿음 사이에는 말로 다 표현할 수 없는 '신앙적 공명(共鳴)'이 있다.

그렇기 때문에 사실 한국의 종교사 속에서 동학(천도교)과 그리스도교는 외양적 차이와는 전혀 다르게 내적 친화성이 있는 것이다. 그 가장 대표적인 친화성은 강신(降神) 사상과 몸으로 하나님을 모신다는 '시천주' 사상이다. 바울은 이렇게 말한다.

"여러분의 몸은 여러분 안에 계신 성령의 성전이라는 것을 알지 못합니까? 여러분은 성령을 하나님으로부터 받아서 모시고 있습니다. 여러분은 여러

분 자신의 것이 아닙니다. 여러분은 하나님께서 값을 치르고 사들인 사람입니다. 그러므로 여러분의 몸으로 하나님을 영화롭게 하십시오."(「고전」 6:19~20)

"여러분은 하나님의 성전이며, 하나님의 성령이 여러분 안에 거하신다는 것을 알지 못합니까? 누구든지 하나님의 성전을 파괴하면, 하나님께서도 그 사람을 멸하실 것입니다. 하나님의 성전은 거룩합니다. 여러분은 하나님의 성전입니다."(「고전」 3:16~17)

여섯째, 바울의 유일신 신앙은 종교 철학적 지식 체계가 아니라, 아주 인격적인 관계를 지탱하면서 유일신 하나님의 사랑과 긍휼, 선택과 소명의 위탁, 평강과 은혜의 약속, 생사화복의 궁극적 주관자로서의 하나님을 철저하게 신뢰하는 아브라함의 하나님 신앙에로 올라가 닿는다.

바울이 믿는 유일신은 명상과 자기 수련을 통하여 그분과 일치되기를 기다리는 하나님이 아니고, "지혜와 계시의 영을 보내시고, 마음의 눈을 밝히셔서"(「엡」 1:17) 하나님을 알게 하고, 사람들에게 "강한 힘으로 역사하셔서 하나님의 능력"(「엡」 1:19)을 체험하게 하며, "속 사람을 능력으로 강건하게 하시는 이"(「엡」 3:16)이다. 특정 민족이나 국가를 위한 '부족신'이 아니고 "하늘과 땅에 있는 각 족속에게 이름을 주신 이"(「엡」 3:15)이며, 제2이사야 예언자가 도달한 높은 유일신 신앙처럼 빛과 어둠 또는 행복과 불행을 모두 주관하는 절대 신비자이다. 진한 감동을 독자들에게 주는 바울 사도의 유일신 신앙 고백 한마디를 들어보자.

"나는 확신합니다. 죽음도, 삶도, 천사들도, 권세자들도, 현재 일도, 장래 일도, 능력도, 높음도, 깊음도, 그밖에 어떤 피조물도, 우리를 우리 주 예수 그리스도 안에 있는 하나님의 사랑에서 끊을 수 없습니다."(「롬」8:38~39)

위의 고백적 구절에서 우리는 예수가 처형장에서 십자가에 달려 숨이 끊어지는 그 자리에서도 그가 하나님 아버지라고 불렀던 '신비한 그분'에 대한 절대 신뢰와 믿음을 놓지 않았던 그 유일신 신앙의 맥박 소리를 바울을 통해 다시 듣게 된다. 거기엔 얄팍한 기복 신앙이 자리잡을 공간이 없다. 달면 삼키고 쓰면 뱉는 계산된 실용주의 신앙이 자리잡을 수 없다. 거기엔 겉으로 드러나는 성공만이 진리의 실증이요 보이지 않는 승리란 무의미하다고 생각하는 감각적 실증주의 종교가 자리잡을 수 없다.

이상 몇 가지 편린을 통해 바울의 유일신 신앙관의 본질이 어떤 성격의 것인가 어느 정도 소개했다고 본다. 그의 유일신 신앙에서는, 유대인의 후손으로서 유대교와 이스라엘 민족의 유일신 신앙의 맥을 확고하게 계승하면서도, 조상의 하나님 신앙에서는 찾아볼 수 없었거나 대립되는 새로운 요소가 첨가되는 것을 본다. 그것은 성자 예수 그리스도와 성령에 관한 그의 고백적 주장이었다. 이 문제를 그리스도교 교회사는 '삼위일체론'의 문제라고 말한다.

그리스도교의 신앙 대상은 유일신이로되 '삼위일체론적 유일신'이라는 점에서 자신의 모태 유대교의 유일신 신앙이나 이슬람교의 유일신 신앙과 다르다. 그 요점이 무엇인지 다음에서 살펴보기로 하자.

삼위일체 유일신 신앙의 고백

'궁극적 실재' 의 구체성과 보편성

그리스도교 신앙의 특징으로서 삼위일체적론 유일신 신앙을 지적할 수 있다. 그러나 사실 삼위일체론(the doctrine of Trinity)이란 신학적 교의에서 매우 까다롭고 난해한 교의이기 때문에 일반인에게는 별 관심을 끌지 못하고, 오랫동안 신앙 생활을 한 그리스도교인일지라도 그런 중요한 교의가 있다는 것, 성부와 성자와 성령이 같은 하나님이라는 정도의 상식에 머물 뿐 더 깊이 논구할 신앙적 항목이 아니라고 생각하며 신앙 생활을 하는 것이 보통이다.

그러나 가만히 생각해 보면 종교의 교의 자체가 인간을 구원하는 것은 아니지만, 종교 생활에서 그 종교인이 '무엇을 어떻게 믿는가' 의 문제 또는 좀더 포괄적으로 말해서 그 종교인이 자신의 '궁극적 관심' 의 대상인 '궁극적 실재' 를 어떻게 이해하고 있는가 하는 문제는 그 사람의 신앙 생활의 성격과 삶의 가치 지향성을 결정하는 매우 중요한 점이라 아니 할 수 없다. 또 그리스도교의 삼위일체론이 아무리 신비롭고 난해한 요소가 있다 하더라도, 가장 중요한 신관 문제가 전문 신학자들의 관심거리가 되고 일반 신도는 깊이 이해할 필요가 없다는 일반의 태도 역시 중세기 봉건 시대에 성직 질서를 보다 높게 여기던 시대의 잔재물이 아닌가 생각한다.

이곳에서 우리는 가급적 불필요할 만큼 난해하게 되어버린 삼위일체론을 떠나서, 용기를 가지고 도대체 왜 삼위일체론이 발생하게 되었는지, 그리고 그리스도교에서 말하는 삼위일체론적 유일신관이 무엇을 말하려는 것인지 이야기해 보기로 하자.

폴 틸리히는 다신론과 유일신론이라는 정반대되는 두 신관의 입장의 초점은 신들의 숫자가 '다수' 인가 '하나' 인가의 수량적 관심이라기보다 신앙의 대상인 '궁극적 실재' 가 보여주는 질적 성격의 문제라고 말했다. 틸리히의 말을 좀더 풀어보면, 귀의하는 종교가 비인격적 절대자를 표방하든 인격적 절대자를 표방하든, 신앙의 대상은 의식주 문제와는 질적으로 다른 차원의 문제, 곧 모든 인간의 '궁극적 관심' 에 관련된 문제라는 것이다.

의식주 문제가 중요하지 않아서가 아니라 가장 기본적인 인간 문제가 되기 때문에, 어떻게 의식주 문제를 해결하는 것이 인간다운 삶인가를 묻고 관심을 갖는 문제가 될 때 그 사람은 종교적 세계에 발을 들여놓는 것이다. 왜 살아야 하는지, 삶이란 어디로 와서 어디로 가는 것인지, 삶의 길에는 마땅히 걸어가야 할 길이 있는 것인지, 내 멋대로 살아도 되는 것인지, 법과 정의와 권력의 근원은 어디에 있는 것인지, 나와 자연과 역사와 공동체는 어떤 관계를 맺고 있는지, 삶과 죽음이란 무엇인지, 이런 관심은 예사로운 관심이 아니다.

그리고 그런 문제는 진지하게 달려들어 생각해야 하는 문제이다. 장난삼아 한번 물어보는 정도로는 아무런 응답도 없는 공허한 메아리만 돌아올 뿐이다. 그러므로 '궁극적 관심' 이란 자기의 실존적 삶이 참으로 인간답게 사느냐 죽느냐가 판가름나는 문제라는 태도로 매우 진지하게 몸과 뜻과 정성을 다하여 추구하는 관심을 말한다.

이런 '궁극적 관심' 을 지닌 사람이 진지해지면 진지해질수록 '궁극적 관심' 의 대상이 되는 모든 것이 그것으로 귀일하고 그것으로부터 풀려나

오는 '궁극적 실재'에 직면하게 된다. 그런데 '궁극적 실재'가 어떤 사람에게 진정한 의미에서 궁극적일 수 있으려면, 상반되는 두 가지 요소를 역설적으로 동시에 충족시켜 줄 수 있어야 한다. 그 한 가지 요소를 '구체성'(concreteness)이라 부르고, 다른 한 가지를 '보편성'(universality)이라 부른다.

다시 말해서 한 인간이 자신의 마음과 뜻과 정성을 다하여 사랑하고 섬기며 자신을 맡기려 한다면 그 대상은 구체적으로 마음에 이해되고 확실하게 파지되어야 한다. 막연하게 추상적이거나 원리적으로만 믿는 대상이라면 깊은 신앙 단계로 성숙해 가지 않는다. 결혼을 앞둔 연인 관계를 예로 들어 생각해 보자. 자기와 결혼할 사람이 남과는 다른 구체적 개성, 특징적 외모, 매력적인 모습을 갖추고 있는 것은 매우 바람직한 일이다. 그러나 그 개성과 외모와 매력이 너무나 별난 것이어서 사회에서 놀림감이 되고, 심지어 사람이 아닌 다른 진화 생물이 아닌지 의심받는다면 그 사랑은 난관에 부딪친다. 다시 말해서 결혼 상대자의 인격성은 '구체성'을 지니면서도 동시에 모든 인간이 받아들일 수 있는 '보편성'을 갖추고 있어야 한다는 것이다.

종교사에서 다신론은 그 당시의 사람들이 미개해서 발생하는 것이 아니라, 특정 지역과 사회와 문화 공동체가 경험한 어떤 '궁극적 실재'가 강렬한 '구체성'만을 충족시키면서 우주적 '보편성'을 결여할 때 발생한다. 가령 한국의 어촌이나 농촌 전통 사회에서 풍어제나 부락제를 지낼 때는 산신·용신·바위신·처용신·관운장신·삼신할매신 등 구체적 신명을 부르며 제사를 드린다. 그러나 이들 신앙의 대상은 우주적 '보편성'이 턱없이 결여된 신이어서 신들 사이에 경쟁이 일어나고, 신들 사이에 위계 질서는 생겨나지만 존재의 통일성은 기대할 수 없다. 왜냐하면 모두가 각각 그 해당 공동체에게만 '구체적인 신'이기 때문이다.

다른 한편 고도로 발전한 철학적 일신론이나 종교적 유일신론은 '궁극적 실재'와 인간 집단 사이에 거리가 커서 추상적이고 원리적인 신이 되어버린다. '보편성'은 충족되었지만 '구체성'이 결여된 탓이다. 그런 종교에서는 종교의 역동성, 자기 희생, 고도의 윤리적 헌신, 감성이 승화된 종교 예술 등이 발전할 수 없다.

인류의 종교사 속에서 세계적 종교들은 이 두 가지 필수적 요소, 곧 '궁극적 실재'의 구체성과 보편성을 그 나름대로 충족시키면서 발전해 온 것이다. 힌두교의 브라만-비슈누-쉬바의 삼신 관계, 대승 불교의 법신불-보신불-응신불의 삼신불(三身佛) 사상, 그리스도교의 성부-성자-성령의 삼위일체론적 유일신 신앙은 모두 '궁극적 실재'가 갖추어야 할 '구체성'과 '보편성'을 해당 종교 문화사의 맥락에서 구현하고 이론화한 것들이다.

초기 그리스도교 신앙 공동체에서 삼위 일체적 하나님의 현존 체험

『신약성경』안에는 '삼위일체'(三位一體, Trinity)라는 어휘가 없다. 삼위일체라는 이 어려운 단어를 처음으로 쓴 사람은 3세기에 북아프리카 카르타고 교구에서 목회하던 터툴리안(Tertullian) 감독이었다. 그렇다면 터툴리안이나 고대 교부들이 모여 그리스도교 신관을 새롭게 정립하여 발표한 결과가 삼위일체론이냐 하면 그렇지는 않다. 『신약성경』이 쓰여지고 교회 안에서 권위 있는 책으로 공인받던 50~100년 사이에, 바울의 편지나 네 개의 복음서 안에 이미 창조주 성부 하나님, 성자 예수 그리스도, 성령 하나님의 이름으로 축복의 인사를 하거나 예배시 예전적 고백 형식으로 그것은 이미 존재하고 있었다.

그리스도교의 삼위일체론적 유일신 신앙은 초대 그리스도 교회 공동체가 예수의 죽음과 부활 현현 체험 이후, 그리고 성령의 강림 사건 체험 이후, 그들이 경험한 '궁극적 실재'인 유일신 하나님의 다양한 현존 체험을 종교 언어로 표현한 것이다. 앞서 우리가 언급한 틸리히의 설명에 따르면, 초대 그리스도 신앙 공동체가 경험한 '궁극적 실재'의 구체성과 보편성을 동시에 살려내려는 목회적 · 신학적 표현과 이론이 삼위일체론인 것이다. 학문적으로는 "삼위 일체론은 초대 그리스도 신앙 공동체의 계시 체험 해석이다"라고 말한다.

바울을 비롯한 초대 교회 사도와 신도 들은 '거룩한 하나님의 영'(성령)이 그들의 심령 속에 임재할 때 그들의 닫혔던 눈이 열려 구원의 신령한 진리를 이해하게 되고, 그들의 심령이 강건하게 되고, 더욱 감사하고 사랑하게 되며, 각종 은사와 초능력이 발생할 뿐만 아니라, 무엇보다도 하나님의 임재와 부활하신 그리스도 영의 임재를 동시에 느꼈던 것이다.

초대 그리스도 신앙 공동체에는 크게 두 가지 흐름이 있었다. 그 하나는, 예루살렘과 안디옥을 중심으로 뿌리를 내렸던 '유대적 그리스도교 신앙 공동체'(Judaic Christian community)였는데, 그들은 역사적 인물로서의 유대인 나사렛 예수를 너무나 생생하게 기억하고 있는 신앙 집단이었다. 그들은 십자가에 달려 처절하게 죽임당한 예수의 선혈을 아직도 생생하게 기억하고 있는 무리들이었다. 그들의 입장을 정리하면 그 역사적 인물인 예수가 그리스도(메시아, 구원자)가 된 것은 오로지 '하나님'의 경륜과 능력 때문이었다. 다시 일으켜세움을 받은 예수 그리스도는 약속

하신 성령을 하나님으로부터 받아서 지금 자기들에게 부어주신다고 증언한다.(「행」 2 : 32~34)

다른 한 부류로 성전과 율법을 중심으로 하여 종교 생활을 하던 유대인들과는 전혀 문화적 · 역사적 성장 배경이 다른 '헬라적 그리스도교 신앙 공동체'(Hellenistic Christian community)가 있었다. 구체적으로는 알렉산드리아, 고린도, 빌립보, 데살로니카 같은 지역에 살던 헬라계 또는 로마계 그리스도교 신앙 공동체였다. 이들 중에는 혈통은 유대인이었지만 의식 구조가 헬라화한 사람들도 있었고, 혈통상 직접 관련이 없는 그리스도인도 있었다.

네 가지 복음서 중에서 특히 「누가복음」과 「요한복음」은, 이들을 주 대상으로 생각하면서 좀더 보편적 세계관과 보편적 문화 언어 맥락 구조 안에서 그리스도교를 증언하려고 노력했다. 예수 그리스도는 태초부터 창조주 하나님과 창조 사역에 동참한 로고스(Logos)의 구체적 · 범례적 육화(肉化, Incarnation) 사건이라고 해석한 「요한복음」(「요」 1 : 1~14, 3 : 16)의 예가 그 대표적 사례이다.

3세기 중엽까지 그리스도교는 로마제국의 황제 숭배와 충돌하면서 박해의 대상이 되어 이른바 '카타콤베 그리스도교 공동체'로 이루어지는 지하 교회로 유지되었다. 로마제국 영토 안에서 노예 계층만이 아니라 점차로 지식인들에게도 그리스도교 신앙이 퍼져들어 갔으나, 교회의 생존 문제가 시급했던 만큼 삼위일체론 등 새로운 보편적 종교로서의 공식적 신앙 고백문 작성이나 핵심적 교의 형성은 계속 미루어졌다. 그러다 325년 콘스탄티누스 황제의 칙령으로 소집된 니케아 공의회에서 이 문제가 논의되었다.

앞서 언급한 초대 그리스도교 안에 흐르는 두 흐름, 곧 유대적 그리스도교와 헬라적 그리스도교는 "십자가를 짊어진 나사렛 예수가 주(主)와 그리스도가 되신다"는 근본 고백을 공유하였다. 그렇지만 어떤 근거에서 역사적 인물 예수가 보편적으로 만인의 그리스도이시며 신적 구원 계시의 총괄적 초점이 되는가에 대하여 설명하는 발상법에서 전자와 후자 사이엔 색깔이 달랐다. 유대적 그리스도교 공동체는 '역사적 예수'의 인간성으로부터 시작하여 하나님의 '성령' 안에서 신성적 차원으로 고양되었다는 '영 중심적 그리스도론'(Pneumacentric Chrisstology)이 주류를 이루었다. 헬라적 그리스도교 공동체는 '케리그마적 그리스도'의 신성으로부터 시작하여 인간의 몸으로 성육신하였다는 '로고스 중심적 그리스도론'(Logoscentric Christology)이 주도하였다.

그러나 위에서 언급한 두 흐름 중에서 기원후 70년 로마 군대에 의하여 예루살렘이 멸망하고 유대인의 성전이 완전 훼파(毀破)되면서 '유대적 그리스도교 신앙 공동체'는 세계 각지로 흩어지게 되고, '헬라적 그리스도교 공동체'가 삼위일체론 등 중요한 교의 형성의 주도 세력이 되었다. 문제는 '살아계신 하나님'(The Living God)이라고 고백하는 초대 그리스도교 공동체의 신앙 대상인 '궁극적 실재'의 유일성이 어떻게 '구체성'과 '보편성'을 동시에 확보할 수 있느냐는 것이었다. 구체적으로는 '예수 그리스도'와 '성령'의 주(主)되심과 신적 속성을 부여하여 고백하면서도 동시에 하나님의 유일성과 보편성이 보전되느냐 하는 것이 문제였다.

그리스도교의 삼위일체론에서 사용된 은유적 용어로 말한다면, 그리스도교가 놓치지 않으려는 '궁극적 실재' 체험에서의 '구체성'은 성부 하나님, 성자 하나님, 성령 하나님이라는 용어로 표현된다. 아버지, 아들, 성령 등 친근한 용어가 은유적으로 차용되지만, 그 용어 자체와 삼위간의 상호 관계성에 관하여 여러 가지 문제점이 제기된다. 성부, 성자, 성령이라는 삼위는 살아계셔서 구체적으로 구원 활동을 펼치는 하나님을 체험한 구체적 면모이지만, 잘못하면 삼신론(三神論)에 빠지거나 궁극적 실재가 지녀야 할 '단일성'이나 '보편성'을 손상시킬 위험이 있는 것이다. 여기에 삼위일체론의 난해성이 있는데, 구체성과 보편성, 삼위성과 단일성을 어떻게 동시에 담보하느냐가 그 관건이다.

삼위일체론의 확립과 유일신 신앙

그리스도교 교회사에서 삼위일체론이 완전한 교의(Dogma)로서 확정된 것은 381년 콘스탄티노플 공의회였다. 그보다 앞선 325년에 소집된 제1차 교회 공의회에서 그리스도론의 중요한 교의가 확정되었으나, 성령에 관한 언급이 없어 삼위일체에 관한 교의는 콘스탄티노플 공의회에서 이루어진 셈이다.

여기에서 우리는 교회사에서 삼위일체론이라는 교리를 제정하는 과정을 둘러싸고 격론을 벌였던 교회 감독들이나 신학자들의 다소 번잡한 논의를 재론할 필요를 느끼지 않는다. 다만 그 논의의 핵심이 무엇이었으며, 그 논의가 서방 기독교 전통과 동방 기독교 전통에서 어떻게 이해되고, 오늘날까지 어떤 영향을 미치고 있는가를 파악하려고 한다.

삼위일체론이 형성되는 과정에서 두각을 나타내고 크게 공헌한 교회 지도자들은 북아프리카 카르타고 감독 터툴리안(Tertullian, 150~225), 알렉산드리아 부감독 아타나시우스(Athanasius, ?~373), 지금의 터키

동부에 해당하는 동방 카바도기아 지방의 세 신학자 가이사랴의 감독 바질(Basil, 329~379)과 그의 동생이자 닛사의 감독이었던 그레고리(Gregory, 335~395)와 나지안의 그레고리(Gregory of Nazianzus, 329~391), 그리고 저 유명한 성 어거스틴(Augustine, 354~430)이었다. 어거스틴은 381년 공의회 이후에 활동한 서방 그리스도교 사람이지만, 서방 그리스도교의 삼위일체론을 최종적으로 정립한 인물이다.

터툴리안은 삼위일체라는 말을 최초로 사용한 인물로서 서구 신학의 창시자라 할 만한 사람이었다.[10] 그는 삼위일체론이라는 교의가 제정될 때 사용되는 중요한 개념들, 예를 들면 '한 실체-세 위격'(Una substantia-tres personae)이라는 핵심 용어를 처음으로 라틴어로 표현하였다. 라틴어로 표현된 '한 실체-세 위격'이라는 표현이 헬라어로 번역되면 '한 본질-세 표현 양태'(one essence[ousia]-three expressions-[hypostasis])가 된다.

여기에서 앞에 자리잡은 용어 '실체, 본질'(라틴어 subtantia, 헬라어 ousia, 영어 essence)은 불변하고 영원하고 나뉠 수 없고 주체적이고 단일하면서 보편적인 하나님의 신성을 표현한다. 뒤에 자리잡은 세 위격(라틴어 personae, 헬라어 hypostasis, 영어 expressions)은 유일신 하나님이 자기를 계시하신 다양한 모습, 표현, 양태, 활동 작용 등을 나타내려는 단어이며 '궁극적 실재'의 구체적 측면이다.

삼위일체론의 교의 형성 과정에서 나타난 혼란은 '언어'가 가진 개념 차이에서 증폭되었고, 이해 방식에서 나타난 견해 차이는 합리적이고 분석적인 서방 교회 전통과 신비적이고 직관적인 동방 교회 전통의 차이에

---

10) J.L. 니이브, 『기독교 교리사』, 서남동 옮김 (대한기독교서회, 1965), 157쪽.

서 다시 한 번 증폭되었다.

우선 용어 사용에서 나타난 개념적 혼란의 경우를 살펴보자. '실체' (substantia, ousia, essence)란 어떤 실재(reality)가 바로 그 자신답게 되는 고유하고 불변하는 성질이며, 다른 것에 의존하지 않고서도 스스로 자기일 수 있는 독립성이고, 다양한 자기 존재 양식에도 불구하고 언제나 통일성을 유지할 수 있는 핵심 본질을 일컫는다. 이것이 서양 철학, 특히 그리스 철학 전통에서의 '실체'에 대한 기본 이해이다.

그런데 그리스도 신앙 전통에서는 유일신 하나님이 이스라엘과 예언 자들에게 다양한 방법으로 자기 자신을 계시하였다고 믿는다. 어떤 때는 역사 변혁의 과정을 통해서, 정의로운 분노와 자비로운 사랑으로, 어떤 때는 제사장과 예언자 같은 지혜로운 자를 통해서, 어떤 때는 바빌로니아 와 페르시아와 이집트의 정치적 군주들을 통해서도 활동하셨다고 믿었 다. 그러나 매우 다양한 유일신 하나님의 자기 계시와 구원 활동에도 불 구하고 그들의 하나님은 초지일관 동일하고 약속에 성실하고 불변하는 하나님이라고 믿었다.

신앙 전통에서 하나님의 '실체'란 피조물의 변덕스러움과 달리 하나 님의 성실함, 변함없는 자비와 긍휼, 지혜와 사랑과 정의로움과 자유로 충만한 신적 속성 등을 의미하였다. 그러한 신앙적 '실체' 개념이 뒷전으 로 물러나고 매우 무미건조한 철학적 '실체' 개념이 삼위일체 논의 속으 로 들어온 데서 혼란이 증폭되었다.

용어 사용에서 생긴 개념의 혼란은 특히 삼위일체 용어에서 '위격'(位 格, 라틴어 persona, 헬라어 hypostasis)에 대한 오해에서 발생하였다. 특 히 현대 영어권에서 '인격'(person)이라는 단어가 독립적이고 주체적이고 대체 불가능한 인격의 주체성을 나타내는 단어로 쓰이게 됨에 따라, 삼위일체가 논의되던 시기의 '위격' 개념은 매우 이해하기 어렵게 되어 버렸다. 3~4세기에 통용되었던 단어 '위격'이란 현대적 의미에서 말하는 독립적 인격이라기보다는, 어떤 실체나 본질이 나타난 표현(expresssion), 활동적 기능(functions), 존재 양태(modes of being)를 의미하는 것이다.

고대 그리스 연극 공연장에서 어떤 희극 또는 비극 작품의 스토리가 전개될 때마다 동일한 배우가 다양한 역할을 하기 위하여 쓰고 나오는 '얼굴의 탈'(mask)을 '페르소나'(persona)라고 불렀다. 동일한 배우가 왕으로서 또는 거지로서 혹은 농부로서 연극의 극적 전개를 위해 다양한 의상과 탈을 쓰고 출현할 때 배우는 변함없이 동일한 인물이지만 나타내는 '위격'이 달랐던 것이다. 그런데 삼위일체론이 격론을 불러일으키면서 본래의 '위격' 개념은 뒷전으로 물러나거나 약화되어 버리고, 그 대신 독립적 의지와 자의식과 인격을 갖춘 '위격' 개념이 우세해지면서 혼란이 가중되었다. 성부 하나님, 성자 그리스도, 성령은 각각 독립된 신적 실체처럼 오해될 소지가 있기 때문에, 그리스도교 신관은 유일신 신앙이 아니라 삼신론 신앙으로 변질되어 버릴 위험이 있었던 것이다.

4세기 이후로 그리스도교의 삼위일체 교의를 발전시켜 온 한편에는 라틴어를 공식 신학적 용어로 사용하면서 십자가의 대속론적 의미와 원죄론을 바탕에 깔고 구원론을 전개해 온 서방 정통 교회(Western Orthodoxy Church)가 있다. 크게 보면 현재 로마 가톨릭 교회 전통과 개신교 전통이 모두 여기에 속한다. 다른 한편으로는 신학적 담론에서 헬라어를 공용어로 사용하고, 원죄론보다는 창조 당시 인간이 선한 존재였다는 것을 강조하며, 부활 신학을 발전시켜 왔던 동방 교회의 전통이 있다. 동방 교회 전통은 좀더 신비적이고 직관적이며 인간의 본성이 궁극적으로는 신을 닮아 변용되리라는 열려진 인간학을 발전시켰다. 알렉산드리아와 동로마제국 지역, 지금의 콘스탄티노플을 중심으로 한 비잔틴 그리스도교 지역에 속한 교회, 그리고 러시아에 뿌리내린 동방정교회(Eastern Orthodoxy Church)가 이 전통에 속한다.

서방 교회 전통과 동방 교회 전통이 모두 삼위일체론을 기본 교의 신조로서 받아들이지만, 서방 교회 전통은 삼위의 일치성과 통일성에 강조점을 두어왔다. 성부, 성자, 성령의 삼위의 기본은 언제나 성부 하나님이다. 비유하자면 오직 성부 하나님만이 태양 그 자체이시다. 태양에서 빛이 쏟아져나오듯이 성자 하나님 로고스는 아버지로부터 나온 분이며, 성부(창조주 하나님)는 성자(로고스 그리스도)를 영원히 출생시키는데, 특히 나사렛 갈릴리 예수의 생명 안에서 온전하게 계시된다고 보았다.

성령이 로고스(성자)와 창조주 하나님(성부)으로부터 나오는 것은 태양이 비치는 곳에 밝은 빛만 있는 것이 아니라 만물을 육성시키는 태양 에너지가 또한 작동하는 것과 같다. 그러나 태양과 빛과 태양 에너지는 구별되지만 분리되지 않듯이 삼위일체 하나님도 동질이며 본질적으로 하나이다.

서방 교회 전통을 이어오는 20세기 대표적인 개신교 신학자 칼 바르트(K. Barth)와 로마 가톨릭 신학자 칼 라너(K. Rahner)의 삼위일체론이 보여주는 특성도 삼위의 통일성, 단일성 그리고 '하나님의 절대 주체성'을 강조하는 데 있다. 이러한 서구 신학의 특징을 위르겐 몰트만(J. Moltmann)은 다음과 같이 말했다.

"이리하여 서구의 전통으로부터 '존재 양식' 이라는 중성적인 개념이 등장하게 되었다. 이 개념에 의하여 단 하나의 동일하고 신적인 주체는 세 가지 존재 양식 안에서 자기 자신을 본질의 필연성에 따라 반성하며, 세 가지 방법으로 자기 자신을 전달한다."[11]

서방 그리스도교 신학 전통에서는 유일신 신앙의 전통을 확고하게 보존하기 위하여 하나님의 절대 주권과 자유, 그의 주체성과 초월적 인격성을 강조함으로써, 삼위의 독립적 인격성이나 주체성을 위태롭게 할 위험을 지닌다고 비판받는다. 그에 반하여 동방 교회에서는 삼위일체론적 유일신 신앙을 함께 고백하면서도 성부, 성자, 성령의 삼위가 지닌 위격의 격체성(格體性)을 강조하기 때문에, 하나님의 단일성 및 통일성이 위협받는 경향이 있다고 비판받는다. 삼위일체론에 대한 너무나 세부적인 전문 신학적 내용을 여기에서 모두 거론할 필요는 없다. 우리는 보다 단순한 질문을 통하여 그리스도교가 고백하는 삼위일체론적 유일신 신앙의 발생 동기와 그 고백의 의미를 상식 차원에서 이야기할 수 있다.

삼위일체론이 그리스도교 공동체 안에서 싹튼 동기는 두 가지였다. 그 한 가지는 역사적 예수의 생명 안에서 그들이 영원한 지혜, 생명의 말씀, 우주를 지탱하고 있는 이법을 느끼고 체험했다는 것이다. 또 한 가지는 성령의 강림 체험을 통해서 그리스도의 '말씀'(로고스)과 하나님의 현존을 느끼고 체험했다는 것이다. 비유컨대 사람이 '말'(word, Logos)을 하면 반드시 목구멍을 통해 '숨'(breath, Pneuma)을 들이마시고 내쉬는 과정을 동반하듯이, 초대 교회 그리스도인들은 예수 그리스도의 '말씀'

---

11) 위르겐 몰트만, 『삼위일체와 하나님의 나라』, 김균진 옮김 (대한기독교출판사, 1982), 31쪽.

이 바르게 선포되고 이해되는 곳에서 언제나 놀라운 '성령의 역사(役事)'가 동반되는 것을 느끼고 체험한 것이다.[12]

그런 체험이 강렬할수록 지혜와 생명과 이법의 원천자이신 '유일하신 하나님', 진리 말씀의 화육체인 그리스도, 그리고 사랑의 능력인 성령의 상호 관계를 어떻게 이해해야 할지 스스로 되묻지 않을 수 없었다. 그리하여 그 세 가지 실재 체험이 '구별'(distinction)되지만 '분할'(division)되지 않고, '분별'(discretion)되지만 '분리'(separation)되지 않는다는 것을 깊이 깨닫게 되었다. 그리고 각각의 세 가지 위격에 성부 하나님, 성자 하나님, 성령 하나님이라는 호칭을 붙이고, 그들이 경험한 이 세 가지 양태의 신적 실재가 '세 위격으로 존재하는 한 실체'(one substance in three personae)라는 삼위일체의 개념을 만들어냈다.

삼위일체를 오해하는 사람이 많은데, 특히 그리스도인 중에 그런 경향이 더 많다. 왜냐하면 그들은 건전한 상식을 무시하거나 잃어버리고, 교리로 표현된 신학과 신앙을 표현하려는 종교적 상징 언어 표현을 문자적으로 이해하는 잘못을 범하기 쉽기 때문이다. 그리고 그런 과오를 범하면서도 그렇게 믿는 것이 '좋은 신앙', '경건한 믿음'이라고 잘못 판단한다.

예를 들면 "예수 그리스도는 하나님의 아들이시다"라는 깊고도 심원한 종교적 언어를 신의 혈통 개념으로 받아들인다든지, "말씀이 육신이 되셨다"는 구절을 이해할 때 마치 그 당시 팔레스타인 땅 위에 인간의 몸을 입고 걸어다니는 하나님이 계셨다고 이해하는 경우이다. 그러나 "예수는 그리스도이시다"라고 고백하고 또 실질적으로 예수를 가장 가까이 모시고 살았으며 그들의 생명을 내걸고 '십자가의 도'를 전했던 12사도들은

---

12) Karen Armstrong, *A History of God* (Ballantine Books, 1993), p. 117.

결코 그렇게 생각하지 않았다. 예수를 그리스도가 되게 한 진리의 도(道)와 말씀(Logos)이 신적 본질과 동질하다는 말이지, 역사적 예수의 몸 그 자체가 '신'이라고 생각하지 않았다는 것이다. 그렇게 생각하는 것은 예수 본인에게나 예수 제자 공동체에게는 도저히 받아들일 수 없는 '신성모독'이었을 것이다.

결론적으로 말해서 그리스도교의 삼위일체론은 '하나가 셋이요 셋이 하나'라는 수수께끼 같은 숫자 놀이를 하려는 것도 아니고, 팔레스타인 땅에서 33년 동안 살다간 한 유대인을 '지구를 방문한 신이 사람으로 변모한 것'이라는 신화 같은 이야기를 변증하려는 것도 결코 아니다.

삼위일체론이 말하려는 진의는 그렇게 살다간 예수라는 한 인간 속에서 뿜어나왔던 절대 사랑, 절대 진리, 절대 용서, 절대 신뢰, 절대 공의 등의 거룩한 삶의 '의미와 능력'이 땅에 속한 것이 아니고 하늘에 속한 것이며, 인간성을 통해 드러난 신성의 표출임을 증언하려는 것이다.

마찬가지로 성령 안에서 체험하는 사랑의 능력, 화해의 능력, 치유의 능력, 그리고 새로운 재창조의 능력이 단순한 '초능력'이거나 '마술'이 아니고, 그들 가운데에 현존하는 하나님의 임재라는 것을 증언하려는 것이다. 그러므로 그리스도교의 삼위일체론적 유일신 신앙은 이스라엘의 야훼 유일신 신앙을 견지하면서도, 더욱 구체적이고 역동적인 유일신 신앙이라고 그리스도인들은 주장한다.

셈족계 종교들, 다시 말해서 유대교, 그리스도교, 이슬람교 등 3대 예언자적 종교가 모두 유일신 신앙을 공통적으로 바탕에 깔지만, 삼위일체론적 유일신 신앙을 보여주는 종교는 그리스도교뿐이다. 유대교와 이슬람교는 삼위일체론이 증언하는 '궁극적 실재' 체험의 '구체성'이 '궁극적 실재'의 보다 중요한 핵심, 곧 '단일성과 보편성'을 손상시킬 우려가 있다고 보는 것이다. 도리어 힌두교의 브라만-쉬바-비슈누로 나타내는 신의 삼중적 동태(動態) 신앙, 대승 불교의 법신불-보신불-응신불로 나타내는 삼신불(三身佛) 신앙, 신유학의 무극(無極)-이(理)-기(氣)로 표현되는 형이상학적 존재론 등에서 삼위일체적 사유에 상응하는 범례를 볼 수 있다. 그것은 모두 표현과 역사적 구성 내용이 다를 뿐 결국은 '궁극적 실재'의 '구체성'과 '보편성'이라는 양극성을 동시에 담보하려는 보편적 우주 종교들의 신학적 표현 형태인 것이다.

그리스도교 신비주의 전통에 나타나는 유일신 신앙

신비주의 운동의 발생 동기

유대교에 카발라 신비주의 운동이 있고, 이슬람교에 수피즘 신비 운동이 있듯이 그리스도교 전통에도 연연히 흐르는 위대한 그리스도교 신비주의 전통이 있다. 모든 종교 전통 속에 있는 신비주의 운동은 왜 발생하는 것일까?

신비주의 운동은 첫째, '제도적 종교'가 진리 체험 또는 하나님 체험을 딱딱하게 굳어진 교리 체계나 형식적 종교 의례의 포장지에 싸놓고 있을 때 '생동하는 하나님(진리) 체험'에 목말라 하는 정신적 영웅들에 의하여 발생한다. 그러므로 신비주의란 단단한 껍질 속에 갇혀 있는 알곡 낱알들을 그대로 놔두고서 기다리는 것이 아니라 낱알의 껍질을 깨뜨려서 푸른 새싹을 틔워내는 작업과 같다.[13]

제도와 형식은 삶 속에서 필요불가결한 요소이다. 종교에서도 마찬가지이다. 아무리 개인적인 기독교 신비가나 불가의 선승(禪僧)일지라도, 그의 영혼과 마음 속에서 '신적 불꽃'이나 '진여(眞如)의 광휘'를 발견하거나 깨닫기 전에 그들은 모두 자신들이 속한 종교 전통이 요구하는 경전이나 전례(典禮)에 참여한 경험들이 있었을 것이다.

진리를 담고 있는 그릇으로서 또는 형식으로서 가장 중요한 종교 경전과 교리, 종교 직제와 제도, 종교 의례와 상징이 진리 자체이신 하나님을 '가리면서도 동시에 열어보이는' 양면적 기능을 충실하게 수행하는 한 격렬한 신비주의 운동은 땅 위로 분출하지 않는다. 그런데 앞서 말한 다양한 종교 형식과 이론 논리가 '진리'를 대신하기라도 하듯 '우상'처럼 되어버릴 때 신비주의 운동은 일어난다. 그러므로 신비주의 운동은 무슨 비몽사몽간에 몽롱한 영계(靈界)를 헤매는 초월심리학(parapsychology)이 아니라, 명료한 의식을 가진 우상 타파 운동이며 혁신 운동인 것이다.

신비주의 운동은 두 번째로, 진리 자체 또는 하나님과 인간 사이에 개입하는 모든 중간 매개자를 거절하고 '직접적으로 만남의 체험'을 추구하려는 데서 발생한다. 비매개적 직접성이야말로 모든 신비주의의 공통 특성이다. 신비 체험의 최고 단계에 가서는 경전, 성직자, 전통, 교리, 종교 의식이 모두 상대화되거나 철폐된다. 셈족계 종교 전통의 관점에서 말한다면 인간의 가장 깊은 영혼의 지성소 안에서 직접적 신의 현존을 체험하면서, 마치 쇳덩이가 뜨거운 용광로 속에서 달구어져 쇠인지 불인지 구

---

13) 그리스도교 전통에서 신비주의 운동의 특성과 그 역사적 발전에 관하여는 다음 자료를 참고하였다. Evelyn Underhill, Mysticism (E.P. Dutton, 1961), William James, *The Varieties of Religious Experience* (A Mentorbook, New American Library, 1958). 특히 윌리엄 제임스의 책, 제16~17강, '신비주의'를 참조.

별할 수 없을 만큼 하나가 되듯 인간 영혼과 '궁극적 실재'가 일치(unity) 또는 연합(union)된다.

신비주의 운동 발생의 세 번째 동기와 이유로서, 사회와 종교계의 속화와 타락에 대한 도덕적 · 영적인 개혁 정신을 들 수 있다. 신비주의 운동은 대체로 사회의 중요한 전환기에, 위기 의식이 팽배했을 때, 사회적 삶 전체의 구조와 양식이 근본적으로 바꾸어져야 한다고 생각하는 혁명 의식이 무르익을 때 발생한다. 본래적인 신비주의 운동은 몰역사적이거나 탈사회적인 운동이 아니라, 역사와 사회를 '정의, 자유, 사랑, 평화의 공동체'로 변혁하려는 정신적 에너지를 동반하는 운동이다. 그리스도교 전통에서 보더라도 13~14세기에 프란시스 수도회, 도미니크 수도회, 16세기에 이그나티우스 로욜라(Ignatius of Loyla)의 예수회(제수이트파) 수도회 등은 시대적 전환기의 위기 의식에서 시작된 개혁 운동이었다.

신비주의 운동의 발생과 그 역사에서 놀라운 특징은 신비 체험이 매우 역설적인 성격을 지닌다는 점이다. 신비주의자들은 매우 주체적이고 개인적이면서 동시에 삶의 연대성과 사회성에 대한 깊은 깨달음을 지닌다. 신비주의자들은 그들의 신비 체험 속에서 자신의 가치나 존재가 한없이 무화(無化)되거나 수동적으로 되는 것을 경험하는데, 그와 동시에 역설적으로 개체가 곧 전체라는 의식과 더불어 매우 적극적이고 능동적인 삶의 자세를 취하게 된다.

이상에서 살펴본 신비주의의 몇 가지 특징을 우리는 그리스도교의 위대한 신비 사상가 마이스터 에크하르트를 살피면서 확인해 보고, 그리스도교 신비주의 전통에서 유일신 신앙이 어떻게 더 철저하게 되는지 고찰해 보자.[14]

위대한 신비주의 사상가 마이스터 에크하르트

마이스터 에크하르트(Meister Eckhard, 1260~1328)는 서구 그리스도
교 사상사에서 어거스틴이나 토마스 아퀴나스(Thomas Aquinas, 1224~
1274)에 비견되는 위대한 사상가이자 신비주의 신학자였다.

그는 토마스 아퀴나스보다 한 세대쯤 뒤에 태어났으며 이탈리아의 위
대한 시인 단테(Dante Alighieri, 1265~1321)와 동시대에 활동하였다.
도미니크 수도회 출신의 독창적인 학자, 파리대학 교수, 사상가 그리고
교회 행정가로 일했으며 수도원장을 지내기도 했다. 흔히 서구 정신사에
서 말하기를 단테나 에크하르트는 르네상스의 시작을 알리는 창조적 사
람들이고, 독일 관념론의 선구자이며, 16세기 마틴 루터(Martin Luther,
1483~1546) 이전에 루터의 종교 개혁 정신이 말하려는 신앙의 본질을
앞질러 갈파한 신비주의 사상가였다고 평가한다.[15]

그럼에도 마이스터 에크하르트의 사상과 생애, 특히 그의 신비주의 사
상에 대한 소개는 아직도 매우 미흡하다. 그의 저술이나 연구 서적이 아
직 충분할 만큼 한국 사회에 소개되지 않은 것이 가장 큰 이유 중 하나일
것이다. 에크하르트에 대한 관심이 오히려 불교학자나 선 불교에 관심이
있는 불자들, 칼 융(Carl Jung) 등 심층심리학 분야의 연구자들을 중심으
로 고조된다는 점과 동서 사상의 교류와 대화에 관심 있는 사람들이 적지

---

14) 여기에서 참고한 자료는 Edmund Colledge, O.S.A. and Bernard Mcginn이 영문으로 번
역하고 서문을 쓴 *Meister Eckhard:The Essential Sermaons, Commentaries, Treaties, and
Defense* (Paulist Press, 1981); Mattew Fox, *Break Through: Meisetr Eckhart's Creation
Spirituality in New Translation* (Garden City. N.Y., 1980); 레이몬드 B. 블레크니 엮음, 『마
이스터 에크하르트』 1 · 2권, 이민제 옮김 (다산글방, 1994)을 참조하였으며, 특히 이인제가 옮긴
책의 제2권 부록에 실린 Frank Tobin이 쓴 매우 명료하게 압축된 연구서 *Meister Eckhart:
Thought and Language* (Piladelphia, 1986)를 크게 참조하였다.

15) 레이몬드 B. 블레크니, 『마이스터 에크하르트』, 이민제 옮김, 12쪽과 27쪽.

않게 늘어나는 추세에 있다는 것을 감안하면, 특히 그리스도교계에서 에크하르트에 대한 관심이 빈약한 것은 놀라운 일이다.

한국 그리스도교계 안에서 에크하르트 연구가 부진한 데는 여러 가지 이유가 있겠지만, 그가 생애 말년에 교황청으로부터 이단 파문을 받은 사상가였다는 것이, 그 파문의 정당성 여부를 막론하고 좀 위험한 인물이 아닌가라는 막연한 두려움을 불러일으킨 것이 아닌가 생각한다. 그러나 그보다 더 중요한 이유는 그의 신비주의 사상이 지닌 참신성, 철저성, 진지성, 단순성, 혁명성 등이 기존의 신학 체계의 틀이나 제도 종교의 범주 안에서 보면 수용하기 어려울 만큼 파격적이라는 데 있음을 부인할 수 없다. 에크하르트의 신비주의 사상에서 전통적인 그리스도교의 삼위일체론적 유일신 신앙은 어떻게 이해되고 있는지 좀더 자세히 살펴보기로 하자.

첫째, 에크하르트는 그가 그 안에서 자라났고 배웠던 중세 후기 스콜라 신학 전통에 서면서도 신비주의적 색채가 매우 강한 '스콜라 신학적 신비가'(scholastic mystic)라고 볼 수 있다. 그렇기 때문에 현대인이 이해하기 어렵거나 받아들이기 어려운 스콜라 신학의 사유 체계와 어휘를 구사한다. 예컨대 형상과 질료, 순수 존재, 지성에 대한 강조, 하나님처럼 닮게 됨(deification), 선험적 초월 범주들인 하나와 진리 자체와 선 자체, 목적인과 형상인 등의 개념이 그렇다.

그러나 에크하르트가 도미니크파 스콜라 학자로서 난해하고 딱딱한 용어들만 구사했다면 그의 사상은 그렇게 많은 사람에게 그리고 그렇게 오랜 세월 동안 관심을 끌지는 못했을 것이다. 그는 대학자요 사상가일 뿐만 아니라 위대한 설교가였다. 그는 영혼 깊은 곳에서 몸소 체험하고 깊은 사색을 통해 다다른 진리를 매우 파격적인 수사학, 예화, 감성적 어휘 구사를 통해 가슴에 와닿도록 가르쳤다.

라인강을 따라 널리 퍼져 있는 수도원의 수사들이나 신도들은 설교를 통해 표현된 에크하르트의 심원한 영성에 큰 감동을 받았는데, 그들은 지성이 뛰어난 사람들이 아니었음에도 에크하르트를 이단이라고 파문한 전문 스콜라 신학자들보다 더 정확하게 에크하르트를 이해할 수 있었다. 그의 설교가 진리를 설파하는 생동감과 생명력을 지니고 있었고, 최고 수준의 지성적 진리 체험이 순수하고 직설적인 감성적인 언어로 표현되었기 때문이다.

에크하르트는 종교적 진리나 신비 체험을 표현하는 데 있어서 인간의 언어와 논리가 얼마나 제한되고 적합하지 못한가를 잘 깨닫고 있었다. 그는 철학적 · 신학적 언어들보다 어느 경우는 시적인 언어가 훨씬 신적 본질 체험에 더 가깝다고 강조하였다. 물론 시적 언어, 은유적 표현이 다의성과 유연성을 지니지만 동시에 모호성을 가중시킬 수도 있음을 우리는 알고 있다.

둘째, 에크하르트의 신비주의 사상의 구체적인 내용을 이해하기 전에 그의 신학적 방법론이 매우 역설적이며, 반대의 일치(coincidence of the opposites)라는 원리를 중요시하며, 이른바 '부정(否定)의 길'(via negativa)을 통해 삼위일체론적 유일신 신앙을 표현하려고 한다는 점을 지적할 필요가 있다.

인간의 언어와 논리의 제한성에도 불구하고, 신학이나 제1철학은 신이나 '궁극적 실재'에 대하여 무언가를 말해 보려고 시도한다. 아무리 신비 체험이 언표 불가능성이라는 특징을 지닌다고 하더라도, 그 언표 불가능성을 말로써 적극적으로 표현할 때라야만, 신비 체험 성격의 '언표 불가능성'이 무엇을 의미하는지 이해할 수 있게 된다. 이것은 마치 선불교에서 '불립문자 직지인심 견성성불'(不立文字 直指人心 見性成佛)을 종지로 내세우면서도 '선불교란 무엇인가?'라는 주제로 펴낸 책이 수십 권이 된다는 것과 같은 아이러니에 속한다.

그리스도교 신학의 전통에는 '궁극적 실재'이신 삼위일체론적 유일신의 속성과 활동과 인식 방법에 대하여 인간의 언어와 논리를 통하여 말하려 하며 또 그렇게 말할 수 있다고 주장하는 '긍정의 길'이 주류를 이뤄 왔다. 하나님은 전지전능하고 무소부재하다는 것, 정의롭고 사랑과 긍휼이 풍성한 신실한 분이라는 것, 성부·성자·성령의 삼위를 갖춘 한 분 하나님이라는 것, 창조 세계의 모든 선과 축복의 원천이 되신다고 말하는 것들이 모두 '긍정의 길'이 언표한 신의 속성들이다.

그러나 그리스도교 역사 속에, 특히 신비주의 전통 속에서는 그러한 '긍정의 길'을 통해 말해진 하나님은 도리어 참하나님을 가리는 결과를 초래하며, 더 엄밀하게 말하자면 인간적인 경험과 언어 논리로써 그려놓은 하나님에 불과하다고 생각한다. 도리어 '긍정의 길'을 통해 언표된 신에 관한 속성들을 일단 '부정'함으로써 '긍정의 길'의 한계를 드러내고, 결과적으로는 그보다 더 높고 깊은 차원의 '궁극적 실재'를 깨닫게 된다고 믿는 비주류의 길이 있어 왔다. 이러한 길을 '부정의 길'이라 부르는데, 신비주의 전통에서는 물론이요 어거스틴, 아퀴나스, 루터 등 정통 신학자들도 그 중요성을 인정하여 하나님에 대하여 말하려는 학문 방법에서 '긍정의 길'과 '부정의 길'은 서로 보완 관계여야 한다고 보았다.

에크하르트의 신비주의 사상에서는 후자 곧 '부정의 길'이 더 압도적이다. 그러므로 그의 신비 사상에는 역설, 긴장, 지양, 돌파 등이 비일비재하게 나타난다. 우리는 그것을 다음과 같은 논리에서 엿볼 수 있다.

피조물과 창조주, 인간과 하나님의 관계는 무한한 질적 차이와 분리 상태에 있기에 그 양자 사이엔 직접적 관계든지 간접적 관계든지 어떤 유비(類比)도 성립하기 어렵다. 하나님은 '존재 그 자체'로서, 하나님만이 순수한 의미에서 '존재'하신다. 그에 비하면 피조물과 인간은 '무(無), 덧없음, 하찮은 것, 스스로 존재하지 못하는 것, 없음과 다름없는 '순수 무'인 것이다. 이것을 일단 철저하게 깨닫고 인정하고 나면 역설적 반전이 일어나는데, 존재하는 만유나 인간이 하나님과 일치한다는 일견 모순 당착 같은 깨달음에 다다른다. 왜냐하면 오직 참으로 존재한다고 말할 수 있는 분이 하나님뿐이라면, 하나님 안에 있지 않은 것, 하나님에 의해 있지 않은 것, 하나님을 통하여 있지 않은 것은 없기 때문이다.

여기에서, 성자가 성령 안에서 성부에 의하여 출생(begetting)하듯이, 순결하고 의로운 인간의 영혼은 하나님에 의하여 출생하며, 성부가 성자를 낳는다는 그의 중요한 사상이 나타난다. 이것이 저 유명한 에크하르트의 '하나님 자녀들의 탄생'론이다. 「요한복음」은 독생자 예수 그리스도는 태초부터 하나님과 함께 계신 로고스 말씀이며, 성부 하나님에게서 나신 분이라고 증언하는데, 에크하르트의 철저한 신비주의 사상에 의하면 예수 그리스도만이 그런 것이 아니라 인간도 모두 그렇다는 것이다.

모든 인간의 순수한 영혼, 내면적인 참된 자아, 혈육을 통해서가 아니라 영으로 난 자, 영혼의 불꽃, 그것은 이제 단순한 '무(無)가 아니라 하나님에 의해 출생된 자가 된다. 에크하르트는 "이제는 내가 아니요, 내 안에서 그리스도가 산다"(「갈」 2: 20)라는 말씀과 예수가 요단강에서 세례를 받고 올라올 때 "하늘로서 소리가 나기를 너는 내 사랑하는 아들이라, 내가 너를 기뻐하노라"(「막」1:11) 등의 말씀이 모두 그런 진리를 나타낸다고 본다.

'영혼의 불꽃'이라고 에크하르트가 표현한 중요한 개념은, 순수하고 해맑은 영혼 안에서 '하나님의 자녀들'을 낳는 신의 창조 행위가 조성하는 역동적인 순수 가능성, 인간성의 원형(archetype)으로서 하나님의 형상, 감각과 이성을 초월한 하나님의 자궁이다. '영혼의 불꽃'은 저 떨기나무 덤불의 빛나는 광휘 속에서 이스라엘에게 자기를 계시하던 신비로운 자 하나님의 신적 광휘가 옮겨와 영혼 한복판에서 불타는 것이기에, 더 이상 창조된 피조물이 아니라 신의 현존으로 간주된다. '영혼의 불꽃' 안에서 순수한 인간 영혼은 어떤 미사여구로도 꾸밀 수 없는 고요한 고독 속에서 비로소 홀로 계시는 듯한 '벌거벗은 하나님'을 만나게 된다. 종교사가 이름 붙인 신의 온갖 이름을 벗어 던져버린 '하나님 자신'의 얼굴을 뵙는 것이다.

셋째, 순수한 인간 영혼은 하나님에 의해, 하나님 안에서 출생(generation)한 자녀이지 창조된(creation) 피조물이 아니라는 사상을 범신론적으로 오해하지 않고 그리스도교적으로 이해하려면, 에크하르트의 신비주의 사상에서 중심축을 이루는 청빈, 초탈, 돌파라고 명명된 세 가지 중요 계기를 바르게 파악해야 한다.

청빈은 모든 수도자 집단에서 그리고 신비주의 수행에서 매우 중요한 개념이다. 청빈을 순수한 우리말로 표현하자면 '깨끗한 가난'이다. "마음이 가난한 자는 복이 있나니 하나님 나라가 그들의 것이다"(「마」5:3)라는 축복은 예수의 산상수훈에 나타나는 여덟 가지 축복 중 맨 첫째 가는 축복이다. 여기에서 마음이 가난한 자 또는 심령이 가난한 자란 도대체 어떤 상태의 마음을 가진 자를 말하는가? 물론 이웃은 모두 물질적 가난에 시달리는데 자기는 물질적 재화를 잔뜩 쌓아놓고 입으로만 하나님과 구원을 말하는 부자 청년 같은 종교인을 경계하는 말일 것이다. 또한 물질에 대하여는 어느 정도 청빈한 삶을 살더라도, 마음으로는 아직도 무엇을 이루려는 욕망, 명예심, 질투심, 경건하다는 교만심 등으로 시달리는 종교인에게 그 마음도 비우라는 윤리적 권면으로 이해할 수도 있다.

그러나 에크하르트가 말하는 '청빈'은 그보다 더 철저하다. 윤리적 개념이라기보다는 존재론적 개념이다. 에크하르트가 말하는 청빈, 곧 마음의 가난은 '의지의 가난'(poverty of will), '지성의 가난'(poverty of intellect) 그리고 '존재의 가난'(poverty of being)이라는 세 차원을 모두 아우르는 가난이다.[16]

'의지의 가난'이란 인간의 의지를 하나님의 뜻이라고 우기면서 하나님을 위해 무엇을 해드리려고 애쓰는 경건한 탐욕이다. 아무것도 바라지 않고 있는 그대로의 자기와 주위의 존재자들을 받아들이는 텅 빈 마음이다. '의지의 가난'은 인간을 일체의 '공로 신학'에서 해방시키며 일의 성취 욕망에서 자유롭게 한다.

'지성의 가난'은 이 세상과 하나님에 관하여 모든 것을 알고 있다는 자만과 더 많이 알려고 하는 지적 욕구에서 자유로워지는 것을 말한다. 무지한 몽매주의를 찬양하는 것과는 다르다. 자기가 하나님에 대하여 알고 있다고 자신하면 할수록 인간은 그만큼 하나님을 지배하고 조종할 수 있다는 잠재 의식을 갖게 되고 경외심은 사라진다. 지식 중에서 가장 높은

---

16) Frank Tobin, *Meister Eckhart : Thought and Language*, 이민제 옮김, 『마이스터 에크하르트』 제2권 (다산글방), 278~279쪽.

지식은 자기가 무지하다는 것을 아는 '무지의 지'이다. 동양 고전에서도 도(道)를 다소라도 깨달아 아는 자는 "어수룩하게 보이고 바보처럼 보인다"고 말한다.

'존재의 가난'은 글자 그대로 자기 존재가 가난해져서 아무것도 갖지 않은 상태를 말한다. 20세기 나치 치하에서 순교한 독일의 디트리히 본회퍼(D. Bonhoeffer) 목사가 말한 바처럼, 마침내 하나님도 마음에서 놓아버리고 "하나님 없이, 하나님 앞에서" 사는 역설적 상태를 말한다.

에크하르트의 신비주의 사상에서 '초탈'(Abgescheidenheit, detachment) 역시 매우 중요한 개념이다. 초탈은 무심(無心), 초연(超然), 무위(無爲)라고 번역할 수도 있는 개념이다. 초탈에 대한 에크하르트의 말을 들어보자.

> "그 어떤 덧없는 애착이나 슬픔이나 명예나 비방이나 악에도 움직이지 않는 마음이야말로 진정으로 초탈에 이른 것입니다. 이는 미풍에 전혀 흔들림 없는 장대한 산과도 같습니다. 아무것에도 영향받지 않는 초탈은 하나님을 닮게 합니다.…… 그 닮음은 바로 초탈을 통해 이루어지며, 이때 그는 순수성으로부터 단순성으로, 단순성으로부터 불변성으로 나아갑니다. 그럼으로써 하나님과 인간은 서로 닮게 되는 것입니다."[17]

에크하르트는 심지어 그리스도교 신앙 덕목에서 가장 높고 좋은 것이라고 바울이 말한 '사랑'보다도 '초탈'이 더 귀한 덕목이라고까지 강조

---

17) 마이스터 에크하르트, 「초탈에 대하여」(Von Abgescheidenheit), 이민제 옮김, 『마이스터 에크하르트』 제2권, 259쪽.

하는데, 그것은 마음이 '초탈' 한 그 사람에게로 하나님은 언제나 충만하게 임재하시기 때문이다. 초탈의 정신은 선승들이 해탈에 이르는 수행 명상중에 "부처님이나 조사(祖師)들이 환상중에 나타나거든 그분들도 죽여버려라"고까지 말한 철저한 초연청정심(超然淸淨心)과 비슷한 경지라고 보아도 무방할 것이다.

끝으로 '돌파' (breaking through) 개념을 살펴보자. '돌파' 는 글자 그대로 어떤 한계나 방해물을 '뚫고 나아감' 이라는 의미이다. 여기에는 인간의 혈육적 자연 상태를 '자연 그대로가 좋다' 며 동물적 · 본능적 상태에 머무는 생물학적 타협을 거부한다. 동시에 "사람은 원래 죄인이다. 이 원죄 때문에 인간성을 고양한다는 것은 불가능하며, 그것이 가능하다고 믿는 것은 불신앙이다"라고 생각하는 개신교의 원죄론도 경계한다. 인간구원은 하나님의 은혜로만 가능하지만, 인간 자신도 '성화' (聖化)를 지향하는 용기가 요청된다.

그리스도교의 구원론에서 보면, 인간의 궁극 목적은 이 땅 위에서 태어난 자연인으로서의 천부적 행복, 예를 들면 건강이나 장수나 부귀나 영화를 누리는 것에 한정되지 않는다. 종교 생활에 귀의하는 목적이 종교를 방편으로 하여 그러한 가치들을 좀더 효과적으로 확실하게 획득하고자 하는 데 있다고 한다면, 더 효과적인 방법으로 그러한 가치들을 획득할 수 있다고 판단될 때 그 누구라도 쉽사리 신앙 생활을 포기할 것이다. 그러나 인간의 목적은 그런 것보다 더 높은 데 있다고 말할 수 있는데, 아퀴나스에 의하면 인간이 초자연적 목적을 이루어 '하나님의 자녀' 들로서 하나님을 닮게 되어 '지복직관' (至福直觀, Beatitude)에 이르는 것이고, 칼뱅(Jean Calvin)에 의하면 '하나님께 영광을 돌리는 하나님의 자녀들이 되는 일'이다.

신비주의자 에크하르트의 유일신 신앙

그렇다면 에크하르트에게서 그리스도교의 삼위일체론적 유일신 신앙은 아직도 유효한가? 그 대답은 '아니오'이면서 동시에 '그렇다'이다. 그의 유일신 신앙은 전통적 삼위일체적 유일신 신앙과 똑같지 않다. 지금까지 제한적으로나마 그의 신비주의 사상을 살펴본바, 그는 '긍정의 길'을 통해서 파악한 전통적인 삼위일체론을 넘어서려 한다는 것을 알 수 있었다.

그는 '신을 넘어선 하나님'(God beyond god)에 대해서 말하려고 한다. 성부·성자·성령의 삼위일체론으로 다 설명되지 않는, 그 세 위격이 지닌 신적 속성과 능력을 모두 넘어서는 '신성 자체'(Godhead)를 밝히려 하는 것이다. 그러나 '긍정의 길'을 통해서 이해한 삼위일체적 유일신 신앙은 전통적 그리스도교의 신앙 안에 있는 셈이다.

문제의 핵심은 유대교의 군주론적 유일신(Monarchial monotheism) 신앙이든지 그리스도교의 삼위일체론적 유일신(Trinitarian mono- theism) 신앙이든지, '유일한'이라는 '하나'의 의미를 어떻게 이해할 것인가에 달려 있다. 에크하르트의 신비 사상에서 '하나'는 단순한 수가 아니라 수 개념의 부정이며, 그렇기에 이미 수를 초월한다. 모든 유한한 피조물들은 수로써 셀 수 있고 '수의 범주' 속에 들어갈 수 있지만, 하나님은 숫자 범주에 제한되지 않는다. 만약 '하나'라는 숫자 개념에 의해 규정된다면 그분은 하나님이 아니며, '궁극적 실재'가 아닌 '하나의 신령한 최고 존재'일 뿐이다.

그러므로 "하나님은 한 분뿐이요 하나이시다"라고 말할 때, 그리스도인들은 좁은 숫자 개념에서 벗어나지 않으면 안 된다. 에크하르트가 "하나님은 하나(unum, One)이시다"라고 말할 때 그 '하나'의 의미는 하나님은 존재 자체, 무한자, 만유의 무제약적 포괄자, 영존하시는 충만자라는 의미로 사용된다. 에크하르트는 「출애굽기」 주석에서, 진정한 의미에서 "하나님은 한 분뿐"이기 때문에, '하나'는 단일성이나 다수성이라는 숫자 범주를 넘어 이를 포괄한다고 강조했다.

엄정하게 말한다면 만약 그리스도인들이 '삼위일체론적 유일신 신앙'에서 숫자 개념으로서의 '하나'에 붙잡힌다든지 삼위라는 단어에서 다수성 개념에 사로잡힌다면, 그는 삼위일체론적 유일신 신앙을 곡해할 뿐 아니라 '궁극적 실재'로서의 하나님이 아니라 자기 머리 속에 그리는 '교리적 우상신'을 생각하고 있을 가능성이 있다. 바로 이것이 신비주의자 에크하르트의 유일신 신앙이 우리에게 던지는 경고이다.

4. 이슬람교에 나타나는 유일신 신앙

예언자 무하마드와 계시 경전 『꾸란』

이슬람 문명 바로 알기

우리는 셈족계 종교들, 다시 말해서 예언자적 종교 유형의 마지막 세 번째 종교인 이슬람교의 유일신 신앙을 살펴볼 차례에 이르렀다. 아랍인들이 모두 이슬람교도도 아니고, 이슬람교가 중동의 아라비아반도와 인근 지역에만 분포되어 있는 것도 아니다. 이슬람교도를 무슬림이라고 부르는데, 현재 무슬림은 아프리카, 중동, 말레이지아반도와 인도네시아, 인도, 파키스탄과 이란, 이라크, 터키와 중국 남서부 지역, 동유럽 지역과 러시아, 스페인 등 온 세계에 광범하게 퍼져 있어서 모두 12억 명 이상을 기록한다.[1]

이슬람교에 대한 한국의 일반인, 특히 그리스도교인의 선입관은 매우

---

1) 이슬람교에 관한 개론적 소개서로서 쉽게 서점에서 구입할 수 있는 자료는 아래와 같다. H.A.R. Gibb, 『이슬람』, 이희수 · 최준식 공역 (주류성, 1997); Shaykh F. Haeri, 『이슬람교 입문』, 김정현 옮김 (김영사, 1999); 이희수 · 이원삼 외 10인 공저, 『이슬람: 이슬람문명 올바로 이해하기』 (청아출판사, 2001).

부정적인 것이다. 팔레스타인 땅에서 지금도 계속되고 있는 정치·경제·종교적인 분쟁과 날마다 신문에 보도되는 이스라엘과 아랍인간의 테러와 폭력 투쟁은 아라비아반도에서 아랍어를 사용하는 베두인들이 지닌 '사막 종교'의 광신주의의 발로가 아닌가 하고 오해하기 일쑤다.

그러나 세계 4대 보편 종교 중 하나로서 12억 명 이상의 신봉자가 있고, 엄청난 과학·학문·문학·예술·건축 유산을 남겼으며, 오늘도 살아서 건재하는 이슬람교가, 『꾸란』(코란)을 받아들이든지 '칼'을 받아들이라고 윽박지르는 전투적이고 공격적인 배타성만 지닌 종교일 리가 없다. 알고 보면 이슬람교만큼 타 종교에 대한 관용적 태도, 가난하고 억눌린 자에 대한 배려와 구제, 평화 지향적이고 공동선과 정의를 추구하려는 종교도 드물다.

'이슬람'이라는 아랍어는 '복종, 순종'을 의미하며, 무하마드 자신이 채택한 용어인데, 유일신 하나님 알라가 자기에게 계시해 준 말씀과, 그 내용을 계시하신 유일신 하나님의 의지와 뜻에 자기 스스로부터 전적인 헌신과 '복종'을 다짐한다는 표현에서 나왔다. 이슬람교의 가장 핵심적인 신앙 고백을 '샤하다'라 부르는데, 그 내용은 "신은 오직 한 분이시며 무하마드는 신의 사도이시다"라는 뜻이다.

이슬람교에 귀의하는 신앙인을 무슬림이라고 부른다. 무슬림은 좁은 의미로서는 현재 역사적 종교인 '이슬람교 신자'를 의미하지만, 이슬람교 경전 『꾸란』에 나타난 본래적인 의미는 유일신 하나님을 바르게 믿고 살아가는 참된 신앙인을 지칭한다. 아브라함, 모세, 구약의 예언자들, 예수, 무하마드가 모두 무슬림이라고 그들은 본다.

역사적 종교로서의 이슬람교는 6세기 아라비아반도에서 무하마드를 예언자로 택하여 자기를 계시하신 초월적이고 인격적인 절대신 '알라' 하나님의 자기 계시 사건으로부터 시작되었다. '알라' (Allah)라는 아랍어는 모세 종교에서의 '야훼' (Yaweh) 같은 특별하게 계시된 유일신에 대한 고유 명사가 아니라, 일반적으로 아랍인들이 사용하는 신(神)이라는 의미이다. 그런데 마치 한민족에게 오랜 세월 동안 '하눌님' 신앙이 있어 왔고, 사람들이 결정적인 일을 당할 때는 '하느님 맙소사' 라고 하느님을 부르듯이 아라비아 여러 부족들은 '알라' 라고 불러왔다.

한민족이 지고신으로서 하느님 신앙을 가지고 있었으면서도 현실 종교 생활에서는 좀더 구체적인 다양한 잡신, 잡령을 숭앙하는 다신적 경향을 보인 것처럼, 이슬람교가 출현하기 전까지 아라비아반도에서 삶을 영위하던 아랍인들 또한 마찬가지였다. 역사적 종교 이슬람교의 절대 유일신 '알라' 를 바로 이해하기 위해서 한민족의 종교사를 예로 들어 생각하는 것이 좋을 것이다.

앞서 말했듯이 한민족에게는 오랜 옛날부터 지고신으로서 '하느님' 신앙이 있어 왔지만, 1860년 동학의 창도자 최제우에게 '하느님' 의 인격적 자기 계시 사건이 발생하였다. 그리하여 동학은 철저한 인격신 '하느님 신앙' 을 가지게 되고, '하느님을 지극한 정성으로 몸으로 모신다' 는 시천주(侍天主)를 종지로 내걸어 새로운 인격신 신앙을 창도하게 되었다.

그와 마찬가지로 무하마드는 모세처럼 조상들에게는 전혀 알려지지 않았던 '알라' 라는 새로운 이름의 하나님을 아랍인들에게 계시받은 대로 알려준 예언자가 아니었다.

무하마드의 위대성은 전통적인 아랍인 사이에 아랍어로서 '하느님' 을 의미하는 '알라' (알-일라[al-ilah]의 준말)라는 어휘의 참 실재성을 회복하여, 잡다한 다신론적 요소와 미신적이고 잡령적인 요소를 일소하고 절대 초월적인 유일신 하나님 신앙으로 그리고 정의와 자비의 창조자로 재해석하고 정화(淨化)시켰다는 데 있다.

다시 한 번 강조하거니와 언어의 제약을 받는 보통 사람은 '하느님, 하나님'을 호칭하고 문자로 표시하는 신 이름이 자신의 것과 다르면 자신과는 전혀 다른 종류의 신을 숭배하는 이방인이라고 생각하기 쉽다. 지금까지 인류 역사의 종교사와 종교 분쟁사가 그것을 말해 준다. 그러나 언어란 역사적 문화의 산물이어서 어떤 '실재'가 문화마다 다르게 불려질 수 있다. 마찬가지로 '궁극적 실재'에 대한 이름은 영어권에서는 'God', 헬라어권에서는 'Theos', 아랍어 권에서는 'Allah', 인도어권에서는 'Deva', 중국어 권에서는 '천주'(天主), 한국어권에서는 '하느님'이라 불렀다. '궁극적 실재'를 무엇이라고 명기하고 발음하느냐가 중요한 것이 아니고, 그러한 이름과 발음 속에 함의하는 '궁극적 실재의 능력과 의미'가 무엇이냐가 중요한 것이다.

뒤에 자세히 살펴보겠지만, 총 114장으로 구성된 이슬람교의 경전 『꾸란』의 거의 모든 장과 절에서 가장 중요한 본질적 신앙으로서 그리고 무슬림 경전의 핵심으로서 강조하고 거듭 강조하는 내용이 '알라'의 유일성과 "알라만 섬겨라"는 강렬한 계명이다. 『꾸란』에서 한 군데만 예를 들면 다음과 같다.[2]

"알라(하나님)와 더불어 다른 신을 섬기지 말라. 그분 외에는 신이 없나니

---

2) 이 책에서 인용한 『꾸란』(코란)의 한국어 역본은 사우디아라비아왕국 파하드 국왕 성꾸란청에서 출판한 한국어 역본을 사용하였다.

그분을 제외한 모든 만물은 멸망하고, 심판하심도 그분이시니, 너희 모두는 그분께로 돌아가니라."(『꾸란』 28 : 88)

위 인용구의 첫 구절은 아랍어 『꾸란』에서는 물론 '알라'라고 표기되어 있다. 이 구절을 '궁극적 실재'에 대한 낯선 호칭 '알라'라는 아랍어만을 강조하여 읽게 되면, 유대교 경전 『토라』에서 참하나님 '야훼' 이외의 다른 신을 섬기지 말라는 십계명의 제1계명을 연상하지 않을 수 없다. 그렇다면 아랍인들은 '알라'를, 유대인들은 '야훼'를 각각 절대적 유일신이라 주장하고, 상대방 신은 우상이라고 매도하면서 싸운단 말인가? 이러한 우매하고 해괴한 일이 문명 사회에서는 더 이상 용납될 수 없다.

'알라'와 '야훼'라는 신 이름 호칭이 중요한 것이 아니라 그 이름이 지닌 '신적 실재성'이 중요한데, 놀랍게도 무하마드는 이슬람교에서 말하는 '알라' 하나님이 아브라함과 모세와 예언자와 예수와 그 외 모든 진솔한 유일신을 경외하는 모든 문명인이 믿던 '하나님'과 동일한 분이라고 강조하는 것이다.

알라가 택하신 마지막 예언자, 신의 사도 무하마드

이슬람교의 특징은 역사적 종교로서의 이슬람교 출현에 결정적 역할을 한 무하마드에 대한 이해에서 나타난다. 통속적으로 말해서 무하마드는 이슬람교의 창시자인데, 창시자로서 그의 위치와 성격은 이스라엘 종교사에서 모세나 천도교 종교사에서 최제우에 더 유사한 유형이다. 무하마드에게는 그리스도교가 예수 그리스도에게 부여한 성자로서의 신성이나, 대승 불교의 삼신불(三身佛)론에서 석가모니 부처님에게 응신불(應

身佛) 혹은 변화신(變化身)의 위격을 부여하여 진리 그 자체인 법신불의 역사적 화신체라고 생각하는 그런 신격화가 전혀 없다.

다만 무하마드는 인류 종교사에서 유일신 하나님이 당신의 사자로서 쓰려고 선택하고 예언자로서 세운 모든 위대한 예언자 계열에서 마지막 예언자이고, 그런 의미에서 결정적 예언자이며, 앞선 모든 예언들을 총괄하면서 완전하게 한 분이라고 이슬람교도들은 믿는다. 그리고 무하마드의 예언자로서의 위치와 신분이 바로 그러하다는 것을 고백하는 일이 이슬람교도가 되는 핵심 신앙 고백 내용을 구성한다.

알라가 택한 특별한 예언자 무하마드 이븐 압둘라(Muhammad ibn Abdullah, 570~628)는 6세기 아랍 세계의 상업, 교통, 정치, 문화의 중심지였던 메카에서 능력 있는 코레이쉬 족(Koreish tribe) 혈통을 타고 출생하였다.[3] 그러나 어렸을 때 고아가 된 무하마드는 숙부의 손에 양육되었고, 장성한 뒤에는 아랍인들이 흔히 그러하듯이 대상 무역에 종사하였으며, 대상 무역의 부유한 여인으로 과부였던 카디자(Khadija)와 결혼하여 자녀를 낳았다.

무하마드가 예언자로서 '알라'의 사자로 부름받기 전에 그가 메카를 배경으로 한 삶을 경험했다는 것은 매우 중요하다. 특히 두 가지 점에서 그러한데, 첫째는 메카가 지닌 당시 정치, 상업, 교육, 문화의 중심지로서 국내 및 국제적으로 다양한 상거래와 외교 관계 속에서 경륜을 쌓아가는 동안 분별력, 신중성, 용인술 등 지도자로서의 안목을 키어갈 수 있었다.

그가 메카인으로서 받은 다른 영향은, 기원전 7~8세기 이스라엘의 예언자 아모스나 호세아, 그리고 19세기 말 조선의 최제우가 그러했듯이,

---

3) H.A.R. Gibb, 『이슬람』, 이희수 · 최준식 공역, 33쪽~45쪽.

겉으로는 호황을 누리는 듯한 상업 도시 메카의 어두운 그늘들, 예컨대 상거래를 주도하는 큰손들의 암거래와 죄악, 빈부의 극심한 대조와 갈등, 정치 세력과 상업 세력의 야합, 형식적 종교인들의 속화(俗化), 그리고 동시대 아랍인들의 향락 추구의 감각적 현세주의 등에 대하여 큰 고뇌를 겪게 되었다는 것이다. 무하마드가 받은 신의 계시서 『꾸란』 경전 속에 유달리 정의 문제, 사후 보상과 심판 문제, 빈자들에 대한 자비와 희사, 신앙심의 순수성을 강조하는 열정이 나타난 것은 이러한 사회적 정황 속에서 그가 자라났기 때문이다.

무하마드는 무슨 특별히 수준 높은 종교 교육이나 학교 교육을 받은 일이 없었다고 한다. 어떤 학자들은 무하마드가 동학의 2세 지도자 최시형처럼 무학자(無學者)였다고까지 말한다. 그는 모세가 미디안 광야에서 장인 이드로의 양떼를 치면서도 동족 이스라엘의 비참한 현실과 인간의 근본적 종교 문제를 깊이 사색하였듯이, 메카 근교의 히라산에서 명상과 영적 각성의 시간을 많이 보냈다. 첫 번째 알라신의 계시가 '권능의 밤'에 무하마드에게 임한 것은 그의 나이 40세 무렵이었다. 무하마드는 단한 차례 알라신의 계시를 받은 것이 아니라, 근 20여 년간 여러 차례에 걸쳐 계시를 받은 것으로 기록되어 있다.

계시 체험은 인간 무하마드가 자기 감정과 이성을 스스로 조정하기 어려운 강력한 권능으로 다가왔고, 자주 종교적 엑스터시, 곧 황홀경 상태에 들어가기도 했다. 무하마드가 받은 알라의 계시 내용은 처음엔 무하마드와 주위의 직계 제자들에 의해 암송되어 전해 오다가, 무하마드 사후 곧바로 문자로 정리되어 경전화 과정을 밟게 되었다.

무하마드의 계시 체험과 가르침이 동시대 사람들에게 곧바로 인정되거나 받아들여지지 않고 도리어 약 10년 동안 박해와 위협을 받는 고난의 시련기를 거치는 것은 다른 진정한 종교의 발생 과정과 유사하다. 예수나 바울의 초대 그리스도교 복음 선포가 동시대 주류층에게 거부되고 비판받았던 것은 기존 세력이 종교적 진리 운동이 선포하는 새로운 포도주를 담아낼 능력이 없는 낡은 가죽 부대와 같은 존재였기 때문이기도 했지만, 자신들에게 주어진 정치적·경제적·문화적 기득권이 침해당하지 않을까 하는 우려도 크게 작용한 탓이었다.

당시 메카의 지도 세력과 주민이 무하마드가 선포하는 철저 유일신 신앙 내용과 엄정한 도덕적·영적 종교로서의 이슬람교의 가르침을 받아들일 수 없었던 이유도 그와 같았다. 메카에서의 박해를 피하여 무하마드를 비롯한 일행 70여 명은 622년 9월 메카에서 북쪽으로 200마일 떨어진 메디나로 옮겨 철저 유일신 신앙에 기초한 종교적·영적 공동체를 시작하기에 이른다. 메디나로 옮긴 사건을 헤지라(Hijrah)라고 부르며 그 사건이 있던 해를 무슬림의 원년으로 삼는다.

무하마드와 초기 이슬람 종교 지도자들이 메디나로 옮긴 지 10년쯤 되자, 아라비아반도에 흩어져 살던 분파주의적 각 부족들이 이슬람교에 귀의하였다. 예멘에서 시리아를 거쳐 페르시아까지 이슬람교의 세력은 급속히 확장되었다. 이것은 오랜 세월 지역주의, 저급한 다신론적 종교 사상, 부족적 분파주의, 그리고 삶의 궁극적 목적과 방향 없이 흔들리던 아랍 세계가 무하마드가 설파한 높은 도덕적·영적·우주적 보편 종교에 의해 정화되고 수렴되고 통일되었다는 것을 의미한다.

알라 유일신에 대한 인격적 신뢰와 계명에 복종하는 것, 내세와 부활을 믿고 현세를 책임 있고 성실하게 사는 것, 개인의 내면적 영성만이 아니라 공동체의 정의와 공동선을 추구하는 것, 인종과 지역과 언어와 전통을 뛰어넘어 관용과 포용 정신을 갖는 것 등 높은 윤리적·영적 가르침은 아랍 세계만이 아니라 전 세계로 급속하게 퍼져 나갔다.

알라로부터 직접 영감을 받은 신의 참된 말씀 『꾸란』

역사적 종교로서의 이슬람교의 권위는 알라의 유일성, 예언자 무하마드의 궁극성, 그리고 예언집 『꾸란』의 절대성 위에 놓여 있다. 이 세 가지는 마치 백두산 천지의 호수와 천지에서 흘러내린 압록강과 두만강, 그리고 그 물들이 합류되어 귀착한 동해와 서해의 관계와 같다. 그 삼자는 서로 분리되지 않는다. 이슬람교의 신관 자체는 철저한 군주론적 유일신관(monarchial monotheism)이기 때문에, 그리스도교의 신관 같은 삼위일체론적 신관을 부정하지만, 알라의 유일성과 예언자의 궁극성과 『꾸란』의 절대성은 삼위일체적이라 말해서 틀린 말이 아니다.

『꾸란』은 무하마드가 천사 가브리엘을 통해 알라로부터 받은 계시의 말씀을 기록으로 남겨놓은 이슬람교의 경전이다. 총 114장으로 구성되어 있으며, 약 300페이지 분량이다. 현재의 『꾸란』이 내포하고 있는 각 장(sura)의 길이는 각양각색이다. 제2장과 제3장처럼 각각 286절, 200절이나 되는 길이가 매우 긴 장도 있지만, 제113장과 제114장처럼 각각 5절과 6절밖에 되지 않는 짧은 장도 있다. 처음에는 무하마드와 그의 최측근에 의해 기억 암송되어 구전되거나 부분적으로 복사된 자료로 회람되어 오다가, 무하마드 사후에 온전히 권위를 갖춘 경전의 필요성에 따라 제2대 칼리프 우마르(Umar)와 제3대 칼리프 우스만(Uthman) 때에 이르러 완전히 문자화되고 편집되어 경전으로 확정되고 배포되었다.

무하마드가 처음에 천사 가브리엘을 통해 알라 신의 직접 계시 말씀을 받았을 때는, 아랍의 민속 무당들이 신탁을 전하듯 힘찬 어조였을 것이다. 그 뒤 역사적 편집 과정을 통해서 처음의 박력은 사라지고, 어떤 문장은 긴 교훈이나 경고, 설화 등으로 꾸며져 『꾸란』의 문학적 표현 형태가 다소간 변모되어 갔을 것이다. 그럼에도 불구하고 『꾸란』에 나타나는 무하마드의 교훈은 엄격하고 긍정적이며 단호한 기풍을 나타낸다. 암송할 때는 느린 멜로디 형태로 읊조린다. 이슬람 신학교에서는 교과 과정에 통송법을 두어 충분한 자격을 갖춘 암송가들을 육성해 낸다.

이슬람교는 하나님의 계시의 말씀 위에 서 있는 종교라고 말할 수 있다. 그리스도교, 특히 개신교가 성경을 강조하여 '말씀의 종교'라고 흔히 말하지만, 이 점에서 이슬람교는 더욱 철저하다. 이슬람교에서는 유일신 알라(하나님)와 인간이 만나기 위한 어떤 중간적 제사나 제물이나 성직자를 부정하기 때문이다. 오직 『꾸란』의 말씀만을 강조한다. '말씀의 종교'임을 강조하는 그리스도교는 신부나 목사와 같은 전문 성직자가 있어서 말씀을 선포하고 예배를 이끈다. 그러나 이슬람 성전이랄 수 있는 모스크에는 아무런 예배 제단이 없으며, 신과 인간을 연결시켜 주는 성직자도 없고 어떤 형태의 상징적 조형물도 없다. 오직 알라의 계시 말씀 『꾸란』만이 독송되고 그 의미를 '오늘 여기'에서 재선포할 뿐이다. 이슬람교 연구자들은 그 특징을 이렇게 말한다.

"이슬람교에는 성직자 제도가 없다. 이 점은 이슬람이 기독교, 유대교, 불교 등 다른 종교와 구별되는 중요한 차이점 중 하나이다. 이슬람은 인간과 하나님 사이에 어떠한 영적 중간 매개체도 인정하지 않고 있다. 그러므로 무슬림들은 중간 매개체를 거치지 않고 언제나 하나님과 직접 대화를 할 수 있다.…… 이슬람에서 '이맘'은 예배할 때 맨 앞에서 예배를 인도하는 사람을 일컬으며, 모든 무슬림들은 예배를 인도하는 '이맘'이 될 수 있다."[4]

정통 이슬람교도와 이슬람 신학에 의하면 무하마드가 알라로부터 받아 기록하고 편집한 현재의『꾸란』경전의 내용은, 보수적 그리스도교에서 주장하는 '성경 문자 무오영감설'처럼, 완전히 알라 신의 영감적 계시의 결과물이며 결코 역사적 산물이 아니라고 주장한다. 그러나 학문적으로 볼 때는 비록 신의 계시가 순수하게 영감으로 주어질지라도, 그 계시는 백지 위에 자동으로 기록되는 것이 아니고 사람의 심령에 이해되면서 받아들여지는 것이므로, 계시를 받는 자의 '삶의 자리'와 '이해의 선구조'에 의해 영향을 받게 된다고 본다. 그것이 해석학적 원리이다.

무하마드는 이런저런 경로와 경험을 통해 유대교와 시리아 그리스도교의 경전 및 교리에 대하여 들었고, 그에 대해 평소 많은 생각을 했을 것이다. 특히『꾸란』에 나타나는 아브라함과 모세와 예언자들의 유일신 사상, 최후 심판 사상, 죽은 자의 부활 사상, 사후의 천국 생활 사상은 이런 생각의 결과라고 할 수 있다. 셈족계의 세 종교, 곧 후기 유대교, 그리스도교, 이슬람교 사이에 서로 통하는 점이 많은 것은 이 때문이다. 그러나 이 말은 이슬람교가 유대교나 그리스도교의 문화 사회적 변형 형태라는 말이 결코 아니다. 이슬람교는 분명히 종교사 과정에서 무하마드의 고유한 종교적 계시 체험을 통해서 발생한 종교이다.『꾸란』의 첫 장에 위치하면서 무슬림이 하루 다섯 번씩 예배시 암송하는, 7절로 이루어진 내용

---

4) 이희수·이원삼 외,『이슬람』, 331쪽.

을 한 예로서 아래에 인용한다.

"자비로우시고 자애로우신 알라(하나님)의 이름으로 온 우주의 주님이신 알라께 찬미를 드리나이다. 그분은 자애로우시고 자비로우시며, 심판의 날을 주관하시도다. 우리는 당신만을 경배하오며 당신에게만 구원을 비노니, 저희들을 올바른 길로 인도하여 주시옵소서. 그 길은 당신께서 축복을 내리신 길이며, 노여움을 받은 자나 방황하는 자들이 걷지 않는 가장 올바른 길이옵니다."[5]

위에 인용한 『꾸란』 첫 장의 내용을 깊이 음미해 보면, 온 우주의 주님으로서 창조주 유일신에 대한 고백이 있고, 그 유일신의 신적 근본 속성으로서 자비와 자애라는 '사랑'과 심판을 주관하는 '정의'를 강조한다. 경배와 찬미를 유일신 알라께만 드린다는 '우상 숭배 철폐' 다짐, 그리고 이슬람이라는 종교는 교리나 이론이 아니라 구체적 '삶의 길'이라는 의식을 반영하고 있다.

『꾸란』의 내용은 다양하여 유일신 신앙, 신의 속성, 축복과 심판, 은혜와 신의 자비, 죽은 자의 인과 응보, 앞선 예언자들과 다른 종교의 경전 의미, 의인의 부활과 최후의 심판, 무슬림이 지켜야 할 계율, 사회법과 계약법, 여성과 고아와 결혼에 관한 가족법, 거룩한 전쟁 '지하드'(Jihad)에 관한 내용 등으로 이루어져 있다.

모든 종교에서 경전은 각 종교 생활에서 신앙과 삶의 기준이 되고 안내자가 되고 교리 내용이 되지만, 이슬람교에서 『꾸란』이 무슬림에게 대

---

5) 『꾸란』 제1장, '알파티하' 장.

하여 갖는 권위와 영향력은 타의 추종을 불허할 만큼 강렬하다. 그렇기 때문에 터키 같은 나라에서 1920년에 무스타파 케말 아타튀르크의 개혁 운동으로 정교 분리 정책을 채택하여 근대화한 극소수 예를 제외하면, 이슬람세계는 종교 · 정치 · 경제 · 사회 · 문화가 완전히 유기적으로 관련되어 있어서, 이란에서 보듯이 신정 체제적 형태를 지향하는 독특한 사회를 형성하려는 경향이 있다. 물론 그러한 경향은 장점과 단점을 동시에 갖게 된다.

이슬람교의 유일신 신앙과 '믿음의 다섯 기둥'

이 책에서 중심 화두는 유일신 신앙과 종교 다원론의 관계이므로, 이슬람교의 역사적 발전과 자세한 신앙 내용이나 신학을 자세히 다룰 수는 없다. 앞에서 살핀 간략한 논의를 바탕으로 하여 이제 본격적으로 이슬람교의 유일신 신앙의 내용을 살펴보기로 하자.

이슬람의 유일신 신앙 특징

첫째, 이슬람교는 이스라엘 민족의 모세적 야훼 유일신 신앙과 예언자들의 유일신 신앙 전통과 맥을 같이하면서도, 이스라엘 민족의 선민 사상을 완전 탈피하고 있다. 또 그리스도교의 삼위일체론적 유일신 신앙과 많이 통하면서도, 삼위일체론을 부정함으로써 예수를 예언자 반열에 세웠다. 이슬람교는 글자 그대로 철저한 유일신 하나님 한 분만 섬기려는 종교이다. 이슬람교는 아브라함이나 모세나 이사야 등과 같은 예언자, 예수, 조로아스터, 무하마드 등 모든 인물을 유일신이 부르고 파송한 예언자들이라고 본다.

흔히 아랍계 민족이 이슬람교를 아랍 민족의 종교인 양 자부하는 것은, 마치 야훼 신앙을 선민 이스라엘 민족 신앙처럼 생각하려 했던 타락한 유대교처럼 잘못된 것이다. 이슬람교는 어느 종족이나 인종이나 문명이나 지정학적 실재에 제한된 유일신 신앙은 참 유일신 신앙이 아니라고 본다. 역설처럼 들리지만 이슬람교는 유일신 신앙의 원조를 모세나 예수가 아니라 이스라엘 족장인 아브라함에게 돌린다.

이슬람교는 이와 같이 이스라엘의 예언자적 종교 전통을 이어받는다는 점에서 그리스도교와 깊은 친근 관계가 있다. 그들은 모두 아브라함 종교의 뿌리에서 갈라져 나온 세계적 보편 종교들인 것이다. 그러나 서로 통하는 점만큼이나 결정적인 차이점이 거기에서 나온다. 그리스도교의 본질은 예수가 단순히 예언자들 중 한 분이 아니며, 그분 안에서 '궁극적 계시'가 드러났다고 본다. 따라서 예수는 인간으로서 예언자이면서도 신성이 몸을 이뤄 그 안에 임한 '신인적 예수'(Jesus as God-Man)로 존립한다. 그런데 이슬람교는 그 점을 부인함으로써 그리스도교와 첨예하게 대별되는 것이다.

둘째, 이슬람교의 유일신 신앙은 유대교나 그리스도교와 같이 '알라'는 창조주, 전능자, 무소부재자, 자비로운 자, 의로우신 심판자, 만물의 섭리자, 그리고 초월적이면서도 내재적인 분이라고 믿는다는 점에서 서로 통한다.

그리스도교 교부 성 어거스틴은 "하나님은 내가 내 자신에게 가까이 있는 것보다 더 가까이 계신 분"이라고 고백하였듯이, 『꾸란』은 알라가 "인간의 목에 있는 혈관보다 더 인간에게 가까이 있는 분"이라고 말한다.

성 어거스틴은 그의 유명한 고백록에서 이렇게 말하고 있다.

"주님 외에 누가 하나님이십니까?(「시편」 18 : 31) 당신은 지극히 높으시고 선하시며, 지극히 자비로우시면서도 의로우시며, 지극히 은밀히 계시면서도 가장 가까이 현존하시며, 지극히 아름다우시면서도 지극히 강하시며, 항상 계시되 어디에 의존하지 않으시며, 스스로는 변화하지 않으시되 모든 것을 변화시키시며, 새롭게 되거나 옛 것으로 돌아가지 않으시되 모든 것을 새롭게 하십니다. 그러나 당신은 교만한 자들을 노쇠하게 하시니 그들은 이것을 알지 못합니다."[6]

위의 구절과 비슷한 성구가 『꾸란』에는 여러 군데 나온다. 『꾸란』에서 한 군데 인용해 보겠는데, 표현은 다르나 유일신 신앙이 지닌 그 지향성과 높고 숭고한 신앙심은 서로 통한다는 것을 알 수 있다.

"천지의 모든 것들이 알라를 찬미하나니, 실로 그분은 권능과 지혜로 충만하심이라. 천지의 왕국이 알라 안에 있어 생명을 주시고 생명을 앗아가시는 분은 그분이시라. 실로 그분은 모든 일에 전지전능하심이라. 그분은 태초에도 계셨고, 마지막에도 계시며, 현존해 계시되 나타나지 아니하시나 모든 것을 알고 계시니라."(『꾸란』 57 : 1~3)

"알라와 더불어 다른 신을 섬기지 말라. 그분 외에는 신이 없나니, 그분을 제외한 모든 만물은 멸망하고, 심판하심도 그분이시라. 너희 모두는 그분께

---

6) 성 어거스틴, 『성 어거스틴의 고백록』, 선한용 옮김 (대한기독교서회, 1990), 22쪽.

로 돌아가니라."(『꾸란』 28:88)

셋째, 이슬람교의 유일신 신앙은 초자연적 실재들, 곧 천사나 영, 악마의 존재를 인정하면서도 그들을 철저하게 영적 피조물로 보아 유일신 하나님 알라와 근본적으로 구별한다. 따라서 '성령'도 글자 그대로 하나님으로부터 오는 '거룩한 영'일 뿐 하나님 자신과 구별되어야 하므로 '성자'의 신성이 부정되듯이 '성령'의 신성도 인정하지 않는다.

이슬람교의 유일신 신앙은 알라의 절대적 초월성을 강조하면서도, 동시에 매우 역설적이게도 알라는 천지만물 가까이 현존하며 권능과 지혜로 충만한 분으로 고백된다. 그리스도교 개신교 찬송가 404장 「그 크신 하나님의 사랑」의 가사가 되는 종교시를 쓴 프레드릭 레만(F.M. Leh-man) 목사는 이 시를 짓는 동안 다음과 같은 일을 겪었다.

그는 본래는 「요한복음」 3장 16절을 명상하면서 찬송가 404장 1절과 2절을 이루는 종교시를 썼다. 레만 목사가 어려운 목회 사역을 하고 있던 어느 날, 부인이 도시락 속에 어떤 종교시 한 구절을 인용한 쪽지를 넣어주었는데 그 시에 영감을 받아 404장 3절을 추가로 적어넣었다고 한다. 그런데 이것은 놀랍게도 『꾸란』 제31장 27절의 내용과 너무나 흡사하였다. 아마 레만 목사의 부인이나 레만 목사 자신은 전혀 몰랐겠지만, 도시락 종이 쪽지에 적힌 시구가 『꾸란』의 한 구절을 인용한 것이었는지도 모른다. 『꾸란』의 그 성구는 다음과 같다.

"지상에 있는 모든 수목이 펜이 되고 일곱 개의 바다를 더하여 물로 가득 찬 바다가 잉크가 된다 하더라도, 하나님 말씀 모두를 기록할 수 없나니, 실로

하나님은 권능과 지혜로 충만하심이라."(『꾸란』 31 : 27)

넷째, 이슬람교의 유일신 신앙이 전통 아랍 부족들이 신봉하던 '통속적 알라 신앙'과 크게 다른 점은 최후 심판 사상과 죽은 자의 부활 신앙에서 나타난다. 메카의 전통 아랍인들이 처음 무하마드의 예언을 거절하고 박해한 이유 중 하나는 그의 신앙 속에 최후 멸망의 날에 심판이 이루어질 것이라는 생각과 죽은 자가 부활한다는 생각이 담겨져 있기 때문이었다.

이러한 종말 사상은 후기 유대교와 초기 그리스도교의 묵시 문학적 종말 신앙과 맥을 같이하는 요소들이다. 그런데 이슬람교가 유대교나 특히 그리스도교와 큰 차이를 보이는 것은 이슬람교에는 '대속적 속죄 구원론'이 없다는 것이다. 그런 맥락에서 볼 때 이슬람교의 유일신 신앙은 유일신 알라의 자비와 은총을 앞세우면서도 보다 철저한 윤리적 책임과 인과응보 사상을 강조한다는 것을 알 수 있다. '이슬람'이라는 말 자체가 '복종'을 의미하는 것처럼, 이슬람교의 유일신 신앙은 알라에 대한 절대 복종을 강조하고, 그렇게 '복종'하지 않는 자에 대한 응분의 심판을 강조한다. 『꾸란』의 한 구절을 다시 인용해 보자.

"알라께서 증언하사, 그분 외에는 신이 없으며 천사들과 학자들도 전지전능하신 그분 외에는 신이 없음을 확증하노라. 알라의 종교는 이슬람뿐이며, 이전에 성서(聖書)를 받은 이들도 달리하지 아니하였으나, 그후 그들에게 그른 지식이 도래하였더라. 알라의 말씀을 불신하는 자 알라의 심판을 곧 받으리라."(『꾸란』 3 : 18~19)

다섯째, 이슬람교의 유일신 신앙은 셈족계의 세 종교 중에서 가장 엄격한 알라의 유일성만을 강조하지만, 그 유일성이 당시 고대 문명 사회, 특히 아라비아를 중심으로 하는 아랍 부족들의 가부장적 가치관과 어느 정도 결부되어 있다는 것을 부정하기 어렵다.

군주론적 유일신론은 결과적으로 절대적 유일신의 뜻의 실현이라는 종교적 신념과 결부되어 '거룩한 전쟁'(지하드)이나 가부장적 일부다처제의 용납, 여성의 인격에 대한 경시와 사회 진출의 제한, 자비와 정의라는 신의 두 중심 속성 중 균형을 상실할 때 '신의 정의'라는 이름으로 신정 정치 체계를 강화하면 정치 권력을 절대화하는 등의 문제를 야기한다.

군주론적 유일신론은 모세의 야훼 유일신 신앙이나 무하마드의 알라 유일신 신앙에 공통적이어서, 모세나 무하마드가 각각 종교가 기틀을 잡고 적대적인 이교 사상이 그들의 높은 종교적 이상 실현에 걸림돌이 된다고 판단했을 때 전쟁도 불사하며 '거룩한 전쟁'이라는 이념을 내세워 전투를 지휘했다.

무하마드도 메디나로 옮겨간 뒤 5년 사이에 바드르(Badr), 우흐드(Ohod), 디취(Ditch)에서 치러진 세 차례의 중요한 전투를 직접 지휘했으며, 그가 사망한 후 이슬람교의 세계적 확산에 무하마드의 후계자들이 군사적·정치적으로 '힘을 바탕에 깐 평화주의'를 고수해 나아갔다는 것은 역사적 사실이다.[7] 이러한 현상은 고타마 싯다르타의 초기 불교 경전이나, 갈릴리 예수의 초기 그리스도교 가르침과 비교할 때 분명하게 드러나는 이슬람교 유일신 신앙의 특징이다.

이상의 다섯 가지 특징은 이슬람교가 지닌 유일신 신앙의 특징이라고

---

7) H.A.R. Gibb, 『이슬람』, 이희수·최준식 공역, 40쪽.

말할 수 있겠다. 무하마드는 이슬람교를 알라의 절대적 자기 계시에 근거하여 모든 예언과 종교가 완결적으로 정화(淨化)된 형태라고 확신했다. 그렇게 확신하는 근거는 야훼 종교의 창립자인 모세나 그리스도교 창립자인 예수를 모두 예언자의 영적 산맥 줄기에서 솟구친 영적 고봉(高峰)들이라고 무슬림은 보기 때문이다.

그리하여 무하마드는 진정한 유일신 신앙의 역사적 계보를 찾아 올라가 마침내 아브라함에 이른다. 아브라함의 아내 사래가 처음엔 자녀를 잉태하지 못하므로 여종 하갈에게서 얻은 아들 이스마엘의 계보를 이어 아랍인들의 혈통과 신앙이 지속되어 왔다고 역사적 신학의 눈으로 성경 해석을 하는 것이다.(「창세기」 16장 참조)

아브라함에서 이스마엘로 이어지는 계보를 중시하고, 아브라함의 신앙이 참되고 순수한 유일신 신앙의 시발점이었다고 보는 이슬람교의 성경 해석은 유대교나 그리스도교 성경 해석학과 물론 큰 차이를 보인다. 이슬람교 성지 순례 과정에서 순례의 클라이맥스가 되는 메카의 '카바'(Kaaba) 성소 창립자를 거슬러 올라가 아브라함과 이스마엘에게서 그 시발점을 찾는 무슬림의 통속 신앙은 역사적 확실성이 없다.

이슬람의 '믿음의 다섯 기둥'

6세기에 아라비아반도 안의 아랍인 부족한테서 발생한 이슬람교가, 단시일 안에 전 지중해 연안 지역과 아프리카 북부 지역 그리고 터키, 이란, 이라크 지역으로 퍼져나가고, 10세기 전후로 이미 아랍인들의 종교로서가 아니라 인종과 국경을 넘어 세계적 보편 종교로 확산될 수 있었던 이유는 어디에 있을까? 무하마드와 그가 받은 계시 종교로서의 『꾸란』이 지닌 영적 감화력이나 초기 지도자들의 지도력을 논외로 하고서 두 가지로 그 이유를 생각할 수 있다. 첫째는, 종교 발전의 역사적·사회 경제적 조건에 대한 사회과학적 조명이며, 또 다른 하나는 대중 종교로서 확산될 수 있는 단순 명료한 교리적 가르침의 탁월성에서 찾는 것이다.

종교 발전 운동의 역사적 조건으로서 사회 경제적 조명이란, 다름 아니라 아라비아반도의 메카를 중심으로 하여 그동안 지탱되던 대상(隊商) 무역 중심의 경제 체계와 사회 체계가 6세기 이슬람교 발생 무렵에 이미 이란·이라크 지역의 사산 왕조로 옮겨간 사실에 기인한다. 유목민과 농민간의 경제적 긴장 관계 조성, 도시 상업 귀족과 소상인의 계급 분화, 메디나의 빈농과 보다 넓은 땅을 필요로 하던 베드윈 족의 대외 팽창 충동, 분열주의적이던 아랍 부족들간의 분쟁 극복의 필요성, 정통 봉건 영주들의 불법적인 착취 등 제반 사회적 갈등 상황이 무하마드가 제시한 유일신 신앙을 중심으로 중동 사회가 통합되는 필요 조건을 제공할 수 있었던 것이다.

이슬람교의 성공적인 세계 포교와 안정된 신앙 공동체의 수립 및 지탱은 이슬람교가 제시하는 단순한 형태의 '다섯 가지 믿음의 기둥'에 있다. 전통적으로 이슬람교의 '신앙 오주(五柱)'라고 부르는 내용은 기본 신조 고백(Shahadah), 기도(Salat), 단식(Saum), 자선(Zakat), 성지 순례(Hajj)를 말하며, 어느 이슬람교 교파에서는 성전(지하드)을 추가하여 여섯 가지로 해석하는 경우도 있다.

어느 종교를 막론하고 해당 종교에 귀의하는 대중은 번잡하고 까다로운 교리나 신학에 관심이 없으며 교단 내 교권 투쟁에도 관심이 없다. 대중은 단순하고도 명료한 신앙의 길을 따르면서, 자신과 가족의 안녕과 축복을 기원하고자 하기 때문이다. 번잡한 교리나 종교법 이론과 해석은 종교학자나 지도자의 몫이라고 생각한다.

이 점에서 이슬람교는 다른 여타의 세계 종교보다 탁월한 장점을 가진다. 같은 셈족계 종교인 유대교의 십계명이나 그리스도교의 산상수훈보다 더 간결하고 단순한 다섯 가지 신앙 기둥을 제시한다는 점이 매우 독특한 특징이자 강점이다. 그리하여 모든 무슬림이 학력, 빈부, 인종, 남녀, 사회적 신분을 넘어서 쉽게 공감대와 연대성을 경험하게 된다. 우리는 단순성, 단일성, 명료성을 특징으로 갖춘 '이슬람의 다섯 가지 기둥'을 고찰함으로써 이슬람교의 유일신 신앙의 특징을 살필 수 있다.[8]

첫째 기둥인 '기본 신조 고백'(샤하다, Shahadah)은 두 개의 기본 신조를 하나로 묶어서 모든 무슬림이 고백하는 기본 신조 고백으로 삼은 것이다. 본래는 "알라 이외는 신이 없다"라는 유일신 고백과 "무하마드는 알라의 사자(使者)"라는 두 개의 고백이 별도로 있었는데, 이를 하나로 통일시킨 것이다. 그리하여 모든 이슬람교도들은 기본 신조로서 고백하기를 "알라 이외는 신이 없으며, 무하마드는 신의 사자이십니다"라고 고백한다.

이 첫 번째 신앙 고백은 이슬람 신앙이라는 건축물을 떠받치는 다섯 기둥 중 한 기둥이라기보다는, 사실은 여타의 모든 기둥이 그 위에 서 있는 주춧돌 또는 지반이라고 할 수 있다. 왜냐하면 이 신앙 고백을 기초로 하여 이슬람교의 다른 신앙 행위가 모두 가능해지기 때문이다. 이 첫째 기둥이 든든하지 않으면 다른 모든 기둥은 무너지고 만다. 이 첫째 기본 신조 고백을 형식적으로 교리로서만 입으로 중얼거리는가 아니면 순수

---

8) Shaykh F. Haeri, 『이슬람교 입문』, 김정헌 옮김, 58~68쪽 참조.

하고 진실한 마음으로 고백하는가에 따라서 진정한 무슬림과 사이비 무슬림, 진정한 신앙인과 형식적 종교인, 구원받을 자와 심판받을 자가 판가름난다.

이슬람 신앙의 다섯 기둥 중에 "『꾸란』이 알라의 말씀임을 믿는다"라는 경전의 신성성이나 절대 권위를 강조하는 별도의 신앙 기둥 항목으로 내세우지 않는 것은 매우 특이한 것이다. 가령 그리스도교나 불교에서는 경전의 절대적 중요성을 여러 가지 형태로 강조한다. 그에 비하면 이슬람교가 별도로 '경전의 신성성' 고백을 내세우지 않는 이유는 첫 번째 신앙 기둥인 기본 신조 고백을 진심과 순수한 믿음으로 믿으면서 심령에 각인하는 사람은, 자연히 이슬람의 경전인 『꾸란』의 절대성과 신성성을 믿게 된다고 생각하기 때문이다. 실로 이 첫 번째 신앙 기둥은 이슬람교에 귀의하는 모든 신도들이 삶을 '알라 중심적인 삶'이 되도록 변화시키는 큰 힘을 지니고 있는 것이다.

둘째 기둥인 '기도'(Salat)는 첫 번째 신앙 기둥인 기본 신조 고백을 구체적인 몸과 마음의 통일된 전인 행위로 고백하는 신앙 행위다. 어느 종교인들 기도 생활을 중시하지 않을 리 없고, 신도에게 기도하기를 권장하지 않을 리 없겠지만, 이슬람교가 '기도'를 신앙의 다섯 기둥 속에 넣어 그 중요성을 강조하는 것은 매우 특이하다. 그 기도의 방식과 법도를 간결하면서도 일사불란하게 제정함으로써 12억 이슬람교도를 하나로 묶는 효과를 낳고 있다.

모든 무슬림은 적어도 하루 다섯 번 정해진 때에 기도하는 것을 의무화하고 있다. 아침 기도, 정오 기도, 오후 기도, 일몰 기도, 밤 기도가 그것이며, 홀로 기도할 수 있지만 집단적으로 모여서 함께 기도하기를 더욱 권장한다. 특히 정오 기도는 도시마다 마을마다 이슬람교의 예배당인 모스크에 모여 기도한다. 모스크가 없을 때는 산이나 들이나 사막에서나 어느 장소에서나 메카를 향하여 기도한다.

이슬람의 '기도' 행위는 마음의 자세와 신체의 자세를 하나로 통일시켜 의미심장한 경건심을 유발하고 본인 스스로 마음속에 영적 정화를 경험하게 한다. 기도 행위로 들어가기 전에 물로 간단하게나마 손과 얼굴을 씻는데, 이 청결 의식은 신 앞에 나아가는 자의 경건한 마음 자세의 표지이다. 사막이나 들판에서 물을 구할 수 없을 때는 흙이나 모래 한 줌을 가지고서라도 청결 의식을 행한다.

이슬람의 기도 행위를 구성하는 세 단계의 행동, 곧 '바로 서기', '허리 굽히기', '엎드려 절하기'는 서로 연결되면서도 각각 깊은 의미를 담고 있다. 메카를 향하여 경건하게 바로 서는 행위는 알라만을 생각하면서 세상의 모든 잡생각을 털어버리고 신의 자비를 염원한다는 신앙의 표현이다. 허리 굽히기는 알라의 절대 권능과 존엄성 앞에서 피조물이 복종하고 순명(順命)하겠다는 몸짓 기도이다. 엎드려 절하는 몸짓 속에서 이슬람 유일신 신앙의 경건은 절정에 도달한다. 알라의 전지전능성과 절대 거룩성 앞에서 인간은 자신이 한갓 먼지와 한줌 흙에 불과하다는 자의식을 갖는다. 단순하면서도 절도 있는 이 세 가지 동작을 통하여 이슬람 신앙은 여타의 모든 예배 행위의 정수를 압축시켜 표출하는 것이다.

비이슬람교도나 휴머니스트가 무슬림의 '기도' 행위를 밖에서 관찰자로서만 바라보면, 지나치게 인간을 비하하는 군주론적 유일신 신앙의 잔재가 아닌가 하여 거부감마저 느낄 수 있다. 그러나 그런 평가는 신앙인으로서가 아니라 밖에서 관찰하는 자, 비신앙인으로서의 느낌일 뿐이다.

이슬람 신앙인 자신은 전혀 그렇게 생각하지 않는다. 뿐만 아니라 일사불란한 기도 행위에는 이슬람 사회에 속한 모든 구성원들로 하여금 사회적 신분, 인종과 피부, 빈부귀천, 지식의 있고 없음을 떠나 모든 인간이 알라 앞에서 평등하다는 사회적 의미가 담겨 있다. 오늘날까지 이슬람 사회를 지탱하는 강한 연대의 힘이 '기도'의 행위의 이러한 단순한 통일성에서 나온다고 해도 과언이 아닐 것이다.

셋째 기둥은 '단식'(Saum)인데, 특히 이슬람력(曆)으로 라마단(이슬람력으로 9월) 기간에 음식물을 금식 또는 절식하고 성 생활을 비롯한 혈육적 행위를 절제하는 것이다. 이는 넓은 의미에서 몸과 마음의 정화를 목적으로 하는 '절제의 경건 실천'이다.

인간의 육체성 자체를 멸시하지 않는 불교나 그리스도교 등 보편 종교들의 신앙 전통에서도 단식은 종교적 절제 수련에서 매우 귀중한 방편으로 권장되어 왔다. 인간 자신이 '심신 통일적 존재'(psychosomatic being)인 만큼 단식은 인간의 정신적·영적 상태를 맑게 하고 밝게 하는 정화 기능이 뚜렷하기 때문이다. 단식은 스스로 내적 생명을 정화시켜 초월적 실재를 예민하게 느끼게 하며, 내면 자아의 의식이 지닌 갖가지 차원들을 분별하는 능력 또한 증진시킨다.

단식은 『꾸란』의 계명을 통해서 명하고 있는 바(『꾸란』 2: 184, 2: 185), 무하마드를 비롯한 이슬람 종교 지도자들이 권장하면서 모범적으로 실천해 온 신앙 덕목이다. 경건한 무슬림은 개개인의 건강 상태나 자유 의지에 따라서 일 주일에 하루나 한 달에 2, 3일씩 단식을 하기도 하고 하루 세 끼 식사 중 한두 끼를 단식하기도 한다. 그러나 모든 이슬람 신도가 의무적으로, 공개적으로 실천해야 하는 단식은 앞서 말한 라마단 기간의 공동체적 단식이다. 이슬람권 밖에서도 단식은 건강의 증진은 물론 인간의 영성 회복과 자기 절제의 훈련에 매우 유용한 것으로 인식되고 있다.

넷째 기둥은 '자선 또는 희사' (Zakat)인데, 본래 자선과 희사를 의미하는 아랍어 '자카트' (Zakat)는 남에게 자기를 과시하는 행동이 아니라, 신 앞에서 자기를 '정화하다', 타인을 향한 희사 행위가 자신의 복을 '증가시킨다' 는 뜻을 지닌 말이다.

고등 종교들이 보이는 특징은 '믿는 일' 과 '선행의 실천' 을 두 가지로 구별하지만 결코 분리할 수 없는 동전의 앞뒤 관계라고 생각한다는 점에 있다. 선행이 동반되지 않는 믿음은 헛것이거나 거짓이며, 종교인에게서 자기 수행과 이타행(利他行)은 불가분리적이다. 이슬람교도 그 점을 강조하는데, 특별히 신앙의 다섯 기둥 중 하나로서 중요시한다.

본래 유목민이 그 뿌리였던 아라비아반도의 부족들은 배타성도 강하지만, 궁핍한 자연 환경 속에서 유랑자나 손님을 박대하지 말고 친절과 자비를 베풀 것을 권장하고 있다. 그들 자신이 언제나 그런 경우를 당할 수 있는 척박한 생활 환경 속에서 살아가기 때문이다. 이러한 유목민들의 인심이 본래 뿌리가 되었으나, 알라의 자비심과 정의로움으로 살아간다고 신앙 고백하는 이슬람교도들에게 있어서 이제 자선은 참된 신앙이 유지되는 필수불가결의 종교적 의무가 된 것이다.

모세의 야훼 종교와 그리스도교의 유일신 신앙 공동체에서 '십일조', 곧 모든 소득의 '10분의 1' 은 신 앞에 성별해서 드리는 예물이면서 궁핍한 이웃을 돕는 구제금이며, 동시에 모든 종교 기관을 유지하고 사회 복지 사업을 여는 기금이 된다. 그처럼 이슬람교에서도 소득의 2.5퍼센트를 하한선으로 규정하여 자선금으로 내는 것을 의무로 규정하고 있다.

물론 신앙심의 깊이에 따라 그 이상의 희사금을 자발적으로 헌납하기도 한다.

자선금은 빈민, 심신 장애자, 순례 여행자, 사회 복지, 모스크의 보존 수리 등에 유익하게 사용한다. 그러나 이슬람 신앙에서 희사나 자선은 어디까지나 신앙인의 내면적 경건의 발현이며, 사람의 깊은 마음을 모두 성찰하시는 알라 앞에서 마땅히 그러해야 할 인간의 경건한 행위의 일부이다. 유일신 신앙 전통에서는 유형 무형으로 존재하는 모든 것들이 유일신으로부터 나와서 유일신 안에서 지탱되다가 유일신에게로 돌아갈 것이므로 인간은 물질의 궁극적 소유자가 될 수 없고 물질을 통해 경건성을 발현할 뿐이라고 생각하는데, 그러한 신앙 정신은 이슬람 유일신 신앙에서도 동일한 것이다.

마지막 다섯째 기둥은 '성지 순례'(Hajj)인데, 이슬람의 성지 메카에 소재한 카바 신전을 중심으로 해서 일련의 성지 메카에서 갖는 종교 행사에 참여하는 행위를 말한다.

메카에 소재한 카바 신전이 아브라함과 그 아들 이스마엘의 성소였다는 역사적 증거는 없다. 그러나 오랜 기간 동안 아랍인들은 민간 신앙 전통 속에서 그렇게 믿어왔다. 이슬람의 중심 성지가 메디나에서 다시 메카로 복귀된 뒤 메카는 이슬람 아랍 세계의 정신적 성지로서 확고한 위치를 지니게 되었다. 이슬람교도들은 자신이 원하는 시기에 개별적으로나 가족 단위로 성지를 순례할 수 있다. 적어도 일생에 한 번은 꼭 성지 메카를 순례하는 것이 의무로 되어 있다. 해마다 라마단이 되면 전 세계에서 수백만 명의 이슬람교도들이 메카를 순례하는 장엄한 모습은, 갈수록 세속화되는 인류 문명과 대비되어 매우 인상적인 모습으로 다가온다.

순례 여행길에서 메카가 가까워지면 이슬람교도들은 목욕 재계하고 순결을 상징하는 흰 천을 걸친 뒤 메카의 카바 성소와 아라파트 언덕에서 그리고 인근 사막 지역에서 질서정연하게 종교 의례에 참석한다. 대개 종교 의례가 자신의 원형을 반복하는 모습을 보이는 것처럼, 이슬람교도 유일신 신앙의 처음 신봉자요 믿음의 아버지라고 믿는 아브라함과 그의 아들 이스마엘과 이삭을 둘러싸고 일어난 『구약성경』의 고사를 종교 의례 형식으로서 재연한다.

의례 재연의 궁극 목적은 유일신 알라만 섬기고 그 뜻에 순명하겠다는 신앙 다짐, 영적 자기 정화와 영지의 밝아짐, 죄의식의 소멸과 내세 천국 신앙 등을 다짐하는 데 있다. 이 기간 동안 '믿음의 다섯 기둥'을 보다 철저하게 실천하면서, 현실의 역사 속에서 형성된 신분 차별과 빈부 격차와 인위적 가식을 벗어버리고 성실한 자세로 '신 앞에 선 참자아'로 되돌아가는 경험을 하는 것이다.

간단하게 살펴보았지만 이슬람교에서 강조하는 '믿음의 다섯 기둥'은 결국 이슬람의 유일신 신앙의 표현 형태이자 지속의 방편이며 구체적 실천 강령이라는 것을 알 수 있다. 그 위대한 강점은 단순성과 통일성에 있다고 말할 수 있을 것이다.

이슬람 신비주의 수피즘에 나타나는 유일신 신앙

이슬람교의 분파 수니파와 시아파의 분열

일정한 형태와 조직을 이루고 있는 역사적 종단으로서의 종교들은, 그들 종교가 시작될 때의 단순하고도 순수한 영적 공동체로서의 일체성을 유지해 가기가 어렵게 된다. 종단 분열의 역사적 과정에는 여러 가지 이유가 있지만 몇 가지 이해될 만한 이유들을 열거해 보면 아래와 같다.

첫째, 종단이 더 넓은 지역으로 확산 포교됨에 따라 각 지역의 수용 과정에서 토착 종교들과 습합이 일어나고, 그 습합 과정에서 새로운 분파 운동이 발생한다. 둘째, 초기 종단 설립자들의 헌신적이고 금욕주의적인 경건한 영적 지도력은 후세 지도자들에 이르러 쇠퇴하면서 권력과 부와 명예욕에 침윤되고, 그 결과 그들 사이에 권력 투쟁과 정통성 논쟁이 일어난다. 이것이 종교사에서 흔히 발생하는 종파 분열의 큰 원인이 된다. 셋째, 종단이 발전하면서 경전 해석에서 신학적 견해 차이가 나타나며, 더 나아가 형식화되는 종교 의식과 경직화된 교리주의에 반발하여 신비주의가 발달하게 된다. 신비주의 운동이 반드시 종파의 분열을 촉진시키는 것은 아니지만, 대개 신비주의는 초기 단계에서 종단의 교권주의자들로부터 박해를 받는다.

다른 세계 종교들에 비하여 통일성과 단순성을 일사불란하게 지녀온 이슬람교 안에도 분파 운동이 발생하였다. 이슬람교의 분파들을 자세히 논하기도 어렵거니와 우리의 목적 또한 거기에 있지 않으므로, 대표적 종파인 수니파(Sunnism), 시아파(Shiism), 그리고 신비주의 운동체 수피즘(Sufism)만을 잠시 언급하면서 그 운동 속에서 이슬람교 유일신 신앙이 어떤 변화를 겪었는지 살펴보기로 하자. 수니파, 시아파, 수피즘 안에서 갈려져 나간 여러 분파 운동은 여기에서는 논하지 않기로 한다.

이슬람교의 정통을 자임하는 파를 수니파라 부르는데, 그 가장 큰 특징은 두 가지다. 알라가 무하마드를 통해 계시한 신언(神言)의 집대성으로서 『꾸란』 경전 이외에, 무하마드의 생애와 이적 그리고 언행과 가르침에 관련된 성스러운 설화들로 구성된 이슬람교의 신앙 전승 자료를 '수나'(Sunna)라고 부른다. 어원적으로 수나는 '전통으로 받아들여진 관례'라는 포괄적 의미를 지니기도 한다. 이슬람교 정통파 수니파는 『꾸란』의 권위만이 아니라 바로 이 '수나'를 인정한다는 것이 첫째 특징이다.

둘째는, 보다 현실적인 교단 정치의 정통성에 관한 견해 차이인데, 수니파는 무하마드 이후 제도적으로 선임 방식을 통해 이슬람의 법통을 이어온 역대 칼리프들의 정통성을 주장한다는 점이다. 8~9세기쯤에 이르러 수니파 안에서는 신학적으로 극단적인 모순이 나타나기도 했는데, 한바리 파(Hanbalite)처럼 종교적 교리를 문구대로 해석하려는 극단적 보수주의가 있는가 하면, 무타질리 파(Mutazilites)처럼 이슬람 교설을 합리적 정신으로 재해석하려는 경향도 있었다.

정통 이슬람교임을 자처하는 수니파에 대하여 비판하고 나온 가장 큰 분파적 집단을 시아파라 부른다. 첫째 특징으로서 시아파는 이슬람교 신앙 공동체 법통을 이어오는 지도력의 정당성과 관련해, 무하마드 사후에 '권력에 의해 오염된 종교 공동체가 선출한' 칼리프의 권력 계승과 종교적 법통을 인정하지 않는 점이다.

시아파의 주장은 알라의 유일한 예언자 무하마드의 정통성은 정치적 '선출'에 의해서가 아니라 영적이면서도 직간접적인 혈통 '계승'을 통해 이어가야 한다고 하여, 무하마드의 사촌이면서 사위였던 4대 칼리프 알리(Ali)만이 정통성을 잇는다고 보고 그 이전 칼리프는 인정하지 않는다. 현대 종교사회학적 방법을 동원한 비판적 학자들은 시아파의 칼리프 법통 주장은, 종교적 헤게모니와 정치적 권력 투쟁의 종합물이라 본다. 시아파의 출현과 그 세력 강화는 아랍 제국으로 편입된 페르시아인들, 다시 말해서 현재의 이란, 이라크, 아프가니스탄 등 비아랍계 민족 집단의 정치 경제적 불만과 종교 지도력의 헤게모니 쟁탈 투쟁의 결과라고 해석하기도 한다.

시아파의 둘째 특징은 당연히 『꾸란』 경전 이외의 '수나'를 인정하지 않는다는 것이다. 시아파가 가장 큰 세력으로 위세를 떨치는 지역은 이란으로, 이란에서는 16세기 이후 이슬람교의 시아파가 공식적인 국가 종교가 되었다. 20세기 저 유명한 호메이니를 상징 인물로 내세운 이란의 이슬람 혁명 정부는 시아파 이슬람교의 현대적 분출이다.

이슬람의 신비주의를 수피즘(Sufism)이라고 부르는데, 그 명칭은 이슬람 초기 경건한 무슬림들이 『신약성경』에 나오는 세례 요한이 그러했던 것처럼 양털 가죽(suf)을 걸치고 다닌 데서 또는 '정결과 청결(safa)'을 의미하는 단어에서 유래했다는 설이 있다. 이슬람교가 창립된 후 초기 100여 년 동안은 별도로 신비주의가 두드러지게 운동 형태로 드러나지 않았다. 알라의 예언자 무하마드 및 초기 지도자들의 신앙 인격과 경건한 삶 자체가 곧 신비주의가 추구하려던 모든 것을 실제 삶으로 드러내주었기 때문이다.

앞에서 단편적으로나마 살핀 것처럼 이슬람의 신앙은 자연과 초자연, 현재의 삶과 내세의 삶, 시간과 영원이라는 두 차원을 날카롭게 구별하여 인식하지만, 분리되어 있거나 후자를 버려야 할 무가치한 것으로 보지는 않는다. 그 두 차원은 통전되어 있는 하나의 실재인데, 다만 더 본질적이고 근원적인 초자연계, 내세, 영원을 지향하기 위해서 가변적인 것, 유한하고 현세적인 것, 물질적인 것, 감각적인 것에 집착하거나 매이지 말 것을 강조한 것이다. 그러므로 무슬림의 금욕주의는 육체를 죄악시하거나 물질을 천대시하는 영지주의(Gnosticism)와도 다르고 마니교와도 그 경향성이 다르다. 특히 이슬람교는 독신주의를 초창기부터 비판하는 입장이었다.

그런데 이슬람교가 성립된 지 100년이 지난 후 그 세력 판도가 비잔틴 제국, 사산왕조(Sasanian dynasty, 고대 이란 왕조), 북아프리카 등으로 확장되면서, 이슬람 통치자들과 궁중 종교 지도자들은 권력과 부와 명예욕에 병들기 시작했다. 모든 종파에서 신비주의 운동이 자기 종단의 영적 위기를 극복하고자 일어난 것과 마찬가지로, 이슬람교에서도 9세기 경부터 뚜렷하게 훨씬 더 내면적인 자기 성찰과 명상적 금욕을 통한 영적 정화 운동이 강조되기 시작했다. 초기 수피즘 운동의 대표적 지도자로는 성자 라비아 알 아다위야(Rabia al-Adawiya, 801.d), 알 무사하비(Al-Muhasibi, 857.d), 알 쥬나이드(Al-Junaid, 910.d), 압둘 질라니(Abdul Q. Gilani, 1166.d), 알 가잘리(Al-Ghazali, 1126.d) 등이 유명하다.[9]

수피즘은 12세기 이후부터 전체 이슬람권으로 확장되어 갔지만 특히 이란 지역에서 가장 성했다. 그렇게 된 데는 동방 신비주의의 오랜 전통과의 접촉뿐만 아니라 인도의 힌두교 신비 사상과의 접촉에 따른 영향이 컸을 것이다. 그리고 스페인 등지에서는 유대교와 그리스도교의 수도원 운동 및 신비 사상과의 접촉에서 적지 않은 영향을 받았다고 봄이 옳을 것이다.

수피즘은 『꾸란』의 계시성과 무하마드로부터 내려오는 신성한 전통을 긍정하면서도, 신비주의 특징으로서 알라 그 자신으로부터 계시된 알라

---

9) 수피즘의 대표적 지도자들의 계보와 활동 영역에 대하여는 쉐이크 하에리, 『이슬람교 입문』, 102~106쪽 참조.

의 속성을 조심스럽게 구별하였다. 『꾸란』은 알라가 선택한 예언자 무하마드와의 인격적 만남을 통한 계시적 말씀이기 때문에, 정통 이슬람 신앙은 경전이 지닌 해석학적 인간의 몫을 진지하게 생각하지 않는 경향이 있었다. 그 결과 알라의 절대 초월성을 말하는 동시에 신의 속성과 인간 속성의 동질성을 강조하기 때문에 신인동형론이라는 모순에 직면하곤 했다.[10]

수피즘은 알라에 대한 모든 언어가 은유이거나 상징이므로 그것을 넘어 실재 그 자체로 나아가야 한다고 조심스럽게 주장했다. 그 길은 학문적 논리의 길이 아니라 인간 내면 깊은 영혼 안에서 신성과 직접 접촉하는 길이라고 믿었다. 그리하여 수피즘 전통 안에 풍요로운 은유적 신학, 상징 신학이 발달하게 되었다.

수피즘은 신을 체험하는 방법으로 인간의 지성, 이성, 관념보다는 감성적 체험을 강조하였고, 그 절정에 이르러서는 신과 인간간의 일치 경험을 에로틱한 성애 관계로 묘사하기에 이르렀다. 물론 이것은 고도의 종교적 은유로서 동서고금의 신비주의에서 자주 보여지는 바이기도 하다. 신비주의에서 신의 본질은 무한하고 온전하게 하는 '사랑'이라고 파악되는 것이다.

초기 『꾸란』 중심의 정통 이슬람 교리가 말하는 신의 접근 불가능성, 도덕적 책임을 묻는 엄정성, 심판자로서의 경외성 등과 비교할 때 이러한 수피즘의 모습은 분명 다른 것이다. 그러나 감정을 중시하는 이러한 특징이 오히려 무슬림들의 마음을 촉촉히 적시며 수피즘의 대중화에 큰 위력을 발휘하였다.

---

10) Karen Armstrong, *A History of God*, pp. 164~165.

모든 신비주의가 다 그런 것은 아니지만, 대부분 신비주의는 마침내 범신론적 만유일체론 안에서 모든 구별과 차별의 실재관을 해체시켜 버린다. 수피즘도 초기엔 수피들의 참회, 절제, 자발적 가난, 초탈, 인내, 신만을 신뢰하는 철저한 경건심 등을 강조하는 종파 내의 영적 부흥 운동으로 시작했으나, 12~13세기 이후부터는 범신론적 일원론의 경향을 농밀하게 나타낸다. 정통파의 교조주의나 합리주의자들을 비판하는 입장을 넘어서, 이슬람교의 근본 원리 곧 '알라를 두려움으로 경외하고 예배하는 종교'로서의 특징을 해체시키는 위험한 경지에까지 나아간다.

신플라톤주의의 영혼의 상승 패러다임이 수피즘에도 스며들게 된다. 인간이 보다 상위의 영적 단계를 거슬러 올라가 마침내 신성 그 자체 속에 몰입 흡수됨으로써 신과 인간은 통일에 이른다는 것을 강조하게 되었다. 이것은 분명 본래 무하마드가 체험하고 설파한 초창기 이슬람교로부터의 이탈이다.

총체적으로 수피즘의 의미를 이슬람교 유일신 신앙과의 관련에서 평가할 때, 수피즘은 『꾸란』 경전의 절대성이나, 군주론적 유일신관의 이미지들이 나타내는 '속성을 지닌 절대신'을 넘어서서, 진정한 유일신 신앙의 진수를 지켜내려는 몸부림이었다고도 볼 수 있다.

"『꾸란』보다도 더 위대한 알라", "예언자 무하마드를 통해 계시된 알라를 넘어서 계신 알라", 신학적 논리와 교리와 언어로써 다 포착할 수 없고 언표할 수 없는 궁극적 실재가 알라라는 것을 말하고 있다.

유대인과 아랍인의 전쟁에서 '성전'은 없다

이슬람의 유일신 신앙의 본질이 무엇인가를 살펴보는 이 장을 마감하기 전에, 우리는 이슬람교의 지하드에 관해 생각해 보아야 하겠다. 왜냐하면 오늘날 중동 지역에서 이스라엘과 팔레스타인 자치 기구 및 아랍 국가 사이에 그치지 않는 전쟁과 살육, 자살 폭탄과 테러 등이 놀랍게도 종교적 이데올로기인 '거룩한 전쟁'(지하드)이라는 신념에 뿌리내리고 있기 때문이다.

'거룩한 전쟁'이라는 개념에는 인류의 전쟁사 속에서 적들과의 대치 속에 있는 어느 부족, 민족, 국가, 국가 연맹체가 자신들의 전쟁 목적이 정의롭고 정당하다는 것과, 그러므로 신은 당연히 자신들을 도와 자신들 편에 서서 싸울 것이며, 따라서 신이 싸우시는 거룩한 전쟁에 동참하는 것은 죽음보다도 더 영광스런 일이라는 신념이 들어 있다.

그런데 오늘날과 같은 지구촌 시대에 고대 사회에서나 있음직한 성전(聖戰)이란, 한갓 정치 이데올로기를 종교적 포장지에 싸서 위장하는 것 외에 다른 것일 리 없다. 유대인과 아랍인의 경전인 『토라』와 『꾸란』 속에는 '거룩한 전쟁'에 관한 놀랄만한 사상이 담겨 있는 만큼, 오늘날처럼 전쟁 수단과 무기가 발달한 상황에서 '거룩한 전쟁' 이데올로기를 용납하게 된다면, 적대 관계에 있는 아랍인과 유대인은 함께 망하는 것밖에는 다른 길이 없으며, 지구상에는 종교로 인한 전쟁의 광기가 더욱 가열될 수밖에 없을 것이다.

만약 고대 이스라엘인들이 지녔던 '거룩한 전쟁' 신앙과 이슬람 발생 초기의 '지하드' 신앙의 그 본래 의미가 무엇이었는가를 바로 밝힌다면,

초강대국들의 정치 이데올로기로 쉽사리 변질되는 '성전' 이데올로기의 허구성을 좀더 분명하게 드러낼 수 있을 것이다.

이슬람의 '지하드'는 이슬람 신앙의 기본 교의에 포함될 만큼 이슬람 사람들에게 중요한 종교적 신념으로서 작동하는 동시에 오용과 변질로 인한 위험이 큰 종교적 신념이다. 놀랍게도 『꾸란』 안에는 '지하드'를 독려하는 수많은 구절이 담겨 있다. 대표적인 구절을 몇 군데 인용해 보자.

"믿는 자들이여, 너희가 싸움터에서 불신자들을 만날 때 그들로부터 너희의 등을 돌리지 말라. 그러한 날에 등을 돌리는 자는…… 알라(하나님)의 진노를 자아낼 것이며, 그의 주거지는 지옥이 되리니 최후가 저주스러우리라. 그들을 살해한 것은 너희가 아니라 하나님께서 그들을 멸망케 하셨으니 그들에게 던진 것은 그대가 아니라 하나님께서 던지셨음이라."(『꾸란』 8 : 15 ~17)

"알라를 믿고 선지자와 함께 성전(聖戰)하라는 말씀이 계셨을 때, 그들 가운데 재산과 명예를 가진 자들은 그대에게 우리를 남게 하여 주소서. 우리는 앉아 있는 자들과 함께 하리라고 말하더라.…… 그러나 선지자와 그리고 그분과 함께 믿음을 가진 자들은 그들의 재산과 명예로 성전하니 그들에게는 번성함이 있으리라. 그리하여 알라(하나님)께서는 그들에게 천국을 약속하셨으니, 밑으로 강이 흐르는 그곳에서 영생하리라. 그것이 바로 위대한 승리라."(『꾸란』 9 : 86~89, 9 : 20~21)

"선지자여, 불신자들과 위선자들을 대항하여 성전(聖戰)하되 그들에 대하

여 엄격하라. 그들의 거주지는 지옥의 사악한 말로이니라."(『꾸란』66:9)

'지하드'라는 아랍어는 본래 '애쓰다' 또는 '투쟁하다'라는 말에서 나온 것인데, 어떤 상황에서든 인간이 알라의 전능하심과 사람이 그 뜻을 다 알 수 없는 신비한 경륜과 사후 세계를 믿고 정신적으로 육체적으로 물질적으로 최선을 다하는 것을 의미하였다. 그런데 초기 무하마드와 그의 추종자들이 『꾸란』에 나타나는 바처럼, '자비와 정의'의 알라께서 전체 아랍인과 인류를 축복하시려는 경륜 속에서 이슬람 신앙과 정치 종교 공동체를 이루어가는데, 이에 저항하고 방해하거나 무하마드와 그 추종자들을 위협하는 불의한 세력은 곧 알라의 뜻에 저항하는 셈이 되었다. 특히 이슬람교 발생 초기에 무하마드가 가난한 자, 힘없는 자, 수탈당하고 억압받는 자를 강력한 기득권 세력으로부터 해방시키고 보호하려는 의지를 가졌다는 것이 중요하다.

다시 말하자면 무하마드와 초기 이슬람 지도자들이 '지하드'를 거룩한 신앙 행위까지 규정한 동기가 이슬람제국의 군사적 무력 확장을 정당시하려는 정치적 지배 이데올로기가 아니라는 것이다. 더욱이 알라는 전쟁시에 무조건 아랍인 편을 들어준다는 고대 부족 신앙의 잔재물도 아니고, 전쟁 승리를 목적으로 인간의 존귀한 생명을 함부로 희생시켜도 좋다는 고대 전쟁 승리주의의 표현도 아니었다.

지하드의 발생 동기에는 한편으로 전능한 유일신 알라에 대한 전적인 신앙과, 다른 한편으로는 가난한 자, 약자의 생존권을 지키고 삶의 질을 고양시키려는 저항적 해방 이데올로기가 저변에 깔려 있음을 간과해서는 안 되겠다. 그것은 가난하고 힘없는 자들이 불의한 폭력 집단에 의해 무자비하게 약탈당하고 생명이 위협받는 실존적 한계 상황에서, '신의 정의와 진실'이라는 이름으로 악의 세력에 저항하고 징벌하려는 거룩한 인간의 분노의 발현이다. 신의 전능함에 의존하면서 자신의 목숨보다도 더 중요한 무엇, 곧 '정의와 진실의 거룩함'을 위해 '성전'에 참여하는 것을 삶의 최고 의미로 받아들이는 신앙적 삶의 자세를 관념적인 평화주의자들이 쉽게 비판하기 힘든 측면이 있는 것이다.

그럼에도 불구하고 '거룩한 전쟁'이라는 종교적 이념은 역사 현실 속에서 순기능 못지 않게 역기능을 보여왔음이 사실이다. 개인과 개인, 집단과 집단간의 '정의와 불의', '선함과 악함'이 불과 물처럼 분명하게 판별되지 않고, 대체로는 정의로운 면과 불의한 면이, 선한 요소와 악한 요소가 뒤섞여 있는 것이 현실이기 때문이다. 개인과 집단의 현실 해석은 인식론적으로나 해석학적으로나 아전인수격이기가 쉬워서 상대방은 전적으로 악한 집단이고 자기 집단은 전적으로 선한 집단이라는 흑백 논리가 발생하게 마련이며, 이에 신의 이름을 빙자하고 진리의 이름을 참칭한 또 다른 '인간 생명 경시'가 자행되는 것이다.

일본 군국주의 시대의 가미가제 특공대, 나치 독일의 청년 단체 히틀러 유겐트나 팔레스타인 해방 기구 과격 단체의 소년 자살 특공대 등과 같은 데서 볼 수 있는 사례는, 신의 이름이나 종교의 이름으로 '성전'에 참여한다는 자기 합리화 행동이 얼마나 위험천만한 독단인지 잘 보여준다.

구약학자 폰 라드(Von Rad)가 『구약성경』속에 나타나는 '거룩한 전쟁'이라는 신앙 이데올로기의 중요성을 논의한 이후 이 주제로 수많은 연구 논문들의 쏟아져 나왔는데, 이러한 최근 연구 결과들을 김이곤은 다음과 같이 잘 정리해 주고 있다. 구약학계의 연구 결과를 보면 이슬람교의 '지하드' 사상이 실은 이스라엘의 '거룩한 전쟁' 이념의 이슬람화라는 것을 알 수 있을 것이다.[11] '모세 오경'을 통해서 우리는 이스라엘 민족이 고대 전제 국가 이집트의 집단 폭력 아래 노예 상태로 있다가 탈출한 직후부터, 이집트 군대와 팔레스타인 거주 블레셋 족, 아모리 족, 히위 족 등 군사 정치적으로 막강한 세력 집단과의 생존을 건 투쟁을 지속해야만 했다는 것을 알 수 있다. 이스라엘의 '거룩한 전쟁' 이념은 이 과정에서 겪은 놀라운 전쟁 이야기가 후일 '예배 의식' 속에 신앙 고백 형식으로 정리되면서 종교 이념으로 발전해 간 것이다. 이스라엘의 '거룩한 전쟁' 이념은 이슬람교의 그것보다 훨씬 더 신 중심적인데, 야훼 유일신의 전능함, 약자에 대한 하나님의 긍휼과 자비심을 드러내고, 전쟁에 임한 이스라엘 민족의 공포와 두려움을 제거하며, 궁극적으로는 '정의로운 평화의 실현'을 꾀하고자 한다.[12]

모세의 야훼 하나님 종교가 이슬람의 알라 하나님 종교에서 나타나는 '성전' 개념과 비교해서 보이는 가장 뚜렷한 차이는, 모세 종교에서는 '거룩한 전쟁'이라는 개념이 인간의 전쟁 참여를 배타적으로 중지시키며 "이스라엘 군대가 싸우는 것이 아니라 야훼께서 친히 싸우시는 것"으로 나타난다는 것이다. 야훼 종교의 '거룩한 전쟁' 개념에서는 이스라엘 군대와 야훼 신이 동맹 관계가 되어 적군을 궤멸한다는 개념이 배제된다. 철저한 유일신 야훼의 살아계심과 활동하심과 전능하심과 억울한 약자 편을 들어주는 '신비하신 이'에 대한 증언자로서 이스라엘은 초대받을 뿐

---

11) 이스라엘 종교사에서 '거룩한 전쟁'에 대한 탁월한 신학적 해석을 내린 논문으로는 다음 자료를 참고. 김이곤, 「거룩한 전쟁 신앙에 나타난 평화 사상」, 『구약성서의 고난신학』 (한국신학연구소), 341~376쪽.
12) 같은 글, 343~353쪽 참조.

이다.

이에 반하여 이슬람의 '지하드' 사상에서 무슬림은 알라의 뜻을 역사에 구현하는 전쟁에 적극적으로 참여하기를 독려받는다. 그러나 역사의 현실에서는 이스라엘의 '거룩한 전쟁'이라는 순수한 신앙적·신학적 이념이 구현되기보다는 무자비한 살육 전쟁이 '거룩한 전쟁' 이념 아래 자행되었다는 기록을 『구약성경』 여러 군데에서 발견할 수 있다.(「민수기」 31:1~12)

고대 사회의 정치적·경제적·사회적 상황을 고려할 때, 전쟁에서 승리한 집단이 패한 집단의 생명과 재산 등 일체를 파괴하거나 자기 소유로 삼는 일이 비일비재했다. 모세의 야훼 종교에서 말하는 '거룩한 전쟁' 이념이나 무하마드의 알라 종교에서 말하는 '지하드'가 아무리 숭고한 신앙 이념과 평화·평등·해방 지향적 동기를 내포한다고 하더라도, 21세기 문명 시대를 살아가는 우리 시대에 '성전' 이념을 정당화할 수는 없다. 세계 평화를 유지하는 경찰임을 자처하면서 자신들이 지명한 '악의 축'을 '신의 뜻'에 따라 징계한다는 미국의 전쟁론이나, 중동 전쟁 당사자들이 '지하드'라는 명분을 내걸고 자살 테러를 감행하는 것은 설득력이 없을 뿐 아니라 마땅히 비판되어야 한다.

미국 남북전쟁 당시 북군의 지휘관들이 "하나님이 북군 편을 들어주도록 기도하자"고 했을 때, "하나님께 우리 편이 되어달라고 기도하지 말고, 우리 북군이 하나님의 뜻에 합당한 군대가 되도록 기도하자"라고 말했던 링컨의 태도는 훨씬 더 신앙인다운 태도이며 오늘날에도 음미할 만한 명언이 아닐 수 없다.

모든 전쟁은 범죄이고 악일 수밖에 없다. 다만 라인홀드 니버(Reinhold Niebuhr)가 지적한 대로, 인간의 집단 이기심으로 인해 폭력의 악순환이 계속되고, "더 큰 악을 견제하고 징치함으로써 더 작은 악을 선택할 수밖에 없는 비극적 인간 상황 때문에" 크고 작은 전쟁이 계속될 가능성이 언제나 있다는 것을 부인할 수는 없다. 그러나 거룩한 전쟁이라는 이념은 결국 정의롭고 평등하며 자유로운 세계를 창조해 가려는 인간의 마음속에 새겨진 '거룩한 것을 지향하는 열정'이 '하나님의 뜻과 명령'이라는 신앙 고백적 반향으로서 울려퍼지는 종교적 이데올로기 외에 다른 것이 아니다. 그러므로 진정한 의미에서 '성전'(聖戰)은 없는 것이다.

5. 한민족의 하느님 신앙과 유일신 신앙

한국 고대사에 나타난 하느님 신앙과 풍류도

한국 고대사 연구자들이 공통적으로 안타깝게 느끼는 점은 한민족 5천 년 역사, 그중에서도 특히 고대 시대에 관한 사료가 충분하지 않다는 점 이다. 고려 시대에 들어와 『삼국사기』와 『삼국유사』가 역사서로서 편찬 되기 전에, 이미 고대 단군조선과 삼국 시대의 수많은 사료들이 있었을 것이다. 전해 내려오던 고대 사료를 최근 재야 사학자들이 연구하고 주해 를 달아 출판도 하고 강단 사학자들과 활발한 학문적 토론도 벌이기 시작 한 것은 참으로 다행한 일이다.[1]

여기에서는 그러한 전문 연구가들의 방대한 노력을 다 소개할 수도 없 고 또 그럴 자리도 아닌 만큼, 한민족이 가슴속에 간직해 온 하느님 신앙

---

1) 독자들의 편의를 위하여 시중에서 쉽게 구할 수 있는 한국 고대 사료에 관한 재야 사학자들의 번역 및 주해가 붙은 사료를 열거하면 아래와 같다. 도서출판 흔 뿌리에서 출판한 자료로 『단기고 사』, 『규원사화』, 『신단민사』, 『신단실기』, 『배달, 동아 문화의 발상지』, 『민족 사상의 정통 과 역사』, 『계원사화』, 『나라 역사 육천 년』, 『고조선사 연구』, 『한국-수메르 이스라엘 역사』 등이 있고, 동신출판사에서 펴낸 사료로 『천부사상과 환단역사』 등이 있다. 연세대 출판부에서 나온 『한국종교사상사』 제5권 『한국종교사상사 경전집』을 참조할 수 있다.

의 뿌리가 무엇인지 『삼일신고』(三一神誥)를 비롯한 몇 가지 자료를 인용하여 살펴본다. 그리고 한민족에게 유전 인자처럼 형성되어 있는 종교적 심성의 원형으로서 그 '하느님 신앙' 또는 '풍류도'(風流道)가 어떻게 한국 종교사 속에서 외래 종교인 불교, 유교, 기독교 등과 해석학적 지평 융합을 이뤄왔는가를 살펴본다.[2]

『뜻으로 본 한국 역사』를 쓴 함석헌은 "사실 우리 나라 사람이, 조상 공경을 우상 숭배라 해서 종래의 도덕을 뿌리째 흔드는 기독교를 쉬이 이해하고 받아들이고 있었던 것은 몇천 년 동안 내려오며 민중의 가슴속에 뿌리박아 온 이 '흔느님' 사상이 있었기 때문일 것이다"[3]라고 말한 바 있다. 한민족은 빈부귀천의 구별 없이 '하느님' 신앙을 가지고 살아왔다. 그 '하느님' 신앙은 사람에 따라서 뚜렷이 자각된 상태일 수도 있고, 거의 자각하지 못한 채로 무신론적 인생관을 지니고 사는 것처럼 보이기도 한다.

불교, 유교, 기독교 등 세계 종교들의 형이상학과 종교 신앙에 접촉한 선비, 승려, 유식자 들은 한민족의 '하느님' 신앙과는 아무런 관련 없이 외국에서 전래된 '궁극적 실재관'을 자기 자신이 받아들인다고 생각할 것이다. 그러나 철학적 해석학의 도움이 없더라도, 마치 옛날 아브라함과 그 후손들이 가나안 지역의 '엘 하나님' 신앙을 가지고 살다가 점차로

---

2) '해석학적 지평 융합'이라는 어휘는 20세기 철학적 해석학의 대가 한스 게오르그 가다머의 해석학 이론을 집약하는 학술 용어이다. 그에 따르면 인간의 정신적 삶이란 공동체 속에서 숨쉬고 그가 속한 '전통'의 영향을 받아 형성된 일정한 실재관, 곧 '삶의 지평'을 갖는데, 외부와의 접촉에서 오는 새로운 '삶의 지평'과의 만남을 통해 창조적 '지평 융합'을 이뤄가는 것이 인간 삶의 특징이라고 한다. 한국 종교사는 한민족이 본래 지녔던 '하느님 신앙'이 불교, 유교, 기독교 등 외래 종교를 만나 '지평 융합'을 이루어왔다. 이 분야 연구서로서 유동식의 『풍류도와 한국의 종교 사상』을 참조할 것.
3) 함석헌, 『함석헌전집』 제1권, 『뜻으로 본 한국 역사』 (한길사, 1992), 105쪽.

'야훼 유일신' 신앙과 지평 융합을 이루어갔듯이, 한국인의 종교적 절대 자관도 그렇게 형성되었다고 볼 수 있다.[4]

한문으로 적혀 있는 『삼일신고』 제2장 일신(一神)장을 문헌 비판적 사료 분석을 통해 보면, 후대 학자들의 '해석학적 눈'이 그 안에 이미 들어와 있음을 간파할 수 있지만, 그 속에 흐르는 기본적 신관은 한민족의 마음속에 면면이 흐르는 '궁극적 실재관'을 잘 나타낸 자료라고 아니 할 수 없다. 인용하면 아래와 같다.

"하느님은 위 없는 으뜸 자리에 계셔서, 큰 덕과 큰 지혜와 큰 힘으로 하늘을 만드시고, 수 없는 누리를 주관하시느니라. 만물을 창조하시되 티끌만한 것도 빠짐이 없으며, 밝고도 신령하시어 감히 이름지어 헤아릴 수 없느니라. 음성과 기운으로 원하여 빌면 몸소 보이시리니 본성에서 그 씨를 구하라. 너희 머리 속에 내려와 계시느니라."[5]

한민족의 하느님 신앙은 "위 없는 으뜸 자리에 계시는" 지고한 초월자로서 이해되었으나, 이는 18세기 서양의 이신론자(理神論者)들이 생각하는 그런 시공간적 초월신은 아니다. 흔히 기독교 초월신 신앙이 그렇게 오해되어 왔지만, 서양의 지식인들은 우주만물은 자연 법칙에 의해 운행되고, 창조주는 태초에 자연 법칙을 우주 속에 부여한 초월신으로서, 그 이후엔 우주만물의 운행이나 화육 육성엔 관여하지 않고 완전 초월해 있는 존재로 이해했다.

---

4) 김경재, 『해석학과 종교신학』(한국신학연구소, 1994), 제1~2장 참조.
5) 고동영 옮김, 『삼일신고』제2장, 「일신」(一神), 213쪽: 白山 편역, 『천부사상과 환단역사』(동신출판), 56쪽: 유동식 편, 『한국종교사상사』제5권 『경전편』대종교경전, 206쪽.

그러나 한민족의 하느님 신앙은 초월적이면서도 "본성 속에 씨를 구하라. 너희 머리 속에 내려와 계시니라"라는 표현에서 알 수 있듯이 매우 내재적이다. 하느님의 초월성과 내재성은 동시에 만물의 생명을 육성하는 역동적 창조성과 기도의 지성에 감응하는 그 신령성으로 인하여 불교의 공(空)이나 유교의 태극(太極) 같은 원리로서의 하느님이 아니라 주재자로서의 인격적 하느님으로 신앙되었다.

　안호상은 한민족의 하느님 신앙이 '한얼' 신앙이라고 파악하고, '한얼'의 본바탕을 세 가지로 규정했다. "첫째, 한얼은 온 누리와 온갖 것을 만들어 되게 하는 조화님(造化主)으로서 온 누리의 아버지다. 둘째, 한얼은 온 누리와 온갖 것을 가르쳐 되게 하는 교화님(敎化主)으로서의 온 누리의 스승이다. 셋째, 한얼은 온 누리의 온갖 것을 다스려 되게 하는 치화님(治化主)으로서 온 누리의 임금이다."[6]

　종교학자면서 동시에 기독교 신학자인 유동식은 한국의 마음 바탕 '한'(韓)을 아래와 같이 파악하고 있다.

　"우리 민족은 예로부터 자타가 '한'이라 불러왔고, 우리가 믿는 절대자는 '한님' 곧 하느님이었다. 그리고 우리의 종교사를 특징짓게 한 것은 '한'의 마음이었다. 한국의 종교사 속에 드러난 '한' 마음의 특성을 들어본다. 첫째는 모든 것을 '한' 속에 수렴하는 큰 마음이었다. '한'은 본디 하나인 동시에 전체를 나타내는 개념이다.…… 둘째는 종합 지양(綜合止揚)하는 창조적 마음이다. 이것은 단순히 다(多)를 하나로 종합한다는 것이 아니라, 이를 지양하여 그 근본을 잡게 하는 마음이다.……셋째는 현실에의 책임 있

6) 안호상, 『민족사상의 정통과 역사』 (흔뿌리, 1992), 81쪽.

는 참여의 마음이다. '한' 마음에 있어서는 하늘이 곧 사람인 것이다.……
넷째는 풍류의 마음이다.[7]

 뒤에 좀더 언급하겠지만 유동식은 '한' 마음의 네 번째 특징으로서 풍
류의 마음을 들었는데, 이 특성은 한민족의 신바람, 예술적 능력, 종교적
신명성, 열정적 역동성, 자연과 조화 속에서 초월적 자유를 누리는 마음
이다. 지난 2002년 월드컵 축구 대회가 열릴 때 세계를 놀라게 하고 한민
족을 새로운 눈으로 바라보게 한 '역동적 응원 열기'는 바로 그 풍류도가
스포츠를 통해 분출된 것이다. 그것은 창조적 에너지로서 분출되기도 하
지만, 종교적 차원에서는 깊은 사색을 회피하는 즉흥적 열광주의와 광신
주의로 치닫게 할 위험도 있다.
 유동식에 의하면, 풍류도란 고대 시대에만 한민족이 지녔던 특정 종교
에 대한 명칭이 아니다. 이 풍류도는 종교적으로는 '하느님' 신앙으로 표
현되지만 외래 종교를 받아들이는 한민족의 종교 심성의 모태적(matrix)
토양 원리, 곧 영성과 관련된다. 어느 외래 종교든지 풍류도의 구성적 원
리를 타고서라야만 한민족에게 의미 있는 종교로서 기능할 수 있다. 다른
말로 하면 외래 종교들이 풍류도의 구성 원리에 접촉함으로써만 비로소
토착화될 수 있다. 풍류도는 『삼국사기』에 인용된 최치원(崔致遠)의 「난
랑비서」(鸞郎碑序)에 나타나는 말에서 유래한다.

 "우리 나라에 현묘(玄妙)한 도(道)가 있다. 이것을 풍류(風流)라 한
 다.…… 이는 실로 삼교(三敎)를 포함하고 있는 것이며, 뭇 사람들에게 접

7) 유동식, 『풍류신학으로의 여로』(전망사, 1988), 10~11쪽.

(接)해서는 그들을 교화(敎化)한다."[8]

최치원이 위 비문에서 말하는바 유불선(儒佛仙) 3교를 포함한 '풍류'
란 '부루', '밝', '환', '한'의 한문 표현으로서 여러 가지 의미를 내포한
다. 예를 들면 크다(한밝), 위대하다(마루한), 바르다(한글), 빛누리(한울),
하늘님이 모두 그러한 개념에서 파생한 것이다. '한'은 바로 모든 것을
포용하면서도 초월하는 님, 만유 속에 충만하면서도 비움으로 텅 빈 님,
유영모의 표현으로 하면 '없이 계신 하나님'이다. 유동식이 앞선 인용문
에서 밝힌 대로 한민족에게서 '한'은 하나이면서 전체이기 때문이며, 현
대 물리학에서 빛을 파동과 입자라는 '이중성'으로 설명하거니와 한민족
이 이해하는 하느님은 우주에 편만하는 빛의 파동처럼 만물의 궁극 원리
이면서도, 빛의 입자처럼 사람의 치성과 지극한 기도에 감응하는 '크신
하눌님'으로서 인격적인 신이었던 것이다.

한민족의 하느님 신앙의 성격을 이해하기 위해서 『천부경』(天符經)을
인용해 보는 것도 의미 있으리라고 본다. 『천부경』은 고대 환국(桓國) 시
대부터 구두로 전승해 오던 경전인데, 현덕이 녹도문(鹿圖文)으로 기록
하였다고 한다. 신지(神誌)에 전서(篆書)로 쓰여 있는 옛 비석을 보고 최
치원이 81자의 한문으로 옮겼다고 알려져 있으며,[9] 한민족 사상의 뿌리
로서 중요하게 생각되고 있다. 그 전문을 번역하면 아래와 같다.

"하나(一)로 비롯하되 하나로 시작한 데는 없고, 삼극(三極)을 분석해도 근

---

8) 『三國史記』, 「新羅本紀」, 第四, 眞興王條.
9) 고동영 옮김, 『환단고기』(흔뿌리, 1996), 208~209쪽.

본은 다함이 없도다. 하늘은 하나로되 첫 번째요, 땅은 하나로되 두 번째요, 사람도 하나로되 세 번째라. 하나가 쌓여 열로 오가니 삼극의 조화는 어그러짐이 없도다. 하늘에도 둘(陰陽)이 있고 셋(三極)이 있으며, 땅에도 둘(剛柔)이 있고 셋(三極)이 있으며, 사람에도 둘(仁義)이 있고 셋이 있나니, 큰 셋을 합하면 육이 되어 칠 팔 구를 낳고, 삼(三)과 사(四)로 운행하며 오(五)와 칠(七)로 고리 이루느니라. 하나(一)가 오묘히 커져 만(萬)이 되어가고 만(萬)이 되어 오나니, 쓰임(用)은 변하되 본체(本)는 움직이지 않도다. 사람의 본심이 태양의 밝은 데 근본하니, 사람이 하늘 땅과 같이 그 가운데 있도다. 하나로 마치되 하나로 맺어진 데가 없도다."[10]

『천부경』의 해석은 학자마다 다르고 뜻이 오묘하여 위에 인용한 번역문이 유일한 번역문이라 할 수 없다. 다만 우리가 여기에서 주목하고자 하는 바는, 한민족의 하느님 사상이 '하나'에서 시작하여 다시 '하나'로 끝맺지만, 천지인(天地人) 삼재가 서로 구별되면서도 서로 상응하는 유기적 관계 구조를 지닌 삼 태극 구조이며, 일(一)과 다(多)의 관계가 서양 존재론에서처럼 상호 대립 구조라기보다 상호 포월 구조라는 점이다. 그러므로 서구 철학 사상사 및 종교 사상사에서 사용하는 개념으로서의 일신론, 다신론, 유신론, 범신론 등의 개념을 가지고 한민족의 하느님 신앙을 단정하기가 매우 어렵다.

한민족이 고대 어느 민족에서나 볼 수 있는 신 관념의 형상화 작업을 시도하지 않고, 하느님을 시각적으로 표현한 '우상'을 만들지 않았다는 것도 매우 주목할 만한 일이다. 마치 고대 이스라엘 아브라함 족장 시대

10) 한글 번역 인용은 백산 편역, 『천부사상과 환단역사』, 40쪽.

신앙이나 이슬람교에서 신들이나 신령한 존재자들을 인정하면서도 그 모든 것을 초월하는 유일신 하나님을 신앙했듯이, 무교나 민속 신앙에서 각종 신앙 대상물을 섬기며 그 앞에 복을 빌면서도 여전히 지고신 하느님 신앙을 지니고 있었던 것이다.

종교 철학적으로 말하자면 신앙 대상의 '구체성'에 대한 요청은 다신 숭배 형태로 나타나지만, '보편성' 요청은 하느님 신앙으로 지속된다. 그리하여 한국인의 하느님 신앙은 일신론적이면서도 다신론적이고, 저 하늘 높이 계신 초월신이면서도 만물의 화육 육성에 관여하는 범신론적 하느님으로 나타난다.

그럼에도 불구하고 한민족의 하느님 신앙은 '흔님'에 대한 근원적 신앙이었기에, '흔'이 지닌 무제약적 포괄자로서의 초월성, 무궁한 신령성 및 치세이화(治世理化), 홍익인간(弘益人間)하는 현실 창조 지향성으로 인하여 세계 종교들을 수용하고 토착화하는 모태가 될 수 있었다. 그러면 특히 풍류도의 '흔 사상'이 한국 종교사에서 구체적으로 어떤 모습으로 나타나는가 살펴보자.

하느님 신앙과 불교와의 지평 융합

한민족이 불교를 접하기 시작한 것은 4세기 이후이다. 고구려(372년), 백제(384년), 신라(527년)에 각각 불교가 공식으로 전해진 이후 1,600여 년 동안 불교는 한민족의 정신 세계, 곧 종교, 철학, 문학, 예술, 건축, 의학 분야에 커다란 영향을 끼쳐왔다. 1,600여 년 동안 한민족은 다양한 불교 전통을 꽃피웠지만, 특히 "한국인에게 선호된 것은 대승 불교의 가르침이었다. 특히 화엄 사상과 선불교는 한국 불교의 중심적 테마였다"는 불교학자 정병조의 말에 이의를 달기는 어려울 것이다.[11]

한국 불교의 특징 중 모든 것을 포용하고 초월하는 '하나'를 지향하는 일승(一乘) 정신, 경전 공부와 마음 닦음, 명상을 병행함으로써 참 진리 체득에 이르려는 교선(敎禪) 병행의 정신, 개인의 해탈만이 아니라 모두 더불어 구원을 얻고자 하는 실천적 이타행 보살 정신은 한국 불교의 3대 특징이라 해도 과언이 아니다.

여기에서 우리의 관심은 한민족의 종교적 심성의 밑바탕을 이루는 '흔 사상'이 한국의 대승 불교를 만나 어떻게 전개되어 갔는지, 거꾸로 말해 서 불교가 한민족의 '흔 사상'과 어떻게 지평 융합을 이루어갔는지를 살 펴봄으로써 한민족의 하느님 신앙과 유일신 신앙의 함수 관계를 짚어보 려는 것이다. 그러므로 한국 불교 사상 중 '하나'를 지향하는 '일승 지향 성'과 관련된 사상만을 제한적으로 살펴볼 것이다.

흔히 학자들은 불교는 '무신론적 종교'로서 수행 해탈을 통해 '자력 (自力) 구원'하는 종교라고 말한다. 그러나 그러한 학문적 판단은 불교가 살아서 생동하는 종교 현상이라는 관점에서 보면 현실과 동떨어진 말이 다. 대덕 학승으로부터 재가 불자에 이르기까지 1천만 한국 불자들에게 있어 불교는 단순히 '인식론적 혁명'을 통해 발생하고 또 이어져온 학자 들의 철학적 사유 체계로만 머물지는 않았다. 깨달음을 이룬 부처들에 귀 의하고(佛寶), 불경을 비롯한 진리의 가르침 총체에 귀의하며(法寶), 진 리 구도자 집단 승단에 귀의하는(僧寶) 삼보(三寶)를 숭앙 경배하여 신심 을 도탑게 하는 것이 엄연한 불교 현상이기 때문이다.

---

11) 정병조·이석호, 『한국종교사상사』, 「불교, 도교편」 (연세대 출판부, 1991), 3쪽.

만약 석가모니불, 관음보살불, 아미타불, 약사여래불, 지장보살불 등 한국 불자들이 귀의하는 불교적 신심(信心)을 "지적 능력이 결여된 대중 불교의 방편일 뿐"이라고 말하는 사람이 있다면, 그 사람은 매우 오만한 지식인이거나 종교를 머리로만 이해하려는 철학도에 불과할 것이다.

물론 불교에서 이야기하는 불성(佛性), 일심(一心), 진여(眞如), 공(空), 법신(法身) 등의 사상을 셈족계 종교들에서 말하는 유일신 사상이나 일신론적 신관과 같은 차원에서 보는 것은 절대로 불가능하다. 그러나 인간의 언어가 그것을 사용하는 사람의 특정 어휘나 논리 체계에 관련된 선(先)이해를 이미 반영하고 있다는 점에서 이론을 통한 종교 담론이란 참으로 어려운 것이다.

예를 들어 "불교란 무신론적 자력 구원의 종교다"라고 말하는 학자는 그 나름대로 이미 무신론, 자력, 구원, 종교 등 매우 중요한 개념에 대하여 어떤 앞선 판단 또는 선입견을 가지고 있으며, 남들도 자기가 이해한 것과 무조건 동일하게 이해해 줄 것이라고 전제하는 잘못을 범하고 있다. 그의 말대로 만약 불교가 철저하게 '자력 구원'의 종교라고 한다면, 신란(新鸞)의 정토진종(淨土眞宗)이 주장하는 타력 신앙론은 그만두고라도, 과연 몇 사람이나 자력 구원으로 '해탈'에 이를 자신이 있다고 할 것인가? 아침저녁으로 정성 들여 공양하는 전국 사찰의 예불 행위도 다 부질없는 일이 되어버릴 것이다.

본론으로 돌아가 보자. 불교는 그 풍요롭고 심원한 사상과 구원의 길을 제시하는 다양한 이론적 · 실천적 담론 때문에 거대한 산을 연상케 한다. 그러나 불교의 발생 초기로 되돌아가서 보면 불교를 불교답게 한 가장 근본적인 것은 이른바 삼독(三毒)으로 일컬어진 탐진치(貪瞋痴), 즉 인간의 끝없는 탐욕, 혈기를 부리는 성냄, 사물의 진상을 보지 못하는 무명(無明)이라는 어리석음으로부터 인간을 근원적으로 해방시키려는 실천적 구도 행위였다. 고타마 싯다르타는 삼라만상의 존재와 생성의 근본 원리, 곧 '인연생기법'(因緣生起法, pratityasamutpada)을 확철하고 그 진실을 바로 보고 깨달으면 생로병사의 두려움과 어두움에서 자유롭게 된다고 갈파했다.

인연생기법은 그러므로 다양한 불교 종파와 전통을 그 밑바탕에서 아우르는 주춧돌이라고 말할 수 있다. 간단히 줄여서 '연기법'(緣起法)이라고 부르는 이 근본적인 실재관은 삼라만유, 곧 보이는 것이나 보이지 않는 것이나, 자연계 안에 있는 것이나 초자연계에 속하는 것이나, 정신적인 것이나 물질적인 것이나 무엇을 막론하고 그 자체가 홀로 불변하는 실체로서 자존하는 것은 없고 직간접적인 인과 관계와 구조적 함수 관계를 통해 '지금 여기' 그렇게 현성(現成)할 뿐이라고 말한다.

이것은 말하자면 인류 정신사에서 가장 위대한 '인식론적 전회'인 것이다. 싯다르타가 보았고 깨닫고 그래서 마침내 해탈하여 '절대 자유인'이 된 실질 내용은 흔히 동서 종교사에서 말하는 천계의 비밀도 신들의 구원 계획도 아니다. 이 근본적인 '인연생기'의 법을 바로 본 자가 곧 진리를 본 자요 해탈자요 깨달은 자이다. 문제는 단순한 인식론적 관점의 변화로서가 아니라 자신의 전존재를 들어 이 '연기법'을 확철하는가 아닌가의 여부에 달려 있다.

원시 불교의 가르침을 압축 요약한 '네 가지 진리의 가르침'(四法印)인 제행무상(諸行無常), 제법무아(諸法無我), 일체개고(一切皆苦), 열반적정(涅槃寂靜)이란, 흔히 불교의 기초를 모르는 일반인이 오해하듯이 허무주의를 주창하거나 개인의 책임을 소홀히 하거나 삶을 고통으로만 보는 비관주의를 설파하거나 행동 없는 정적주의를 선호하는 그런 가르침이 아니다.

'네 가지 진리의 가르침'은 '인연생기법'의 입장에서 자연스럽게 파생되는 실재관이다. 제행무상이란 모든 것은 변하는 것이어서 영원 불변한 것은 없다는 진리요, 제법무아란 독자적으로 불변적 실체를 지닌 것은 없다는 가르침이요, 일체개고란 앞의 두 가지 진실을 인정하지 않거나 깨닫지 못하면 고통의 바다에서 헤어날 길이 없다는 가르침이며, 열반적정이란 근본 원리, 곧 '인연생기'의 진실한 진리를 깨달으면 누구나 절대 평정과 자유에 이른다는 인류의 보편 구원 가능성을 제시한 진리이다.

그런데 우리가 거듭 주목해야 하는 것은 이 같은 원시 불교의 기본 가르침이 고답적인 형이상학을 설파하려는 데 근본 목적이 있는 것이 아니라, 마치 독화살을 맞고 신음하는 자와 같은 인간 실존의 비참한 상태를 구해 내려는 실천적이고 구도자적인 가르침이라는 점이다. 다시 말하면 자기 집착·이기심·명예욕·권력욕·우월 의식·열등 의식·영적 탐심 등 모든 '비본래적 실존 상태'에서 시달리는 인간을 근원적으로 해방시켜 '본래적 인간 실존태'로 회복시키려는 데 그 근본 목적이 있다.

흔히 불교의 진리를 인간을 구원하여 실어나르는 수레에 비유하는데, 제대로 작동하는 수레의 두 바퀴는 참 지혜(般若智, 판냐)와 자비행(慈悲行, 카루나)이라고 말한다. 참 지혜와 자비행은 선후가 없는 동전의 앞뒤와 같다. 참 지혜 곧 반야는 다름아니라 삼라만상이 인연생기의 관계망 속에서 발생하고 지탱되고 새롭게 더 높은 차원으로 지양된다는 것을 훤히 꿰뚫어 아는 지식이기 때문이다. 그 앎이 진솔하고 투철하다면 지금

나의 나됨이 나 혼자의 힘으로 이뤄진 것이 아니라는 것과 다른 생명의 비극과 아픔이 그들 개인의 책임만이 아니라 모두의 책임이라는 깨달음에 이른다.

풀 한 포기로부터 시작해서 인간에 이르기까지, 박테리아로부터 시작해서 대우주 은하계의 항성에 이르기까지, 모든 존재자는 서로 의존하고 영향을 주고받으며 더불어 현존한다. 그러므로 불교적 실재관에서 보면 타자의 고통과 아픔에 대해 연민의 마음을 갖고 그 고통을 덜어주려고 노력하는 일은 결코 가진 자들과 권력자들이 시혜나 동정을 베푸는 일이 아니라 마땅히 그래야 하는 당위가 된다.

대승 불교가 일어났던 기원전 200년을 전후하여, 반야공(般若空) 사상이 활발하게 피어나는 중에 위대한 학승 한 사람이 태어났다. 대승 불교 각 종파의 시원이 된다는 나가르쥬나(龍樹, Nagarjuna)가 그 사람인데, 그가 쓴 『중론』(中論)은 철저한 비판 정신, 곧 '부정의 논리'로서 파사현정(破邪顯正)을 통해 각종 인식론적 허망함을 밝히고 불변의 절대성을 주장하는 이데올로기를 비판한 책이다. 그는 삼라만상의 현상은 '인연생기법'에 의해 성주괴공(成住壞空)하는 변화의 연속일 뿐이요 불변의 실체나 영원한 속성 따위는 없다며, 알고 보면 "낳는 것도 죽는 것도 아니고, 오는 것도 가는 것도 아니고, 동일한 것도 다른 것도 아니고, 영원한 것도 단절되는 것도 아니다"(不生不滅 不來不出 不一不異 不常不斷)라고 하였다. 만유의 실상과 실재는 오로지 공(空)일 뿐이라는 것이다.[12]

그러한 진실을 꿰뚫어 깨닫는 지혜가 참 지혜인 반야(般若)이다. 엄밀하게 불교적 실재관에서 보면 '창 없는 단자(單子)'와 같은 독립적 '의식

---

12) 나가르쥬나, 『中論』, 황산덕 역해 (서문당, 1976), 25쪽.

의 주체'로서 개인의 불멸하는 실체성이나 서구 종교가 말하는 절대적 실체로서의 신 또는 창조주 같은 '절대적 타자'도 동시에 부정된다.

대승 불교의 반야공 사상이 말하려는 본래 의도는 인간의 주체적 자아의 허망한 집착과 희론(戱論)에 근거한 허구적 우상들을 파사현정하려는 적극적인 것이었다. 파사(破邪)가 곧 현정(顯正)이라고 확신했던 것이다.

그럼에도 불구하고 중론(中論)의 공(空) 사상이 '부정의 논리'에 치우친 나머지 진여, 일심(一心), 묘공(妙空)이 담지하는 더욱 적극적이고 생산적이고 충만한 의미를 충분히 드러내지 못한 점이 있다고 보고, '마음'이 갖춘 궁극적 실재성과 만법(萬法)이 '한 마음'으로부터 나타나는 것이라는 생각에서 유심연기(唯心緣起)설이 강하게 대두되었다.

이제 원효, 의상, 지눌 등 한국 불교의 기라성 같은 거성들이 말해 온 '한 마음'(一心)이 무엇인지를 알아보자. 우선 '일심'이라는 어휘에서 매우 잘못된 오해 두 가지를 걸러내야 한다. 첫째는 데카르트가 말하는 사유 주체로서의 개체아의 '자의식'이 곧 불교가 말하는 '일심'이라고 오해하는 경우이다. 둘째는 현대 심리학에서 말하는 희비애락 같은 감각 자극에 반응하는 인간 내면의 심리적 기제를 일심(一心)이라고 좁게 해석하는 오해이다.

물론 깨닫고 보면 평범한 중생의 마음을 떠나 별도로 존재하는 형이상학적인 '절대 마음'이 있는 것은 아니다. 그러나 대승 불교에서 말하는 일심 곧 한 마음이란 '궁극적 실재'를 말하는 것이며, 불교적 용어로서의 '진리 그 자체'인 진여에 대한 보다 대중적인 표현이다. 일심은 큰 마음이요, 밝고 환한 우주적 마음이며, 만유를 포용하고 길러내고 생성시키는 한민족의 '하느님'에 대한 불교적 표현이다. 대승 불교의 핵심 진리를 간명하게 추려낸 논서(論書)라고 자타가 인정하는 마명(馬鳴)의 「대승기신론」에 의하면 "마음 진여는 오직 하나의 실재, 일체의 사물과 현상을 총체적으로 포괄하는 본체"[13]이다.

모든 종교와 철학에서 본질계와 현상계, 초자연계와 자연계, 영원과 시간, 성(聖)과 속(俗)의 상호 관계를 어떻게 설명하는가 하는 문제가 그 철학과 종교의 성격을 규정하는 관건이 된다. 흔히 전자를 후자와 엄밀하게 구별하든지, 존재론적으로나 가치론적으로 전자를 후자보다 높은 차원의 실재로 규정하는 것이 보통이다. 그런데 대승 불교의 특징은 그 양자를 매우 역설적이게 '하나'라고 파악하여 불가분리적 관계로 보며, 진여로서의 실재가 나타내 보이는 두 가지 면이라고 이해한다. 이를 진여문(眞如門)과 생멸문(生滅門)이라고 부르면서 「대승기신론」에서는 그 양자 관계를 다음과 같이 설명한다.

"마하야나의 가르침은 다음과 같다. 즉 마음은 하나이지만 그것은 두 개의 상이한 측면에서 파악될 수 있다는 것이다. 그것을 각각 '실재의 측면에서 파악되는 마음'(心眞如門)과 '현상의 측면에서 파악되는 마음'(心生滅門)이라고 부를 수 있다. 이 두 측면은 그 각각이 '총체'(總體)로서, 각각 일체의 사물과 현상을 포괄한다. 이것은 곧 이 두 측면이 오직 개념상으로만 구분될 뿐 각각 별도로 존재하는 것은 아니라는 뜻이다."[14]

위에 인용한 「대승기신론서」의 지론이 저 유명한 『반야심경』의 중심

---

13) 「대승기신론」 11, "心眞如者 卽是─法界 大總相 法門體." 이홍우 번역 및 주석, 『대승기신론』(경서원, 1991), 73쪽.
14) 같은 책, 71~72쪽.

주제인 "색즉시공 공즉시색 색불이공 공불이색"(色卽是空 空卽是色 色不異空 空不異色)의 기신론적 표현이다. 『반야심경』에서 색계(色界)란 생멸문을 말하며 공계(空界)란 진여문에 해당된다. 대승 불교의 이러한 실재에 대한 인식론적 구조는 현대 과학 철학의 태두라 일컫는 화이트헤드(A.N. Whitehead)의 과정 철학적 실재관과 너무나 비슷한 점이 많다.[15)]

원효 연구 전문가인 은정희는 원효는 「대승기신론」의 성격을 중관(中觀) 사상과 유식(唯識) 사상의 지양 종합으로 보았다고 갈파했다.[16)] 「대승기신론」의 기본 구조 중 일심이문(一心二門) 중에서 중관학파는 심진여문(心眞如門)을 강조하고 유식학파는 심생멸문(心生滅門)을 강조하지만, 일심에로 이문(二門)이 종합 지양됨을 밝힘으로써 성과 속을 독립된 별개의 실재로 보려는 위험을 비판적으로 극복하고 종합 지양했기 때문이라는 것이다.

원효와 야스퍼스 사상의 비교 연구에 일생을 바친 신옥희는 『일심과 실존』이라는 책에서 원효의 일심을 자세하게 논하고, 특히 우리가 관심을 갖는 주제인 일심과 원효의 신앙론을 다음과 같이 설명한다.

> "「기신론」에서 불신론(佛身論)은 일심진여(一心眞如)의 체(體), 상(相), 용(用)의 삼대(三大)를 논하는 부분에서 전개되고 있다. 여기서 전개되고 있는 불신론(佛身論)은 대승(大乘)으로서의 일심의 실천적 · 구원론적 측

15) A.N. Whitehead, *Process and Reality, Corrected Edition* (The Free Press, 1978); Steve Odin, Process *Metaphysics and Hua-yen Buddhism* (State University of New York Press, 1982); 한국 화이트헤드학회 편집, 『화이트헤드 연구: 창조성의 형이상학』 창간호 (1988) 참조.
16) 은정희 역주, 『원효의 대승기신론소』, 「별기」 (일지사, 1991), 13쪽.

면, 즉 중생의 능력에 따라 그들에게 작용하여 그들을 각(覺)의 해탈로 이끌어주는 일심의 신비로운 정용(淨用)을 보여주는 이론이다. 이와 같은 「기신론」의 사상을 신앙의 기초로 삼고 있는 원효에게서 일심은 각(覺)의 본체로서 평등무이(平等無二)의 진여 자체일 뿐 아니라 생동하는 각(覺)의 주체로서, 생멸의 세계로 전락한 중생의 마음속에 끊임없이 진여의 훈습을 일으켜 그의 본래의 모습인 일심의 근원으로 돌아가게 하는 신비스러운 힘으로서 작용한다."[17]

인용한 문장이 불교 사상을 처음 접하는 일반 독자에게는 다소 낯설고 어려워 보이겠지만 알고 보면 전혀 어려운 이야기가 아니다. 삼신불이란 법신불, 보신불, 화신불을 말한다. 대승 불교 사상이 발달함에 따라 궁극적 실재 그 자체로서의 부처를 법신불이라 부르고, 일체의 개념이나 속성을 넘어서 있는 부처라고 생각하게 되었다. 법신(法身, dharma-kaya)은 가시적인 형체를 초월하여 모든 부처의 근거가 되는 진여의 깨달음 그 자체를 뜻한다. 보신(報身, sambhoga-kaya)은 불교의 구도자 보살이 서원을 세우고 오랜 수행을 통해 그 과보(果報)로서 얻은 초자연적인 불신이다. 불교에 역사적인 인물로서 부처가 된 석가모니불 이외에 아미타불 등 많은 부처가 있는 이유가 여기에 있다. 이들 보신불은 중생의 간절한 기원과 수행을 돕고 깨달음과 초자연적 · 영적 능력을 체험하게도 한다. 응신(應身, nirmana-kaya)은 화신(化身)이라고도 하는데, 중생 교화와 제도를 위해 역사 속에 몸을 취하여 나타난 부처를 말한다. 석가모니 부처는 바로 대표적 응신불인 셈이다.

---

17) 신옥희, 『일심과 실존: 원효와 야스퍼스의 철학적 대화』(이화여대출판부, 2000), 247쪽.

우리는 여기에서 불교의 교리를 논하려는 것이 아니라, 인도에서 발생한 불교가 중국을 거쳐 한민족에게 전해진 후 1,600여 년 동안 한민족의 마음속에 뿌리를 내리게 된 것은, 불교의 진여일심으로서의 삼신불 사상이 한민족의 종교적 심성의 원형과 공명하는 부분이 있었기 때문이라는 점을 말하려는 것이다. 온 누리에 진리의 빛과 은혜를 비추며 중생의 애환을 그 미세한 소리까지 다 듣고 보고 계신다는 관세음보살과 아미타불 신앙이나 비로자나불에 대한 불자들의 귀의심이 석가모니불 못지 않게 성한 이유가 어디에 있을까? 일반 중생은 심원하고 현학적이기까지 한 불교 교학엔 별 관심이 없다. 다만 한민족의 하느님 신앙이 대승 불교의 '흔 마음' 신앙과 지평 융합을 이룬 것이라고 보아야 할 것이다.

하느님 신앙과 유교의 지평 융합

유교는 한민족에게 있어서 불교와 더불어 1,600년 이상 함께 숨쉬어 온 사상이자 종교이다. 한민족에게 전래된 연대로 말한다면 불교보다도 더 앞선 것이다. 급속히 변화하는 현대 사회의 추세에 비하여 유교의 현실 적응 능력과 속도가 지체되는 감이 있어서인지 젊은 세대에게는 유교가 과거 전통의 유물 정도로만 오해되는 면이 있다.

유교가 단순히 도덕 철학을 기본으로 하는 사상이냐 종교냐 하는 논쟁은 학계에 꾸준하지만 필자는 유교를 하나의 종교로 본다. 기독교나 불교처럼 정해진 시간과 공간에서 정기적으로 예배나 예불을 드리거나, 성직 제도가 있거나, 공동으로 고백하는 신조나 교리가 뚜렷이 없다는 점에서 유교를 종교라고 생각하기 어렵다고 말하는 이도 있을 것이다. 그러나 오늘날 학계에서 종교 또는 신앙이란 무엇이냐 하는 근본 물음 앞에 제기되는 새로운 의견이 더 설득력이 있다.

한 종교가 종교로서 성립되는 필요충분 조건에는 문자로 된 경전, 정기적 종교 집회, 성직 제도와 같이 외견상의 구성 요건만이 중요한 것은 아니다. 앞서 말한 예처럼 정기적인 종교 의식 집회가 있다든지, 전담 성직자 제도가 갖추어져 있다든지, 경전을 비롯하여 중심 교의나 교리가 있다든지 하는 조건은 오히려 조직화되고 체계화된 종교 집단을 지속적으로 운영하는 데 필요한 이차적 요건들이다.

학자들에 의하면 종교 신앙이란 외면적 조건보다 더 근원적인 인간성에 뿌리박는다고 한다. 라이문도 파니카에 따르면 종교란 "초월성을 향한 실존의 개방성"이며, 알프레드 스미스(Alfred Smith)에 따르면 "종교란 인간에게 고유하게 주어진 그 무엇"이지 만들어내는 것이 아니다. 폴 틸리히는 "종교란 인간의 궁극적 관심"이라고 정의하기 때문에, 의식주 문제만이 아니라 인간이 우주 속에서 왜 사는지, 우주 · 자연 · 사회 · 인간과 어떤 관계를 가지고 살아야 인간답게 사는 것인지를 추구하는 개인과 집단은 이미 종교적이라고 한다. 유교학자 뚜웨이밍(杜維明)은 유교를 "생존하는 인간이 자기 초월성의 진정한 가능성을 믿는 하나의 신앙"으로 정의한 적이 있다.[18]

유교가 하나의 세계 종교라고 주장하는 금장태는 한국 유교의 특징을 세 가지로 지적한다. 첫째, 유교는 한민족에 전래된 최초의 보편적 사상이요 종교라는 점이다. 둘째, 유교 사상은 한민족 사회의 통치 이념과 제

---

18) Tu Wei-ming, *Confucian Thought:Selfhood As Creative Transformation* (State Univ. of New York Press, 1985), p. 55. 김흡영, 『道의 신학』(다산글방, 2000), 306~307쪽에서 재인용.

도 및 사회 도덕 규범으로서 깊이 뿌리를 내려 가치론적으로 사회 통합적 기능을 해왔다는 점이다. 셋째, 유교는 개인과 가정의 윤리 의식, 가치 질서 의식, 의식에 내면화되어 있어서 겉으로 나타난 의식 차원에서는 탈유교화한 듯하지만 내면적 의식 차원에서 아직도 강렬한 삶의 규범으로서 작용하고 있다는 점이다.[19]

이 글에서 우리의 목적은 유교가 지향하는 것, 앞의 인용문에서 뚜웨이밍이 언급한 바 있는 유교적 인간이 지향하는 자기 초월성의 근거와 가능성으로서 유교가 이해하는 내재적 초월자, 인간의 도심(道心)과 천(天) 사상을 살펴보려는 것이다. 그리고 그것과 대우주 자연의 상호 관계성에 집중함으로써, 한민족의 하느님 신앙과 유교가 어떻게 지평 융합되어 왔는가 그 일면을 고찰하려는 것이다.

2,500여 년의 긴 유교 정신사 속에 흐르는 유교의 천 사상을 한두 마디로 간추리기는 거의 불가능한 일이지만, 공자와 맹자 시대의 유학 정신, 이른바 원시 유가(Classical Confucianism)의 유학 정신과 11세기 전후로 유교가 불교나 노장 사상의 도전과 자극을 받아 형이상학 체계를 발전시켜 갔던 신유학(Neo-Confucianism) 시대의 그것으로 대별해서 볼 때, 원시 유학 시대는 대체로 주재적(主宰的) 천(天)사상이 농후하던 때요, 신유학 시대는 이법적(理法的) 천 사상이 주류를 이루었던 시대라고 할 수 있다.

공자는 "하늘이 내게 덕을 부여하였으니 한퇴가 어찌 천명을 어기고 나를 해칠 수 있으랴?"(『논어』「述而」)라고 말한다. 공자는 자공에게 "나를 아는 분은 하늘뿐이다"(『논어』「憲問」)라고도 말한다. 또 공자는 "군자

---

19) 금장태, 『한국종교사상사』 제2권, 「유교편」 (연세대 출판부, 1992), 5~6쪽.

에게는 세 가지 두려운 것이 있으니, 천명을 두려워하고, 대인을 두려워하고, 성인의 말을 두려워한다"(『논어』 「季氏」)고도 했다.

맹자는 "큰 것으로 작은 것을 섬기는 자는 하늘을 즐기는 자이고, 작은 것으로 큰 것을 섬기는 자는 하늘을 두려워하는 자이다. 하늘을 즐기는 자는 온 세상을 보유하고, 하늘을 두려워하는 자는 그의 나라를 보유할 수 있다"(「梁惠王」 하)고 말했다. 맹자는 또 "하늘이 어떤 특정인에게 큰 사명을 맡기려 할 때는 반드시 그 사람의 육체와 정신을 괴롭히고, 그의 물질 생활도 어렵게 하고, 그가 하고자 하는 일이 뜻대로 되지 않게 하고, 그 때문에 극도로 피로를 느끼게 하며 그의 의욕을 잃게 하여 더 참고 견딜 수 없도록 시련을 준다"(「告子」 하)고도 하였다.

이상의 말들은 적어도 공자나 맹자의 천관(天觀)이 단순한 자연의 원리나 이법만이 아니라 경외하고 순명(順命)해야 할 '주재적 천' 관이었음을 알게 한다. 다만 천인합일(天人合一), 천인합덕(天人合德)을 이상으로 하는 인격적 초월신으로서, 경배·감사·간구·기도 등을 삼가고 하늘의 도리와 뜻에 적극적으로 부응하여 사는 것이 사람의 도리라 생각을 깔고 있는 것이었다.[20]

서양 기독교사에서 11세기에 안셀무스(Anselmus, 1034~1109)가 『독백록』(Monologium)과 『대어록』(Proslogium)을 써서 스콜라 철학 및 신학 시대를 열었는데, 비슷한 시기 중국에서 주돈이(周敦頤, 1017~1073)는 「태극도설」(太極圖說)과 『통서』(通書)를 저작하여 신유학의 시대를 열었다. 주돈이, 정호(程顥), 정이(程頤), 장재(張載), 주희(朱熹) 등 기라성 같은 신유학 대가들이 쏟아져나와 이른바 송명(宋明) 시대의 성

---

20) 김능근, 『유교의 천사상』 (숭실대학교 출판부, 1988), 35~50쪽.

리학을 집대성하였다.

성리학은 우주의 이법을 논구하고 인간의 본성을 탐구하는 학문이다. 당대 최고 지성인이요 한국 유학에 결정적 영향을 미친 이들의 '천(天)사상'은 깊이 들어가면 각각 특색이 있고 그 색상도 다양하지만, 대체로 원시 유가의 '주재적 천' 사상은 거의 희박해지고, 천리(天理)와 이법으로서의 '하늘' 개념으로 철학화·형이상학화되었다. 다만 천 사상이 그저 차갑고 무미건조한 천리에 머물지 않을 수 있었던 것은 신유학 사상에서도 우주의 본원을 성(誠)이라 보고, 이 성은 건원(乾元) 곧 천(天)으로부터 나오며 만물의 자시(資始)가 된다고 보았기 때문이다.

성(誠)은 오상(五常)의 근본이 되고 모든 행위의 근원이다. 성(誠)의 본체는 순수 지선(至善)한 것으로, 그 작용은 무위(無爲)하고 적연부동(寂然不動)하며 감이수통(感而遂通)한다고 한다.[21] 원시 유가의 사상가였던 자사(子思)도 "성실함은 하늘의 도이고, 성실하려고 힘쓰는 것은 사람의 도"(誠者天之道也誠之者人之道也)라 하였다.[22]

신유학자들이 천으로부터 인간이 마땅히 취해야 할 태도로서 경(敬)과 성(誠)을 이끌어낸 것은 주목할 만하다. 비록 셈족계 종교에서 보는 바 같은 인격적 유일신에 대한 경외심과는 질적 차이가 있지만, 경과 성이라고 하는 마음의 태도는 단순한 윤리적 몸가짐 이상으로 종교적 자세라 할 경지까지 가까이 간 것이다. 정호는 이렇게 말했다. "성(誠)이란 하늘의 도이다. 경(敬)이란 인사(人事)의 근본이다. 경하는 자는 성할 수 있을 것이다."[23] 주희는 『근사록』(近思錄)에서 이렇게 말했다. "배우는 자는 마땅

21) 같은 책, 79쪽.
22) 『中庸』, 20장 18절.
23) 『二程全書』 권11, 「明道語錄」 10.

히 그 마음을 경(敬)으로써 수양하면서 내적인 삶을 올바르게 해야 한다. 내적인 삶을 올바르게 하는 것이 근본이다." 다음의 『중용』구절은 경(敬)이 지닌 종교적 마음의 현상학이 어떠한지를 잘 보여준다.

"그러므로 군자는 그가 보지 못한 것에 대해 조심하고, 그가 듣지 못한 것에 대해 주의를 기울인다. 숨겨진 것보다 더 잘 보이는 것은 없고, 미묘한 것보다 더 명백한 것은 없다. 그러므로 군자는 혼자 있을 때 더 자신에 대하여 조심한다."[24]

김하태는 이를 두고, 유학자들의 경(敬)과 성(誠)에 대한 이러한 태도는 셈족계 종교에서 보는 바 같은 인격적 유일신 앞에서의 경배 태도와는 차이가 있지만, 우주의 궁극적 실재를 경외하는 마음, 하늘이라고 말하는 초자연적 천도와 천명의 현존 앞에서 인간이 삶을 영위한다는 의식이 나타나 있다고 해석한다. 한국의 대표적 유학자인 이황과 이이 또한 경(敬)과 성(誠)을 강조하기는 마찬가지였다.

이와 같은 유교의 천, 천도, 천명 사상은 초기 한국 가톨릭 교회사에서 이승훈, 이벽, 권일신, 정약전, 정약용 등 당대 최고 수준의 유학자들이 유일신 신앙을 본질로 삼는 그리스도교로 입문하게 되는 징검다리 역할을 하기도 하였다.[25]

유교가 국가의 지배 이념으로 관철되었던 조선조 500년 동안, 유교는

---

24) 김하태, 『동서철학의 동서철학의 만남』 제10장, 「경의 현상과 그 종교적 태도」에서 '중용' 부분 (종로서적, 1985), 149쪽.
25) 이성배, 『유교와 그리스도교』 (분도출판사, 1979); 유홍렬, 『한국천주교회사』 상권 (가톨릭출판사, 1962), 58~96쪽 참조.

한민족의 정치와 사회 윤리 규범이 되어 한민족의 마음속에 내면화되어 갔다. 특히 제사와 부락제를 통해 유교가 매우 이성적이고 합리적인 체계를 지니는 한편 종교적 요소로서도 작용하였다는 것을 부인할 수 없다. 유교적 제사 의례에서는 조상신과 각종 신령한 존재들을 부정하지도 않았거니와, 최고 지존자로서 천재(天宰)에 대한 신앙 또한 완전히 부정한 적이 없었다. 부락제는 사실 고대의 제천 의례 의식이 부락 단위 차원에서 유교적 의식과 통전되어 나타난 형태였다.[26]

하느님 신앙과 동학의 시천주

한민족의 하느님 신앙이 역사의 모진 시련 속에서 민중의 마음 밑바닥에 지하수로서 흐르다가, 19세기 후반 민족이 위기에 처할 때 지표 위로 터져나오듯 분출한 한민족 생명의 용트림이 동학 운동이었다.

1860년 최제우는 민족의 고난과 위기, 의지할 데 없는 종교적 불확실성을 보면서, 하느님의 신령한 기운을 몸으로 체험하는 강령 체험을 하게 되고 '시천주'를 종지로 하는 동학을 창도하기에 이르렀다. 최제우, 최시형으로 그 도통을 이어가면서 마침내 1894년 동학농민혁명으로 활화산처럼 타오른 민족의 정기는 단순한 동학 및 천도교라는 한 종파의 사회 종교사적 사건이 아니라, 진실로 한민족의 정기와 종교 심성의 원형적 형태가 민중의 한을 몸체로 삼아 역사 변혁의 에너지로 분출된 것이다.

지난 1994년은 동학농민혁명 발발 100주년이 되는 해이어서, 천도교 교계만이 아니라 한국의 지성계 각 분야에서 동학농민혁명의 본질과 전

---

26) 유동식, 『한국 무교의 역사와 구조』 (1975), 240~241쪽.

개 과정, 그리고 그 의미에 대한 각종 연구 발표와 행사가 있었고 그 결과가 자료로 정리되어 출판되기도 하였다.[27] 그러나 주제가 주제인지라 동학농민혁명에 관한 학계의 관심이 주로 사회 경제사적인 민중 운동 측면에 모아지고, 정작 동학농민혁명의 시원이 되는 최제우 자신과 동학도들의 내면적 종교 체험의 본질에 대한 연구는 다소 소홀할 수밖에 없었다.

사실 동학의 종교성과 사회 정치적 혁명성은 동전의 앞뒤 관계 혹은 손바닥과 손등의 관계와 같아서, 어느 한쪽을 도외시해서는 온전히 이해되기 어렵다. 동학과 천도교의 핵심은 '시천주(侍天主) 신앙이다. 신일철은 시천주 신앙이 동학농민혁명과 한국사 속에서 갖는 의미를 다음과 같이 말했다.

> "동학의 중심 신앙은 경신(庚申) 4월 5일에 대각(大覺)한 시천주 신앙을 중심으로 해서, 만인이 '네 몸에 모셨으니 사근취원(捨近取遠)하단 말가'의 시천주 주체로서의 자각이며, 이 자각이 양반과 서민의 차등을 철폐하고, 모두가 다 같은 군자로서 인간 평등의 인간관을 마련해 준다. …… 시천주 신앙에서는 봉건적 신분 차등은 부정되고, 시천주의 주인으로서 만인은 평등하다. 실로 수운의 시천주 사상은 '천주의 각 개인에의 내재화'를 통해, 인간관의 세속화에 성공했고, 그 때문에 사인여천(事人如天)의 인간 존엄성의 원리를 선각(先覺)한 근대인의 발견자로 평가될 수 있을 것이다. 수운은 보편자인 천주, 천도를 소수 양반의 가치에서 널리 서민 대중의 것으로 만들 수 있는 전기를, 서학에서와 같이 만인의 신앙 대상으로서의 천주(天主)를 시천주(侍天主)하는 데서 찾고 있다."[28]

---

27) 동학혁명 100주년기념사업회, 『동학혁명 100년사』 상 · 하 (태광문화사, 1994).

신일철이 간명하게 핵심을 짚어 말한 대로, 동학혁명이라는 '태풍의 눈'은 '하느님을 모신다'는 시천주 신앙 체험에 있다. 흔히 동학(천도교)의 종지를 "사람이 곧 하늘이다"라는 의미의 '인내천'(人乃天)에 있다고 말하지만, '인내천' 사상은 어디까지나 '시천주' 신앙의 종교철학적인 후대의 해석이지 동학의 종지가 아니다. 동학의 경전인 『동경대전』(東經大典)에 나타나는 핵심어는 '시천주'이지 '인내천'이 아니다.

우리의 목적은 한민족의 하느님 신앙이 동학(천도교)에서 어떻게 체험되고 나타났는가를 살피는 데 있으므로, 여기에서는 동학의 핵심 교리가 담겨진 '강령 주문' 21자와 그 안에 나타난 '시천주'의 의미를 깊이 살펴보려 한다. '강령 주문' 21자는 다음과 같다. '주문'이란 동학에선 '지극히 한울님을 위하는 글'이라는 의미다.

> "지기금지(至氣今至) 원위대강(願爲大降) 시천주(侍天主) 조화정(造化定) 영세불망(永世不忘) 만사지(萬事知)."[29]

"지극한 기 이제 여기 이 몸에 크게 강림하시기를 기원하노이다. 한울님을 모실지니 그리하면 자연스레 만물이 제덕에 합하고, 영원히 잊지 말고 지성으로 모시면, 만사를 환히 깨달아 알게 될지로다"라는 뜻이다.

'지기'(至氣)란 단순히 신유학의 이기론(理氣論)에서 말하는 우주 구성 요소로서의 질료를 지칭하는 '기'가 아니고, '지극하고도 신령한 기운'으로서 한울님을 운동적 동태 양식으로 서술한 언표이다. 그리스도교

---

28) 신일철, 「최수운의 역사의식」, 최수운 연구 『한국사상』 12호 (한국사상연구회, 1974), 24쪽.
29) 『동경대전』, 「포덕문 6」, 「논학문 13」.

에서 말하는 '루아하'(ruah)나 '프뉴마'(pneuma)와 같은 것이다.

'지기'는 만물의 생성과 창발 과정에서 간섭하지 않음이 없고 명령하지 않음이 없는 것이다. '금지'(今至)는 '이제 여기 이르다, 이제 접하다'라는 의미이다. '원위'(願爲)란 '청하여 빈다, 간구한다'라는 의미이다. '대강'(大降)이란 '크게 강림하여 기화(氣化)를 입는 것'이다. 종교유형론 관점에서 말한다면 '지기금지 원위대강'이라는 '주문'은 그리스도인들이 성령이신 하나님이 기도하는 신자나 회중 가운데 강림하시기를 기도하는 것과 유사하다.

강령 주문 21자 중에서도 가장 중요한 핵은 '한울님을 모신다'는 세 글자 '시천주'라는 '주문'이다. 이 세 글자로 인하여 동학은 전통적인 유불선(儒彿仙) 3교로부터 자신을 뚜렷이 구별하여 자기 정체성을 지니게 되고, 이 세 글자로 인하여 최제우와 최시형과 동학인들은 당시의 정부 당국자들로부터 '서학 도당의 아류'라고 박해받고 참형을 당했다. 최재우는 '시천주'에 대하여 『동경대전』에서 다음과 같이 해설하고 있다.

"시자(侍者) 내유신령(內有神靈) 외유기화(外有氣化) 일세지인(一世之人) 각지불이자야(各知不移者也) 주자(主者) 칭기존이여부모(稱其尊而與父母) 동사자야(同事者也)"[30]

"모신다는 것은, 몸 안으로는 신령한 기운이 있고, 몸 밖으로는 기화가 있으며, 온 세상 사람이 모두 각각 알기를 옮기지 않는 것이다. 주(主)란 존경하여 부모처럼 섬기는 것과 같은 것이다'라는 뜻이다.

---

30) 『동경대전』, 12~13쪽.

이 짧은 해설문에서 '시천주'의 신묘한 종교적 체험 상태를 충분하게 드러냈다고 볼 수는 없지만, 동학(천도교)의 핵심 가르침인 '시천주'가 불교나 유교와 어떤 점에서 다르고 특이한 경지인가를 알기엔 충분하다. '시천주'의 핵심은 궁극적 실재를 몸으로 직접 체험하면서 깨달아지고 느껴지는 체험적 진리이지 인식론적인 종교 지식이나 교리 내용을 받아들이는 것이 아니다. 궁극적 실재이신 '지기로서의 한울님'은 지극한 정성과 경건한 마음으로 자기 생명 속에 모실 분이지 사색의 대상이거나 타계에 대상화시켜 놓고 거리를 유지하면서 '주객 구조' 안에서 예배하거나 관조할 객관적 대상이 아니다.

한울님을 몸으로 모신다는 것은 생물학적인 육체 안에 한울님을 가둔다는 것이 아니다. 한울님은 특정 시공간에 갇힐 분이 아니다. 그러나 사람이 구체적으로 한울님을 모시는 길은 몸, 곧 나의 전체 생명, 지정의 총체적 생명을 드러내 생명의 지성소에 모시는 것이다. 그때엔 내가 모시는 것이지만 어느덧 한울님이, 신령하신 영으로서 모시는 자의 생명 안에 내주(內住)하시며, 나를 둘러싼 일체의 생명 현상 및 우주와 역동적 관계로 유기체적 동체(同體) 의식을 갖도록 우주 의식으로 충만하게 한다. 그때는 한울님은 우리 안과 밖과 위와 주위에 야스퍼스가 말하는 '무제약적 포괄자'로서 느껴지기 때문에, 온 세상 사람들은 한울님과 떨어져서 살아갈 수 없다는 존재론적 사실을 경험하게 된다. 동학과 그리스도교의 종교 체험이 유형론적으로 통하는 점이 아주 많기에 다시 한 번 그리스도교의 신 체험과 비교한다면, 이는 "하나님은 만유 위에 계시고, 만유를 통일하시고, 만유 안에 계신 이"(「에베소서」4 : 6)로 체험하는 경지와 통한다.

마지막으로 동학의 '강령 주문' 마지막 구절을 음미해 보자. "조화정

영세불망 만사지"(造化定 永世不忘, 萬事知)라는 열 자는 앞선 열한 자 주문의 후반부를 이루면서, 한울님을 모신 자의 결과론적 존재 상태와 축복을 언급한 것이다. '한울님'을 지극한 태도로서 온 생명을 다하여 모시면 어떻게 되는가? '조화'란 요술을 부리는 신선의 술수를 말하는 것이 아니라, '함이 없이 되는 이치와 생명 현상'이다. 자동 기계적인 인과율의 법칙성도 아니고, 초능력과 초자연이 개입하여 이루어지는 타율적인 신기함도 아니다. '조화'라는 말은 창조성과 자연 발생성이라는 두 측면이 갈등 없이 통전되어 있는 상태를 말한다. 내가 하는 일이면서도 나를 넘어선 우주적인 힘을 타고서 이뤄지는 일이다.

'조화정'의 '정'(定)이란 '그 덕에 합하여 그 마음을 정하는 것'이라는 말인데, '조화'의 상태에 머물고 거하는 것이다. '영세불망'은 '인간이 일생 동안 잊지 않는다'는 뜻이다. 진솔한 신앙이란 달면 삼키고 쓰면 뱉는 그런 것이 아니다. 폴 틸리히의 말을 빌리면 종교란 '궁극적 관심'이어야 한다. 언제나 항상 한울님을 모시고 한울님과 동행하는 사람은 이제 '만사지' 한다. 세상사와 만물에 형통한다.

동학의 '강령 주문 21자' 해설은 이쯤 해두고, 동학(천도교)의 한울님 신앙의 의미를 생각해 보자. 동학의 시천주 신앙은 한민족의 오랜 하느님 신앙이 위기 상황에서 다시 한 번 땅 위로 분출해 나온 것이다. 동학이 발생할 당시 외세의 침략과 수탈, 통치 세력의 부패와 가렴주구로 인하여 민족의 기강은 무너지고 가난과 질병과 불의가 판을 치고 있었다. 밝음 대신에 어둠의 세력이, 광명정대함 대신에 불의한 집단의 당파성이, 높고 숭고함 대신에 천박한 동물적 현세주의가 판을 치면서 모든 생명들을 짓누르고 있었다.

이러한 반생명적 현상을 일시에 돌파하기 위해서는 근원적인 혁명과 힘이 요청되었다. 동학의 한울님 신앙의 복권으로 인하여 한민족 민중의 가슴속에서 5천 년 동안 면면이 흐르던 인격적 하느님 신앙과 '한 밝음의 신앙'이 다시 회생한 것이다. 동학(천도교)의 신관은 동양 일반의 '내재적 범신론'도 아니고, 셈족계 종교의 '초월적 유신론'도 아니며, 그 긴장 갈등이 통전된 유일신론적 '범재신관'(pan-en-theism)인 것이다.[31]

하느님 신앙과 원불교의 일원상

19세기 한민족의 위기 의식과 종교적 각성은 동학(천도교)의 창건이라는 역사적 사건만이 아니라, 한국 종교사에서 또 하나의 놀라운 창조적 사건, 곧 불교의 한국적 토착화라는 결실로서 원불교라 부르는 민족적 세계 종교의 출현을 보게 만들었다.

현재 한국 종교계에서 교단의 규모와 교세는 전통 불교나 그리스도교의 그것에 미치지 못하지만, 포교 사업, 교육 사업, 병원 의료 사업, 각종 구제 복지 사업, 열린 방송 매체를 통한 문화 사업, 그리고 종교간의 대화 운동에 있어서 놀라운 역동성과 '작지만 참신한 종교'로서 주목을 받는 종단이 원불교이다. 여기에서는 원불교의 중심 종지인 일원상(一圓相) 진리의 조명을 통하여 한민족의 하느님 신앙이 원불교의 일원상 진리 체험을 통하여 어떻게 드러나는가를 간략하게나마 고찰할 것이다.[32]

원불교의 창시자 소태산(少太山) 박중빈(朴重彬, 1891~1943) 대종사

---

31) 동학의 종교관에 대하여 다음 자료를 참고. 『동학혁명 100년사』 상권, 제4장 「동학의 본질」, 144~319쪽.

는 19세기 말부터 20세기 초, 한민족의 국운이 위기에 처하고 민생이 도탄에 빠지며 세계 열강의 식민지 침탈로 뭇 생명들이 고난과 피폐함을 겪을 때, 동시에 유불선 전통 종교와 동학 등 신흥 민족 종교, 그리고 기독교 같은 외래 종교가 세상 구제의 처방을 내리며 저마다 제 소리를 발할 때, 이 모든 다양한 사상과 종교의 중요 경전을 공부하고 몸소 구도자로서의 고행과 수행 끝에 일원상의 진리를 깨달아 새로운 진리 생명 운동을 일으켰다.

종단의 이름이 시사하는 바처럼, 원불교는 불교, 유교, 선교, 천도교, 기독교 등 한민족에게 영향을 끼친 중요 종교의 교리와 가르침을 존중하고, 그 핵심 진리를 포용적 자세로 대하되, 근본적으로 '불법(佛法)에 연원을 정함'으로써 불교의 한국적 토착화를 이루는 동시에 불교 사상을 주체적으로 현대화한 것이라고 말할 수 있다.

원불교의 종지는 '일원상'(一圓相)인데, 1,500년 이상 한국의 사찰마다 법당에 모셔온 여러 불상, 보살상, 탱화 등을 법당에서 과감히 철거하고, 가장 단순한 상징인 '하나의 원'만을 일원상(一圓相)으로서 봉안한다. 원불교 신도들이 불교를 '일원상 법어'로서 삶 속에서 실천적 생활 불교로 토착화시킨 것은 놀라운 일이라 아니할 수 없다. 그러면 일원상의 진리란 도대체 무엇인가?『원불교전서』「교의」편에 나오는 '일원상의 진리'를 보자.

---

32) 참고 자료로는 원불교 교조 탄신 100주년을 맞아 원불교중앙총부 少太山大宗師 탄생100주년기념논문집 편찬위원회 간행, 『인류문명과 원불교사상』 (원불교출판사, 1991). 이 기념 논문집 안에는 83편의 국내외 학자들 논문이 1,700여 쪽에 걸쳐 수록되어 있는데, 제1편은 소태산 종사의 생애와 사상, 제2편은 한국 사상과 소태산 사상, 제3편은 한국 사회 문제와 종교적 대응, 제4편은 현대 문명과 원불교, 제5편은 세계 공동체와 원불교로 구성되어 있다. 위 논문집과 더불어 원불교 중앙총부교정원 교회부 간행, 『원불교전서』 (원불교출판사, 1989)를 참조.

"일원(一圓)은 우주만유의 본원이며, 제불제성의 심인(心印)이며, 일체 중생의 본성이며, 대소유무(大小有無)에 분별이 없는 자리며, 생멸거래에 변함이 없는 자리며, 선악업보가 끊어진 자리며, 언어명상(言語名相)이 돈공(頓空)한 자리로서, 공적영지(空寂靈知)의 광명을 따라 대소유무에 분별이 나타나서 선악업보에 차별이 나타나며, 언어명상이 완연하여 시방삼계(十方三界)가 장중(掌中)에 한 구슬같이 드러나고, 진공묘유의 조화는 우주만유를 통하여 무시광겁(無始曠劫)에 은현자재(隱顯自在)하는 것이 곧 일원상의 진리니라."[33]

일원상에 대한 원불교 경전의 해설 용어 자체가 얼마나 많이 불교적 전통으로부터 유래하는가를 쉽게 알 수 있다. 그러므로 팔만대장경이라고 흔히 표현하는 방대한 불교의 경전과 논서를 어느 정도 이해하고 난 다음이라야 바르게 원불교 일원상이 말하려는 진리의 높이와 깊이와 넓이와 신묘함을 이해할 수 있다. 그러나 원불교에서는 불교의 삼보(三寶)를 모를지라도, 단순명료하게 불교의 핵심 진리를 보여주고 일원상 진리를 통하여 불교만이 아니라 모든 종교와 철학이 말하고 추구하는 핵심 진리를 갈파한다고 가르친다. 그래서 "일원상은 법신불이니, 우주만유의 본원이요, 제불제성의 심인"이라고 선언한다.

일원상이 법신불(法身佛)이라고 강조했을 때, 법신불이라는 용어 자체는 불교적 표현이지만, 형상과 속성과 개념을 일체 초월한 '진리 그 자체' 또는 '존재 그 자체'로서 모든 종교의 문화 전통과 역사 전통의 색깔을 넘어선 '역사적 부처님들과 보신불들을 넘어선 부처 자체', '신들을

---

33) 『원불교전서』, 23쪽, 제2교의편, 제1장 일원상, 제1절 일원상의 진리.

넘어선 신'(God beyond gods)을 말한다. 그래서 일원상은 '우주만유의 본원'이라고 한다. 우주만유란 물질적 · 정신적 · 영적 · 이데아적인 모든 실재들을 총칭하는 일반 용어인데, 일원상은 바로 그 모든 실재들의 본래 근원이라는 것이다. '제불제성의 심인'이라 했으니 이는 석가모니 부처, 예수 그리스도, 노자, 공자, 맹자, 소크라테스, 플라톤 같은 성인과 철인 등 역사상의 뛰어난 인류의 사표와 구원자 들이 말하고 가르치려는 핵심 진리라는 말이다.

원불교에서 "일원은 법신불이니"라고 하는 말을 보통 사람들이 알아듣기 쉽게 말한다면 "일원은 하느님이니"라는 말과 같다. 그런데 그 일원상 하느님이 '일체 중생의 본성'이라 했으니, 법신불 · 하느님이 푸른 창공에 있거나 십 년을 면벽하고 참선 수행한 영웅적 선승들의 선방에 계신 분이 아니라, 모든 평범한 사람들 마음의 지성소에 거하신다는 것이다. 그러므로 일원상을 종지로 삼는 원불교는 하느님 신앙을 한국적으로 토착화한 범례인 것이다.

위에서 인용한 원불교 경전의 '일원상 진리'에 대한 해설 후반부는 바로 이러한 '일원상'의 진리 그 자체, 곧 법신불이신 하느님은 초월과 내재, 진여문과 생멸문, 본질적 측면과 현상적 측면, 타력과 자력, 대소유무의 분별상이 없는 측면과 확연히 나타나는 측면, 이러한 양극성이 모순과 대립을 이루고 갈등하는 구조가 아니라, '반대하면서 일치하는 역설적 일치'로서 살아 있는 진리, 창조하는 진리, 묘공으로서 "없음으로 계신 이"라는 것을 강조한다.[34]

원불교 신앙의 강점은 모든 참 종교들의 본래 모습이 그러하지만, 신앙

---

34) 박상권, 「원불교의 신앙론」, 『인류문명과 원불교사상』, 221쪽.

과 수행, 이론과 실천, 믿음과 삶, 예배와 노동 등으로 표현할 수 있는 두 가지 다른 범주가 분리되지 않고 통전되고 있으며, 통전되어야 함을 강조하는 데 있다. 그러므로 '일원상 진리'는 원불교 신도들에게 있어서는 '신앙의 대상'이면서 동시에 '수행의 방편'이자 '구원을 얻는 길'이다.

원불교 신앙의 특성은 '일원상' 진리에 대한 돈독한 신앙과 깨달음이 깊어갈수록 그 결과는, 마치 좋은 나무가 좋은 열매를 맺듯이 천지은(天地恩), 부모은(父母恩), 동포은(同胞恩), 법률은(法律恩)의 '사은(四恩) 신앙'으로 표출된다고 하는 점이다. 원불교가 왜 강렬한 실천적 종교, 생활 종교로서 한국 현대 사회에서 주목받고 있는지 이해할 수 있다. 원불교에서 보면 '일원상 진리'와 '사은 신앙 진리'는 체용(體用) 관계에 있다고 말할 수 있다. 그리스도교의 용어에 비교하여 말한다면 칭의 신앙과 성화 신앙의 불가분리적 관계성에 해당한다고 할 수 있을 것이다.

예수 그리스도 안에 나타난 하느님의 은혜를 믿음으로써 구원받았다고 절대 신앙을 강조하는 그리스도인의 신앙이 만약 사랑과 봉사를 통한 성화(聖化)의 열매가 없다면 공허한 신앙이 되고 만다. 마찬가지 이치로, 일원상 진리가 가장 위대한 진리라고 설파하는 원불교 신도의 삶에서 만약 '사은 신앙'으로서 결실 맺는 일이 뒤따르지 않는다면 일원상 신앙 역시 공허한 공리공론에 떨어지고 말 것이다.

원불교의 중심 교의인 '일원상 진리'와 '사은 실천 진리'의 상호 관계성은 원시 불교의 근본 종지인 '상구보리 하화중생', 곧 "위로는 깨달음을 구하고, 아래로는 중생을 섬긴다"는 진리와 같은 것이다. 만물의 영원한 원리인 인연생기의 근본 실상을 확연히 깨닫는 '프라쥬나'(반야지)를 얻었다면 그 구도자의 삶은 자연히 이타적 '카루나'(보살행)인 실천적 삶

으로 나타나지 않을 수 없기 때문이다.[35]

　이상에서 우리는 한민족 문화사 속에 면면히 흐르는 종교사 과정에서 무교, 불교, 유교, 천도교, 원불교 그리고 근현대 들어 그리스도교가 서로 공존하고 교체하는 가운데 세계에서 그 유례를 찾아보기 힘든 종교적 다양성을 보유하는 한편으로, 한민족 심성의 밑바닥에 원형적 종교 심성으로서 실재하는 '하느님 신앙'과 각 종파의 고유한 특성이 서로 해석학적으로 지평 융합을 이루며 뿌리를 내려왔음을 살펴보았다. 다음으로 우리는 현대 해석학의 이론을 참고하면서, 왜 역사 속에는 다양한 종교들이 존재하는가를 좀더 심층적으로 이해해 보기로 하자.

---

35) 홍윤식, 「한국 불교사상의 원불교」, 『인류문명과 원불교사상』, 447~462쪽; 정순일, 「은사상의 법계연기적 조명」, 같은 논문집, 463~477쪽 참조.

6. 종교 다원론과 해석학적 이론들

　왜 지구 문명사 속에는 다양한 종교가 존재해 왔고, 지구촌이 실현되었다는 21세기에도 여러 가지 종교가 공존하는 것일까? 현실을 무시할 수 없다는 이유 때문에, 다시 말해서 문명과 단위 사회 안에 엄연히 수억 명, 수천만 명, 수백만 명 단위의 경건하고도 진실한 종교 귀의자를 지닌 타 종교들의 정치 사회적 힘 때문에 어쩔 수 없이 종교의 다양성을 인정해야 한다는 소극적 태도가 있을 수 있다. 그러나 20세기 후반부터 지구촌의 깨어 있는 사람들 사이에서는 종교의 다양성이 오히려 존중되어야 할 뿐만 아니라, 한 걸음 더 나아가 감사와 축복으로 받아들여야 한다는 자각이 점점 확산되어 가고 있다. 나와 다른 것, 나와 차이가 있는 것, 내가 경험해 보지 못한 것을 대한다는 것은 반드시 나의 정체성을 위협하거나 파괴하는 것이 아니다. 그것은 오히려 나의 삶을 더 풍요롭게 하고 삶과 진리 경험을 확장·심화시킬 수도 있다는 성숙한 자각이 힘을 얻어가기 때문이다.

　지구촌의 사상계, 특히 정신과학이나 사회과학의 영역에서는 '독단적 진리 주장'이나 시공간을 초월한 영원불멸한 진리 체계를 특정 종교 집단이나 특정 학파가 홀로 독점하고 있다는 주장을 용납하지 않는다. 모든 인간의 진리 담론은 역사적·문화적·사회적 영향을 받으면서 형성되어 왔음을 깨닫게 되었기 때문이다. 설혹 인격적 신의 특별 계시에 기초한다고 주장하는 셈족계 종교들일지라도, 계시의 발원지가 '초월적 차원'임을 부정하진 않지만 그 계시가 인간에게 받아들여지고 그 의미가 이해되고 응답될 때라야만 신적 계시는 비로소 의미를 갖게 되는바, 바로 그 인간의 수용-이해-응답의 과정에서 '해석학적 제약과 착색' 현상이 발생한다는 것을 깨달아 가고 있는 것이다.

여기에서 우리는 오늘날 종교 다원론을 둘러싸고 활발하게 전개되고 있는 철학적·종교학적·신학적 담론들을 해석학이라는 이해 이론의 관점에서 살펴보기로 한다.

등잔 모양은 다양하지만 비쳐나오는 불빛은 동일하다

오랜 옛날부터 현자들은 종교의 다양성이란 마치 문명에 따른 다양한 등잔 모양과 같은 것일 뿐, 그 등잔들에서 비쳐나오는 빛은 동일하고, 등잔이 존재하는 까닭도 어둠을 밝혀 빛을 발하게 하려 함이라는 같은 지향성을 갖는다는 사실에 주목했다. 세계 여행을 하는 관광객들은 각 문명 사회의 뒷골목 골동품 상점을 돌아보면서 그곳 문명의 특색을 한눈에 나타내는 등잔들이 있음을 발견하고 즐거움을 느낀다.

등잔을 만드는 재료는 다양하다. 흙을 구워 만든 토기 등잔, 돌을 갈아 만든 석등, 구리나 주석으로 만든 금속 등잔, 심지어 금이나 은이나 상아로 만든 고급 등잔도 있다. 등잔의 외형적 모양이나 등잔 표면에 아로새겨 넣은 문양, 덧입힌 색상의 다양성 등을 보면 현대인의 전등이나 샹들리에 장식등이 초라하게 느껴질 정도이다.

"등잔 모양은 다양하지만 비쳐나오는 불빛은 동일하다"라는 은유적 명제는 간단하지만 매우 깊은 진리를 말해 주고 있다. 오늘날과 달리 물류 소통이 뜸했던 고대 사회에서는 장인이 등잔을 만들 때 사용하는 소재는 자연스레 장인이 거주하는 지역에서 많이 나오는 흙, 돌, 광물질을 사용하게 마련이었다. 원재료를 불에 굽고 녹이고 조각하는 고도로 세련된 세공 기술은 하루아침에 습득되는 것이 아니고 조상 대대로 내려오는 지혜와 전승된 기술에 의존한다.

위의 비유가 말하려는 진리는, 다양한 종교들의 외양, 예를 들면 종교 의례, 상징물, 교리 체계, 성직 질서, 윤리적 계명은 다양하고 서로 다를 수 있다는 것이다. 그 이유는 특정 공동체의 종교는 그 종교가 탄생하고 자라고 발전해 가는 역사 · 문화 · 사회적 제반 조건을 반영하기 때문이다. 그러나 그러한 종교의 외양 차이에도 불구하고 모든 종교가 추구하려는 내면의 가치는 보다 자유롭고 건강한 생명 공동체의 실현과 '통과 제의'를 거쳐 '자기 초월 경험'이라는 숭고한 삶의 실현을 지향한다.

등잔 속에 넣어 불을 밝히는 재료는 고대 사회에는 올리브유, 해바라기유, 콩기름, 짐승 기름, 생선 기름 같은 각종 기름을 이용했다. 석유가 개발된 이후는 등유를 쓴다. 그러나 무슨 기름을 사용하든 간에 불을 밝히는 에너지의 출처는 태양이다. 등잔불을 켜는 모든 기름은 태양 에너지가 변형된 것이다. 불을 밝힐 수 있는 소재들 안에는 '태양의 불씨'가 내재해 있는 셈이다. 그리스 사람들은 그것을 '로고스'라 불렀다. '로고스'는 '우주의 이법'이자 '신적 빛'이요 또 '이성의 빛'이었다. 인간은 누구나 '로고스의 종자'를 자기 안에 갖추고 있다고 했는데, 모든 종교는 그 안에 '로고스의 기름'을 지니고 있는 셈이다.

로고스 사상은 기원전 6세기의 그리스 철학자 헤라클레이토스 (Herakleitos)나 파르메니데스(Parmenides)까지 거슬러 올라간다. 기원 전 3~4세기에 살았던 제논(Zenon)과 유대인 철학자 필론(Philon)을 거쳐, 3세기 알렉산드리아의 교부이자 신학자였던 오리겐(Origen)도 같은 생각을 하였다. 20세기 그리스도교 신학자 중에서 가톨릭 교회의 칼 라너와 개신교의 폴 틸리히도 '로고스'의 이해를 전제로 자신의 신학을 펼치고 있다.[1] 태양이 빛을 발함으로써 그 존재를 알리는 것과 마찬가지로, 틸리히는 로고스가 '신적 자기 드러내심의 원리'(the principle of the divine self-revelation)라고 보았다. 태양이 특정 지역만 비추거나 선하고 악한 인간을 가려가면서 비추지 않듯이, 로고스는 우주만물과 지구촌 모든 문명과 역사 속에서 현자들과 사람들의 마음속을 비추며 지혜와 선함과 창조의 원동력이 되어왔다.

로고스는 '보편적인 로고스'이기 때문에 특정 지역이나 특정 인물에 제한되지 않는다. 그러나 동시에 로고스는 구체적인 역사적 사건과 인물 속에서 그 순수성과 투명성을 달리하면서 드러날 수밖에 없다. 세계사 속의 모든 다양한 종교들 안에, 종교 창시자들 안에, 신앙인들 안에 '로고

---

1) Paul Tillich, *Systematic Theology*, vol.1, Part 1, "Reason and Revelation," part 2, "Being and God" 참조. 틸리히는 근현대인에게 있어서 '이성' 개념이 지나치게 추론하고 계산하고 대상을 변경시키는 '도구적·기술적 이성' 개념으로 협소화된 것을 지적하고, 본래적인 이성 개념은 '로고스' 개념과 밀접한 관계 속에 있었음을 강조하며, 인간의 이성과 계시를, 존재와 하나님을 상관 관계시켰다. 칼 라너는 『그리스도교 신앙 입문』(이봉우 옮김)의 제1과정에서 '초월론적 인간학'을 전개시킨다. 이에 대하여 이찬수, 『인간은 신의 암호』(분도출판사, 1999), 제1부를 참조하라.

스´는 현존했었다. 위대한 종교를 일으킨 그리스도와 부처와 뭇 성인에게서, 그들을 따르고 숭앙했던 주위의 사람들은 '로고스의 구체적 육화'를 느꼈다.

다시 한 번 "등잔의 모양은 다양하지만 비쳐나오는 불빛은 같다"라는 은유적 명제를 로고스론에 적용시켜 보자. 우선 문화마다 언어 구조가 다르므로 '로고스'라는 어휘와는 다른 문양의 글씨가 등잔에 새겨지게 되는 것은 당연하다. 고대 인도 사람들은 이를 '아트만' 혹은 '다르마'라고 불렀다. 중국 사람들은 '도 (道), '천리' (天理), '천명' (天命)이라고 불렀다. 빛의 근원을 '브라만'이라고 부르기도 하고, '태극' 또는 '무극'이라 부르기도 하고, '야훼' 또는 '엘로힘'이라 부르기도 하고, 아랍인들 문화권에서처럼 '알라'라고 부르기도 하고, '비로자나불'이라 부르기도 하고, 한민족처럼 '하눌님'이라고 부르기도 하였다. 왜 이렇게 '궁극적 실재'를 부르는 이름이 다양한가? 20세기 후반에 이 문제를 진지하게 다시 제기한 사람은 존 힉(John Hick)이라는 학자였다. 그의 설명을 들어보자.

궁극적 실재로서 하느님은 많은 이름을 가진다

존 힉은 미국 캘리포니아주 클레어몬트 대학원 종교학과 교수로 재직하다 은퇴한 영미계 학자이다. 많은 논란을 불러일으켰던 작은 책 『하느님은 많은 이름을 가졌다』에서 그는 다음과 같이 말했다.

"오랫동안 풀 수 없었던 문제들이 벗겨져나오면서, 종교 신학은 그리스도교 중심 또는 예수 중심 모델로부터 신앙의 보편적 모델인 신 중심 모델로 패러다임의 전이, 즉 코페르니쿠스적 전환이라는 사상을 발전시킬 수 있었다. 그러고는 세계의 위대한 종교들을 하나의 신적 실재에 대한 서로 다른 인간의 응답으로, 즉 다양한 역사적 · 문화적 상황 아래서 형성된 다양한 인식의 구체적 표현으로 보는 것이다."[2]

존 힉이 '코페르니쿠스적 전환'이라고까지 말하면서 종교의 다양성을 이해해야 한다고 강조하는 까닭은 무엇인가? 너무나 오랜 세월 동안 지구촌의 위대한 세계 종교들은 자신의 종교 위상을 세계사의 중심에 놓고, 다른 종교들을 자기 주위를 도는 행성 정도로 생각해 왔다. 특히 그리스도교가 그렇게 자기를 절대화하면서 다른 종교보다 우월하다고 주장해 온 과오를 더 많이 범했다고 그는 비판적으로 성찰한다.

특정한 역사적 종교의 진리나 창시자를 모든 종교의 중심이라고 배타적으로 주장할 때 종교간에는 우월성 논쟁이 발생하고, 특정 종교가 정치적 · 경제적 · 군사적 이해 관계와 맞물릴 때 타 종교나 타 문화를 부정하거나 공격하고 정복하려는 불행한 역사가 자행되어 왔다고 그는 주장한다. 이 점에서 존 힉은 역사에 출현한 모든 종교를, 마치 태양 주위를 도는 아홉 개의 행성들과 같다고 비유적으로 생각하고, 그 중심에 있는 태양 그 자체에 해당하는 것을 '하나의 신적 실재'로서 이해하자고 제창하였다.

태양 주위를 돌고 있는 수성, 금성, 지구, 화성 등 태양계의 행성이 태양 주위를 돌면서 그 빛을 받아 반사하고 있듯이, 세계사 속에 출현한 다양한 종교는 '궁극적 실재'에 대하여 역사적 · 문화적으로 다른 맥락에

---

2) 존 힉, 『하느님은 많은 이름을 가졌다』, 이찬수 옮김 (창, 1991), 20쪽.

서 인간이 응답한 결과라는 것이다. 곧 궁극적 실재에 대한 '인식의 구체적 표현'으로 이해할 수 있다는 것이다.

존 힉은 "인간이 아는 하느님은 하느님 자체가 아니라, 특수하게 제한된 종교 전통의 인식과 반응을 통해 경험되고 생각된, 인류와 관계된 하느님이다"[3]라고 강조했다. 이러한 입장을 존 힉의 '신 중심적 모델'(the theo-centric model)이라고 부르기로 하자.

존 힉의 『하느님은 많은 이름을 가졌다』라는 책과, 그 책의 중심 주제인 '신 중심적 모델'로의 패러다임 전환 요청은 많은 찬반 이론을 불러일으켰으며, 지구촌 시대의 다양한 종교 현상을 이성적으로 어떻게 이해할 것인가 하는 문제에 불을 붙였다. 특히 보수적 전통의 기독교계에서는 강렬한 거부 반응을 보였는데, 근 2천 년 동안 서구 문명이 지배하는 곳에서는 기독교의 우월성 또는 절대 진리성을 주장해 왔고, 예수 그리스도를 통해 나타난 특별한 구원 계시적 진리를 수용하느냐 거부하느냐로써 타 문화나 타 민족 내부의 사람들의 '구원' 여부가 결정된다고 믿고 가르쳐왔기 때문이다.

존 힉의 '신 중심 모델'로의 사고 전환을 대체로 환영하는 진보적 학자들과 성숙한 시민도 많았다. 그러나 존 힉의 '신 중심적 모델'에 대하여 일부는 오해에 기인하긴 하지만 경청할 만한 비판적 제언을 내놓기도 하였다. 그 중요한 쟁점은 다음 세 가지로 요약할 수 있다.

첫째, 존 힉의 '신 중심 모델'은 마치 모든 세계 종교가 '하나의 신적 실재'를 받아들이거나 다양한 종교들의 '공통 분모'처럼 전제하는 점에서 문제라는 것이다. 그러한 의심을 받기에 합당할 만큼 존 힉의 '하나의

---

3) 같은 책, 121쪽.

신적 실재'는 비록 초월적 실재이긴 하지만 다분히 서구 기독교 문명의 '인격적 절대자로서 하느님' 개념을 전제로 하고 있지 않는가 하는 비판이 일 수 있다. 이러한 비판은 선불교 학자들에게서부터 특히 강했지만, 과정 신학자요 동료이기도 한 존 캅(John Cobb Jr.)으로부터도 신랄하게 제기되었다.

존 힉의 응답은 '하나의 신적 실재'란 종교 철학적 표현으로서 '실재'(Reality) 또는 '궁극적 실재'(the Ultimate Reality)를 언표하는 것일 뿐, 결코 서구 기독교 전통에서 말하는 '인격적 절대자'를 전제하는 것은 아니라고 하면서 비판의 일부를 겸허하게 수용하였다.

둘째, 존 힉의 '신 중심적 모델'은 인식론적으로 '본질과 현상'을 이분법적으로 나누어 이해하는 칸트(Immanuel Kant)의 인식론을 종교적 실재 이해에 여과 없이 직접 적용시킴으로써 문제가 발생한다는 비판을 받는다. 칸트의 인식론에서 말하는 '물 자체'(Ding an sich)처럼 '실재 그 자체'(Reality itself)와, 인식 능력에 포착된 현상계처럼 '인간적으로 이해되고 생각된 실재'(the Reality as humanly experienced and thought)를 이분법적으로 나누고 있다는 것이다. 거기엔 관념적·본질주의적 사고의 잔재가 남아 있고, 칸트 이후 현상학적 진리 이해로 나아간 길을 무시하고 있다는 것이다.

존 힉은 이 문제에 대하여 인간의 모든 경험과 사유는 역사적·문화적 상대성을 벗어날 수 없으며, 더 본질적으로 인간은 진리를 이해하고 해석하고 표현하는 과정에서 해석학적으로 의존적 존재라고 주장하면서 자신의 생각을 철회하지 않았다. 그러므로 존 힉의 종교 신학은 인식론적으로는 칸트의 인식론 위에, 역사 실재관에서는 트로이엘취(E. Troeltsch,

1865~1923)의 '역사적 상대주의', 곧 종교적 가르침을 포함하여 역사 속에 출현한 모든 이념 · 가치 · 조직 체계는 역사적 상대성을 피할 수 없다는 이론 위에 정초하고 있는 것이다.

존 힉의 '신 중심 모델'이 말하려던 핵심은, 인간이 '신적 실재'의 무궁성을 완전하게 그리고 더 이상 신비할 것이 없을 만큼 온전하게 인식할 수 없다는 한계성이나 상대성을 지적하려는 것이지만, 작은 붓 대롱으로 본 하늘이 하늘의 전부라고 우기는 독단이 잘못이지 작은 붓 대롱으로 본 하늘 역시 분명한 하늘이라는 점을 간과한 것은 존 힉의 잘못이라고 아니할 수 없다. 다시 말하면 종교적 인식과 체험이 지닌 '상대적 절대성'이라는 역설을 충분하게 담아 내지 못했다는 것이다.

셋째, 존 힉의 '신 중심적 모델'은 자신의 의도와 상관없이 종교 통합 내지 종교 습합의 이론적 토대로 곡해되어 개별 종교가 지니는 고유한 특징을 약화시키고 다양한 종교 전통이 지닌 공약 불가한 요소들을 무시하는 문제점이 있다는 비판을 받는다.

특히 전통 기독교 보수 교단 측에서는 "종교 다원론은 곧 종교 혼합주의"라고 단정하면서, 종교 다원론의 담론 자체를 경계하거나 무조건 적대시하는 비지성적 태도를 견지하며 대중을 오도하는 경향을 보인다. 그러나 현대의 성숙한 종교 다원론을 둘러싼 담론은 '종교적 배타주의' 못지 않게 무책임한 '종교 혼합주의'를 경계한다.

무책임한 종교 혼합주의는 흔히 종교를 삶이나 체험으로서가 아니라 머릿속 이론으로 생각하는 사이비 지식인들 사이에서 유행하기 쉽다. 역사적 종교들의 상대성과 제약성을 강조하다 보면, 세계 고등 종교들이 지니고 있는 가장 순수하고도 높은 진리들을 종합하여 더 완전한 세계 종교를 만들면 인류 복지에 이바지할 것이라는 소박한 생각을 하게 마련이다.

그러나 종교 다원론은 결코 종교 혼합주의로 나아가려는 것이 아니다. 종교란 그 안에 생명을 지닌 씨앗 같은 것이지 생명이 없는 다이아몬드 같은 보석이 아니다. 종교는 살아 있는 나무와 같은 것이지 거대 컴퓨터 같은 기계가 아니다. 종교 혼합주의자들은 종교를 살아 숨쉬는 생명 현상으로 이해하지 않고 생명이 없는 모자이크 같은 것으로 이해하는 잘못을 범하고 있다.

존 힉의 '신 중심적 모델' 이 제시했던 "신은 많은 이름을 가졌다"는 은유적 명제는 자신을 절대화하거나 다른 종교를 우상 종교로 배척하려는 개별 종교의 독단을 진지하게 반성하고 있다는 점에서 지성적으로 큰 공헌을 했다.

그러나 종교 다원 현상을 긍정적으로 보면서도 나아가 개별 종교의 고유성을 담보할 수 있으려면 또 다른 은유적 모델이 필요하다. 우리는 그것을 '무지개 모델' 로 이름 붙일 수 있다.

일곱 가지 다양한 색깔이 모여 무지개를 이룬다

종교 다원 현상을 이해하고 설명하는 담론에서 무지개를 은유로 사용한다는 것은 우선 생각만 해도 즐겁다. 도심의 매연에 찌든 생활을 하던 시민들은 어느 날 하늘 저편 창공에 떠오른 무지개를 바라보고 동심에 젖어든다. 무지개가 만들어지는 원리를 기억하든 않든, 각박한 현실과 경쟁적인 삶 속에서 잠시나마 아름다운 무지개를 바라볼 수 있다는 사실만으로도 도시민은 감격한다.

종교 다원론 현상을 이해하는 데도 무지개 모델이 가지는 은유는 매우 감동적이고 큰 설득력을 준다. 이 은유를 가장 잘 설명한 이는 인도 태생의 가톨릭 신부 라이문도 파니카이다. 그는 존 힉과 함께 20세기 후반 기독교권 내의 대표적인 종교 다원론자이다.

"인류가 갖고 있는 여러 가지의 서로 다른 종교적 전통은 신적 실재라는 순백의 광선이 인간 경험이라는 프리즘에 투과되어 나타나는 무수한 색깔과 같다. 그 광선은 셀 수 없이 많은 전통과 교리, 종교를 통해 굴절된다. 녹색이 황색이 아니듯 힌두교는 불교가 아니지만, 우리는 그 색상을 바라볼 때 어디서 황색이 끝나고 녹색이 시작되는지 그 경계를 알아낼 길이 없다. 그 경계를 임의적으로 설정해 놓지 않는다면 말이다. 뿐만 아니라 우리는 어떤 특수한 색깔, 다시 말해서 어떠한 종교를 통해서도 그 백광(白光)이라는 근원에 도달할 수 있다. 즉 인간의 전통을 따르는 사람들은 거기에 광선이 조금이라도 비치고 있는 한, 그들의 목적이나 완전함 또는 구원에 도달할 수 있는 가능성을 지니고 있는 것이다."[4]

무지개의 은유가 지니는 종교적 의미를 좀더 깊이 이해하기 위해 물리 현상으로서의 무지개가 생기는 과정을 잠시 생각해 보자. 무지개의 다양한 색상은 물방울 속으로 투과된 광선의 굴절과 내부 반사에 의해 생긴다. 파장이 다른 각각의 빛들은 각각 다른 굴절각을 갖고 휘기 때문에, 입사광을 구성하는 빛깔들은 물방울을 통과해 나올 때 각 성분으로 분해되고, 태양과 반대 방향에서 '1차 무지개'를 만든다.

---

4) R. 파니카, 『종교간의 대화』, 김승철 옮김 (서광사, 1992), 26~27쪽.

백색 광선 자체는 '궁극적 실재'를 상징하고, 일곱 가지 색깔을 띠고 나타나는 무지개의 색상은 구체적이고 다양한 '역사적 종교들'을 상징한다. 빛을 굴절시키고 통과시키는 물방울은 전통이 내포하는 역사적 · 문화적 · 언어적 조건들이며, 아름답다고 느끼는 감성적 체험은 인간의 눈이 지닌 신경 구조처럼 해석학적 입장을 상징한다. 한 개의 무지개를 본다는 것은 이상에서 분석한 다양한 요소의 총체적 결합 결과이다.

빛이라는 물리적 실재가 인간의 시각적 구조와 만나서 색상 차이를 감별해 내는 이 같은 미학적 체험은, 파니카의 종교 다원론 이론에서 더욱 풍요로운 진리를 은유적으로 나타내는 데 활용된다. 구체적이고 특정한 역사적 종교는 그것이 불교든 이슬람교든 기독교든 간에 빛이 스펙트럼을 통과하면서 발생시키는 파장들을 다 나타내지 못한다. 그중 어느 특정 파장을 반사하여 특정 색깔은 내보이지만 나머지 파장은 물체에 모두 흡수되듯이, 개별 종교 안에는 개별 종교의 역사적 특성으로 강조되는 것들 이상의 깊은 진리가 함축되어 있다는 것이다.

"한 물체의 색깔이란 그 물체가 흡수하지 않고 반사한 색깔이듯이, 하나의 종교도 이처럼 다른 모든 색깔들을 흡수해서 감추고 있기 때문에, 그 종교가 밖으로 반사하는 색깔은 사실 그 종교의 외견상의 형태, 즉 바깥 세상에 대한 그 종교의 메시지일 뿐 그 종교가 갖고 있는 본성의 전부가 아님을 우리는 이러한 모델을 통해 알 수 있다. 하나의 종교를 그 종교의 내면으로부터 이해해 보고자 할 때 이러한 사실을 알게 된다. 모든 색깔의 총체인 백광을 받는 실체는 하나의 빛깔만을 반사하고 다른 빛깔을 자체 내에 흡수해서 갖고 있기 때문에 하나의 종교를 그 외견상의 빛깔만 가지고 판단한다면 이는 잘못된 일이다."[5]

파니카가 말하는 무지개 모델의 은유는 종교 다원론 담론에서 우리가 경청해야 할 것들이 많다. 파니카는 우선 역사적 종교들의 구체적 특성, 고유소(固有素), 다양성 그 자체를 진지하게 생각하라고 촉구한다. 무지개는 각각 색상의 아름다움을 유지할 때만 무지개로서 아름다운 가치를 발휘한다. 그러나 동시에 파니카는 역사적 종교들이 나타내보이는 현상학적 혹은 유형론적 특징마저도 그 종교가 말하려는 전부라고 생각해서는 안 된다고 경고한다.

구체적 물체는 특정한 빛의 파장은 반사하지만 나머지 파장은 모두 그 안에 흡수하고 있듯이, 개별 종교는 자신들의 전통이 나타내는 것보다 더 깊은 것이다. 흔히 말하기를 기독교는 인격신을 믿는 타력 구원의 종교이고 불교는 다르마를 깨닫는 자력 구원 종교라는 식의 평면적 대조는 극복되어야 한다는 것이다. 더욱 명심해야 할 점은 특정 종교가 가진 유형적 특성이 타 종교를 판단하는 규범적 잣대가 되어, 다른 종교 안에는 우리가 믿는 구원 내용이 없으므로 종교로서 인정할 수 없다든지 그 종교에는 구원이 없다는 식으로 접근해서는 안 된다는 말이다. '구원'에 대한 실질적 이해와 체험이 개별 종교마다 나름의 특성을 지니기 때문이다.

무지개 색상의 하나인 빨강색이 보라색에게 너는 색깔이 아니라고 할 수 없고, 장미꽃이 국화꽃더러 너는 나보다 아름답지도 못하고 꽃도 아닌 잡초라고 말하는 것이 어불성설과 같은 이치이다. 장미꽃은 장미꽃으로서 아름다움이 있고 국화꽃은 국화꽃으로서의 아름다운 품위가 있다. 두

---

5) 같은 책, 28쪽.

꽃은 모두 꽃으로서 아름다움과 향기를 선사한다. 파니카의 '무지개 모델'에서 우리는 역사적 종교들의 고유한 특성이 지켜지고 존중되는 가운데 종교 다원론 담론이 수행되어야 된다는 것을 배운다.

산의 등정로는 다양하지만 호연지기는 서로 통한다

종교 다원론을 이야기할 때 '구원' 문제는 언제나 종교간 대화를 어렵게 만드는 주제였다. 종교 대화와 협력의 테이블 주위에 모인 다양한 종교인들은 모두 지성과 진지함을 지닌 분들이었지만 '구원'에 대한 이해의 차이는 대화를 어렵게 만들곤 했다. 어느 종교에서는 아예 '구원'이라는 단어 자체를 구사하지 않는 종교도 있고, 어느 종교에서는 자기 종교가 규정하는 '구원' 개념이 아니면 '구원'이라고 인정할 수 없다는 배타적 태도를 취하기도 했다.

그러나 열린 지성인으로서 진지하게 종교간의 대화나 협동에 임한다면, 그 용어가 구원, 해탈, 모크샤(moksa), 진인(眞人), 지복직관(至福直觀) 등등 여러 가지 표현을 사용하더라도, 그것이 종교인의 본래적 모습이라는 점에서 공통점이 없을 수 없다. '구원'에 대한 이론과 개념 설명이 설혹 종교마다 다양할지라도 '구원받은 사람'의 삶의 태도에는 상통하는 점이 있다. 그 점을 공통으로 이해하는 것이 중요하다. 다양한 종교에 귀의하지만 각각 귀의하는 자기 종교에서 각 종교 나름대로 참 구원의 모습에 도달한 사람들은 어떤 공통 특징을 보이는가?

첫째, 존 힉이 강조하는 바처럼 참 종교인은 '자기 중심적 존재'에서 '실재 중심 혹은 생명 중심의 존재'에로 삶의 지향성이 변화된 사람이다.

이기심과 자기 중심적 생각에서 벗어나 늘 전체 생명과 더 높은 진리의 자리에서 생각하고 행동하는 사람이다. 둘째, 참 종교인은 생사의 두려움을 극복하여 삶과 죽음, 차안과 피안을 하나로 꿰뚫어 살 줄 아는 사람이다. 삶의 집착과 죽음의 두려움은 보통 인간의 공통점이지만, 종교는 그것을 넘어서게 한다. 셋째, 참 종교인은 이제 자발적으로 그리고 기쁘게 이웃 생명을 위해 어짊, 자비, 사랑을 실천하면서 살아간다. 개인의 삶을 책임지고 살아가면서도 항상 대동 세계, 불국토, 하나님 나라의 실현을 위해 힘쓰는데, 그 세계의 공통점은 생명 있는 것들이 건강해진 세계를 이루자는 것이다.

이러한 방향에서 종교 다원론의 담론은 종교가 지닌 교리 및 상징 체계의 우열을 비교하거나 종교들의 공통 기반이 있느냐 없느냐라는 형이상학적 논쟁보다는, '삶의 실천적 광장'에서 만나보자는 '실천의 해석학'이 20세기 후반에 나타나 공감대를 형성해 갔다. 그리고 그에 걸맞은 은유적 모델로 나타난 것이 '등산 모델'이다.

많은 사람들이 산에 오르기를 좋아한다. 왜 산을 힘들여 오르느냐고 물으면 산이 거기에 있으니까. 심신 건강을 위하여, 호연지기를 위해서, 종교적 영성 함양을 위해서, 레저 문화 생활의 한 방편으로 등등 응답이 여러 가지일 수 있다. 그러나 대체로 산에 오르는 산악인들은 일단 산에 오르면 산악인으로서 연대 의식과 말없는 친밀감, 동류 의식이 저절로 발생한다고 한다. 처음 만난 사람들과도 먼저 인사를 건네고, 조난 사고를 만나면 서로 협동하며, 등정로의 보수 작업에도 자발적으로 참여한다.

더욱이 등산의 목표점이 북한산, 설악산, 지리산, 한라산, 백두산 같은 제법 높은 산과, 아예 전문 산악인만이 도전할 수 있는 에베레스트 등정의 경우는 종교간의 대화와 협력의 은유로서 아주 좋은 진리를 일깨워준다. 에베레스트산은 그 높이를 정확하게 측정한 영국 기사 에베레스트를 기념해서 붙인 이름이다. 다분히 서양 문명 중심적으로 산 이름을 붙인 것이다. 그러나 사실은 서양 사람들이 그 산을 에베레스트라고 부르기 훨씬 전부터 그 산은 거기에 있었다. 인도, 네팔, 티베트, 중국 등 인접 국가의 주민들은 그 산을 보면서 각각 다양한 이름으로 부르면서 수천 년간 살아왔다. "궁극적 실재는 많은 이름을 가지고 있다"라는 은유적 명제를 앞에서 이미 이야기했기 때문에 여기에서 다시 그 점은 반복하지 않는다.

'등산 모델'이 종교간의 대화와 협력에 관하여 주는 은유적 진리는 특히 세 가지로 요약할 수 있다. 첫째는, 에베레스트산 같은 높은 산에 오르는 등정로는 한 가지만 있는 것이 아니라 여럿 있을 수 있고, 또 새로운 등정로를 개척할 수도 있는데, 등정로마다 산의 풍광이 다르고 산세나 기후 변화 등도 달라 어느 길로 산을 오르느냐에 따라 다양한 경험을 한다는 것이다. 둘째는, 같은 산을 오르는 산악인들은 등정로가 같든지 다르든지 간에 산악인으로서 동류 의식 같은 것이 있으며, 산을 오르면서 부딪치는 애로 사항이나 문제에 대해 서로 돕고 협동한다는 점이다. 셋째, 서로 다른 등정로를 따라 산을 오른 사람들도 정상에 이르면 비록 말이 통하지 않고 생김새나 문화, 습관이 다르더라도 '호연지기'가 통해 아주 친밀감을 느낀다는 점이다.

20세기 후반에 들어오면서부터 지구촌의 온갖 문제, 곧 생태계 위기, 제3세계 국가들의 절대 빈곤, 국제적 마약 조직, 테러, 에이즈, 전쟁과 국지 분쟁, 특히 어린이들의 교육과 건강과 같은 문제는 이제 특정 종교가 홀로 해결하거나 접근할 문제가 아니라 국제적 연대와 협력이 절실한 문제로 인식되기에 이르렀다.

진지한 신앙인들에게 "어느 종교가 더 바른 진리 체계와 가르침을 가지고 있느냐" 보다도 "어느 종교가 인류를 고통에서 구하려는 실천적 선행에 더 열심히 효과적으로 봉사하느냐"가 더 일차적인 관심이 되었다. 이 문제를 20세기 후반에 본격적으로 제시한 학자는 폴 니터(Paul Knitter)였다. 그는 이렇게 말한다.

"세계의 현 상황에 비추어 볼 때 대부분 종교 전통들의 구원론만이 아니라 기본적인 인도주의적 관심이 가난한 자와 비인간적 삶을 살아가는 사람들에 대한 우선적 선택을 종교들 대화의 필요성과 제1차 목적으로 삼아야 할 것을 요청한다. 종교 전통들이 함께 말하고 함께 행동해야 되는 이유는 그렇게 할 때에만 비로소 우리 지구의 오염 문제와 억압들을 제거하는 데 개별 종교들이 결정적으로 중요한 공헌을 할 수 있기 때문이다."[6]

1970년대 이후 제3세계 국가들 안에서 수억 명의 사람들이 경제적 빈곤, 정치적 억압, 문화적 소외 속에서 시달리고 있는 현실에 대해 종교인들이 우선적으로 관심을 갖고 그 극복을 위해 실천적 연대를 강화해야 한다는 자각이 크게 높아졌다. 현재에도 60억 인류 중 12억 가까운 사람들은 생존 자체의 위기를 겪으면서 굶주림과 질병과 전쟁의 희생자로 고통당하거나 죽어가고 있는데, 종교간의 대화가 한가한 이론적 담론이나 펼치고 있을 수 없다는 것이다. 이론적 논의가 필요없다는 것은 아니지만,

---

6) Paul Knitter, "Toward a Liberation Theology of Religions," *The Myth of Christian Uniqueness: Toward a Pluralistic Theology of Religions* (Maryknoll: Orbis Books, 1987), p. 181 ; 한일철, 『종교다원주의의 이해』(한국기독교연구소, 2000), 142~143쪽.

종교의 일차적 동기와 목적은 '이론'에 있지 않고 '실천적 삶'에 있다는 것과, 다른 그 무엇보다도 '가난한 자와 소외된 자들에 대한 우선적 선택'이 중요하다는 공감대가 형성되어 갔던 것이다.

위와 같은 세계 종교계의 각성은 과거 종교 전통들이 인간을 비인간화시키는 현세적 힘과 지배 이념에 기생하거나 편을 들어주면서 종교의 올바른 기능을 상실해 왔다는 자기 반성이 바탕이 된다. 종교간의 대화와 협력이 실질적으로 유익하고 의미 있으려면, 이론적인 관심보다는 실천적인 관심으로 전향해야 한다는 것이다.

한국 종교계의 경험도 그와 같은 결론에 이르고 있다. 국내외 가난한 자들에 대한 식량과 의료 지원, 남북 평화 협력 증진을 위한 협동, 자연 생태계 회복 운동과 녹색 문화 창달을 위한 대화와 협동, 인권과 민주화를 위한 공동 전선 구축 등의 실천적 체험을 통해서, 한국의 종교들은 매우 긴밀한 유대감과 대화 협력의 정신이 증대됨을 체험하고 있다.[7] 여하튼 세계와 한국의 현실 속에서 종교간의 대화와 협력을 강화해야 한다는 공감대가 형성되어 가는 가운데, '등산 모델'의 비유는 우리에게 매우 유익한 시사점을 제공해 준다.

농부는 접목을 통해서 더 좋은 과일을 생산한다

종교간의 대화나 협력이 싸구려 종교 혼합주의나 종교 통합 운동으로 전락해서도 안 되고 또 그렇게 될 리도 만무하지만, 진정한 종교적 대화

---

7) 한국 종교계 안에서 이뤄지고 있는 종교간의 대화 역사 및 그 현황은 다음 자료를 참고하라. 크리스찬아카데미 편, 『열린 종교와 평화공동체』(대화출판사, 2000), 325~378쪽.

나 협력은 자기 종교의 전통 안에 고착되어서는 안 되고, '대화를 넘어서 창조적 자기 변화'를 지향하는 자세와 용기를 지녀야 한다. 이 점을 강조한 사람이 존 캅이다.[8] 존 캅의 지론은 두 가지 경청할 만한 통찰에 근거하고 있는데, 첫째는 그의 과정 철학적 실재관이요, 둘째는 해석학적 존재로서의 인간의 이해에 대한 깊은 이해이다.

과정 철학적 실재관에 의하면 '실재'는 변하지 않는 존재가 아니라 생성중인 과정으로 있다. 현실 속의 모든 실재들은 물질적 실재이거나 정신적 실재이거나 간에 끊임없는 생성과 운동 속에서 변화하며 무엇인가를 형성해 가고 있는 '과정'이라는 것이다.

인간의 평균 수명이 70~80세라고 할 때 우리는 7천만 년이나 7억 년 동안의 변화 과정을 통째로 인식하는 데 제한을 받는다. 그래서 「애국가」 가사처럼 "동해물과 백두산이 마르고 닳도록"이라고 한다. 백두산과 동해의 물은 영원하다는 것을 암시하면서 하는 노래이다. 그러나 오늘날 지구 지질학은 대륙이건 대양이건 지구 표면이 오랜 역사를 두고 형성되어 왔으며, 지금도 서서히 변화하며 형성되고 있다는 사실을 알려준다.

정신적 차원에서 보면 한국의 불교는 인도에서 발생한 이후 중국을 거쳐 토착화하면서 원시 불교와는 그 색깔과 맛이 다른 한국적 불교가 되었다. 그것은 불교가 동아시아의 노장 사상이나 유교, 신선 사상, 무교 등과 접촉하면서 창조적으로 변해 왔기 때문이다. 한국 불교가 불교의 근본 특성을 지니면서도 인도, 태국, 중국, 일본 불교와 다른 특징을 지닌다는 것이 꼭 단점이 된다거나 부정적으로 변질된 것이라고 할 수 있을까?

---

8) John Cobb, Jr., *Beyond Dialogue: Toward a Mutual Transformation of Christianity and Buddhism* (Fortress Press, 1982) 참조.

기독교도 마찬가지이다. 팔레스타인에서 발생한 원시 기독교 신앙과 신학은 지중해 문명권과 유럽의 게르만이나 라틴 문화, 앵글로색슨 문화, 슬라브 문화 등을 거치면서 다양한 색깔을 덧쓰면서 풍요롭게 발전되어 갔다. 현생하는 지구의 생물 종들이 지구 환경에 적응해 가면서 '자연 선택'을 통해 가장 우수한 종만 살아남아 진화해 왔듯이, 종교와 철학, 이념과 가치 체계도 창조적 만남을 통해서 발전해 간다는 것이 과정 철학의 지론이다.

창조적 변화를 두려워하지 않는 종교 다원론 담론의 둘째 통찰은 개인이건 집단이건 간에 인간은 그 고유한 문화적·언어적·역사적 전통 속에서 형성되는 존재이기 때문에, 타자에게 발견할 수 없는 새로운 것, 특징적인 것, 고유한 것을 지닐 수밖에 없다는 것과, 그것을 귀중하게 여기고 서로 스며들면서 풍요롭게 되는 것이 중요하다는 것이다. 한마디로 인간은 '해석학적 존재'이며 해석학적 맥락 구조 속에서 의미 있는 삶을 살아가는 존재, 따라서 해석학적 패러다임에 의존하는 존재라는 것이다. 한인철은 존 캅의 입장을 다음과 같이 명료하게 정리한다.

"존 캅이 적절하게 지적하고 있듯이 '사람들은…… 자기들이 이미 알고 있는 것과는 다른, 그래서 기존의 견해나 인식과 갈등을 일으킬 수 있는 어떤 것이 들려오고 있다고 생각하기 전에는…… 다른 사람이 말하는 내용에 귀기울이지 않을 것이다.' 어떤 의미에서는 차이가 철저해지면 철저해질수록, 대화는 그만큼 더 생산적일 것이다. 요컨대, 대화의 내적 힘은 배움에 있으며, 배움은 차이로부터 오는 것이다."[9]

9) 한인철, 『종교다원주의의 유형』(한국기독교연구소, 2000), 202쪽.

존 캅의 논지는 오늘날 포스트모더니즘의 '차이의 해석학'을 내포하면서도, 내가 아직까지 경험해 보지 못했거나 깨닫지 못한 진리를 타자로부터 배움을 통해 경험할 수 있다는 가능성을 믿는 해석학 이론 위에 선다. 배움은 어떻게 가능한가? 대화이건 독서이건 협력을 통한 연대이건, 인간이 다른 개인이나 공동체의 정신 내면에서 경험되고 표현된 것을 다시 경험하려면 언어성을 매개로 해야만 가능하다. 여기에서 말하는 언어성이란 구체적인 문자나 언어 행위만이 아니라 의미 전달의 매체로서 기능하는 상징과 의례까지 다 포함한다.

그러므로 진정한 대화를 통한 창조적 배움을 달성하려면, 기독교인의 경우에 불교를 이해하기 위해서 불교적 '삶의 길'과 '사유의 방식', 불교라는 자기 초월 경험이 이뤄지는 공간으로 일단 '건너가는' 용기가 필요하고, 그 경험과 이해 후에 자기 종교의 전통 속으로 '다시 되돌아오는' 과정을 거칠 필요가 있다. 그러면 이전에 없던 새로움으로 더 풍성해진 그리스도인으로 살아갈 수 있다. 물론 그 반대도 마찬가지이다. 타자의 경험과 삶의 방식에로 '건너가는' 용기를 갖지 못하고 언제까지나 자기의 자리에서만 타자를 이해하는 것 역시 불가능하다.

물론 여기에서 '건너감'이란 반드시 불교 사찰에서 일정 기간 생활을 해야만 한다거나, 기독교 수도원 생활을 구체적으로 경험해야만 한다는 것을 의미하지 않는다. 몸은 그곳에 가 있더라도 '마음'이 열려 있지 않으면 아무 소용이 없다. 불교나 기독교 또는 다른 종교를 진정으로 이해하려면 그들의 종교 체험과 사유를 해석학적 관점에서 이해해야 한다는 말이다.

인간의 존재 방식 자체가 해석학적 과정이며 해석학적 이해의 연속이라고 한다면, 인간은 늘 삶과 실재를 조망하는 어떤 지평 안에 있다는 말이 된다. 인간 존재가 해석학적 존재임을 철학적으로 철저하게 규명한 학자는 한스 게오르그 가다머(Hans-Georg Gadamer)이다. 그는 인간을 이해하는 지평의 한계와 그 심화 확장의 과정을 이렇게 설명한다.

"모든 유한한 현재적인 것은 그것의 한계를 지닌다. 상황이 의미하는 바는 사물을 바라보고 이해하는 전망 가능성을 한정 짓는 일정한 관점을 나타낸다. 그러므로 상황 개념의 본질적 부문 속에는 지평(地坪)의 개념이 있다. 지평이란 특정한 관점으로부터 보이는 일체의 것들을 포함하는 시계(視界) 범위이다. 이것을 우리들의 생각하는 마음에 적용해 볼 때 우리는 지평의 협소함, 지평의 가능한 확장, 새로운 지평의 열림 등에 대해서 말할 수 있다."[10]

예일대 역사신학 교수로 일하는 조지 린드백(George A. Lindbeck)은 종교의 다양성을 '문화-언어적' 접근 방법으로써 파악하고, "종교는 무엇보다도 그리고 일차적으로 언어요 문화다"라고 파악, 언어란 경험을 표현하는 수단 도구가 아니라 경험을 발생시키고 의미 있게 하는 근원이라고 보았다.

그의 '문화-언어적 종교 다원론'은 종교들의 고유한 특징과 차이를 보도록 하는 데 많은 도움이 되는데, 모든 인간이 존재론적으로 존재의

---

10) Hans-Georg Gadamer, *Truth and Method* (1982), translated by J.C.B. Mohr from *Warheit und Methode* (Tubingen 1960), p. 269. 가다머의 해석학 이론의 종교 신학에로의 전용에 대하여는 다음 자료를 참조. 김경재, 『해석학과 종교신학』 (한국신학연구소, 1994), 53~77쪽.

언어성에 귀속되어 있기 때문에, 문화와 역사적 경험이 서로 다른 인간 상호간의 이해가 가능하고, 서로 다른 문화 속에서 형성된 종교 경전의 번역과 텍스트 해석이 가능한 것이다. 그 점을 리차드 팔머는 다음과 같이 예리하게 지적하고 있다.

"언어는 감옥과 같은 것이 아니고, 존재 안에 있는 열려진 공간인데, 그것이 야말로 인간으로 하여금 전통에 대한 개방성과 전통에 의존하면서도 무한한 확장을 허락해 주는 것이다.…… 존재의 언어성에 귀속해 있다는 사실은 텍스트 속에 있는 다른 사람들의 정신적 유산과 만날 수 있는 가능성의 지반이기 때문이다."[11]

종교간의 만남, 특히 그리스도교와 한국 전통 종교와의 만남을 '접목 모델'로서 이해하기를 제창한 한국 기독교 사상가는 유동식이다. 한국의 대표적 토착 신학의 개척자인 유동식은 "토착화란 민족의 영성이 외래 종교의 이념 및 역사적 현실과의 통합에서 이뤄지는 종교 문화 현상이다"라고 말한다.[12] 여기에서 '외래 종교의 이념'이란 불교, 유교, 기독교 등 인도나 중국, 서양에서 전래해 온 사상이나 종교의 핵심 진리 내용을 말한다. 그리고 '역사적 현실'이란 그 외래 철학 사상이나 종교가 전파될 때 한 민족이 처한 정치적·경제적·역사적 형편을 말한다. 그리고 '민족의 영성'이란 구체적으로는 한 민족의 집단적 민족 심성의 원형적 구조라고 유동식이 주장하는 '풍류도심'을 말한다. 풍류 도심은 하나를 지

---

11) Richard Palmer, *Hermenutics: Interpretation Theory in Schleiermacher, Dilthey, Heidegger, and Gadamer* (1969), p. 208.
12) 유동식, 『풍류도와 한국 신학』 (1992), 254쪽.

향하는 포월적 종교성과 현실을 긍정하는 대동적 삶의 지향성, 신바람과 아름다움을 추구하는 예술성을 그 핵으로 하는 민족성을 말한다.[13]

유동식의 '접목 모델'의 종교 신학적 해석학의 특징은 과수원에서 농부가 좋은 과일을 얻기 위해 사과나무의 대목(臺木)에다가 새로운 품종을 접목시키는 '접순'(接筍) 사이의 상호 관계성을 아날로지로 삼는다. 분명히 농부는 더 나은 유전 인자를 지닌 접순을 대목에 접목시키지만, 접순 자체가 새로운 과실을 저절로 맺게 하지는 못한다. 좋은 유전자를 꽃피우고 열매를 맺게 하는 데는 기존의 대목이 절대적 역할을 수행해 주어야 한다. 유동식은 기독교 역사를 예로 들어 '접목 모델'의 해석학적 논리를 다음과 같이 말한다.

> "성서에 기록된 복음이 유대 문화의 눈을 통해 포착된 하느님의 말씀이라면, 서구 신학은 그리스-라틴 문화의 눈을 통해 포착된 복음 이해일 것이다. 하느님의 말씀은 초월적인 것이지만, 그것이 구원의 작용을 하기 위해서는 구체적으로 '성육신'(Incarnation)의 길을 밟지 않으면 안 된다. 육신이란 문화적 역사적 제약 밑에 있는 것이다. 따라서 복음은 일단 영원의 빛에 비추어서 보편적인 진리로 해석되어야 하지만, 그것이 실존적인 산 진리로 포착되기 위해서는 각자의 주체적인 눈이 필요하다. 주체적인 눈이란 구체적인 문화와 역사 속에서 형성된 것이다.…… 눈이란 곧 그 민족의 영성을 뜻한다."[14]

---

13) 유동식, 『한국신학의 광맥』 개정판 (다산글방, 2000), 359~360쪽; 유동식, 『풍류 신학으로의 여로』 (전망사, 1988), 9~72쪽.
14) 유동식, 『풍류도와 한국 신학』, 39쪽.

위에서 인용한 유동식의 '접목 모델'의 해석학적 순환론에 의하면, 어떤 위대한 외래 종교일지라도 한 민족에게 일방적으로 주어진 것이 아니라, 외래 종교와 그것을 받아들이는 그 민족의 고유한 영성간의 쌍방적 작용 관계 속에서 이뤄진다. 이 과정은 피동적으로 주어진 것이 아니라 능동적으로 이루어진다. 외래 종교의 이념을 기계적으로 반복 재생하는 것이 아니라 생명적으로 이해하면서 재해석하는 과정을 통해 전달되는 것이다.

그러므로 기독교는 계시 종교라는 명분을 내걸고, 보수적 기독교 신학이 한국 선교 초기에 기존 한국 전통과 종교를 완전히 무시한 채 정복되어야 할 '이교적인 것'으로 치부한 것은 오늘의 해석학 이론에서 보면 크게 잘못된 것이다.

특히 계시 종교임을 강조하는 유대교나 이슬람교나 기독교의 일부 신학 전통에서는 계시의 주체인 하느님의 은총이 그 '은총'에 응답하거나 수용하는 인간의 의지나 능력에 상관없이 하느님 자신의 절대적이고 능동적이고 주도적인 계시 행위를 강조하였는데, 이러한 신의 배타적 은총을 강조하는 신학 전통에서는 '종교' 그 자체가 '신의 은총'에 역행되는 불신앙적 행위로 간주되었다. 이러한 입장은 '접목 모델'의 해석학 입장과 양립할 수 없게 된다.

종교 다원론에는 다양한 입장이 있다

'종교적 다원주의'라는 말이 신문 문화면에서 빈번히 사용되지만, '종교적 다원주의'라는 말 자체는 '실존주의'(Existentialism)나 또는 '포스트모더니즘'(Postmodernism)이라는 어휘처럼 종교들의 '다원적' (plural) 현상과 종교의 '다원성'(plurality)을 담론의 핵심 주제로 삼는 인문학적 또는 사회과학적 담론 일반을 지칭하는 말일 뿐이다.

실존주의나 포스트모더니즘 안에도 다양한 입장과 학파가 있듯이 종교 다원주의 안에도 여러 입장이 병존한다. 그럼에도 불구하고 종교 다원주의를 무조건 비판하는 보수적 논자들은 자기 자신이 지닌 종교 다원주의에 대한 '정의'(definition)를 당연한 듯이 전제하고서 논리를 전개시키는 잘못을 범한다.

기독교권 학자들 사이에서 종교 다원 현상 및 종교 다원성에 대한 입장은 '배타주의'(exclusivism), '포용주의'(inclusivism), '다원주의' (pluralism)라고 크게 세 가지로 대별되어 타 종교에 대한 기독교계의 대응 방식을 설명하는 방식이 널리 통용되고 있는데, 그렇게 분류한 사람은 앨런 레이스(Alan Race)였다.[15]

위 세 가지 유형론은 다양한 입장을 간추려 정리한 것으로 본질적 입장 차이가 무엇인지 알게 하는 장점을 가지지만, 단순화에 따르는 오류를 피할 수 없다. 왜냐하면 세 입장의 사이에 위치하여 세 가지 입장이 주장하려는 핵심 의도를 동시에 확보하려는 중첩적 입장이 얼마든지 있기 때문이다. 그러나 그러한 섬세한 차이를 일단 접어두고, 위 세 가지의 근본 주장이 무엇인지 아는 것은 중요하다.

---

15) Alan Race, *Christians and Religious Pluralism : Patterns in the Christian Theology of Religions* (Maryknoll, Orbis Books, 1982) 참조; Paul Knitter, 『오직 예수 이름만으로?』, 변선환 옮김 (한국신학연구소, 1987). 폴 니터는 이 책에서 앨런 레이스의 분류법 배타주의, 포용주의, 다원주의의 입장에 해당하는 흐름을 각각 '보수주의적 복음주의 모델', '개신교 중심 모델과 가톨릭 모델' 그리고 '신 중심 모델'이라는 표지를 붙였다.

종교 다원론에서 배타주의적 입장은 자기가 귀의하는 종교만이 참 종교이며 구원과 진리에 이르는 유일한 길이기 때문에, 타 종교와 대화나 협력은 용납될 수 없고 타 종교는 극복되어야 할 것이라는 입장이다. 타 종교에 대한 이러한 배타주의적 입장은 단지 기독교 내의 보수주의자들만이 아니라 각 종교 안에 있는 근본주의자들이 지지하는 입장이기도 하다.

종교적 근본주의(Fundamentalism)란 각 종교가 주장하는 양보할 수 없는 핵심 진리, 곧 본질적 구원 조건에 해당하는 몇 가지 교리를 제창하기 일쑤이다. 대체로 근본주의자들이 공통으로 보이는 경향은 종교 혹은 신앙을 '삶의 총체적 길'이 아니라 '주지적(主知的) 인식 행위'나 '주정적(主情的) 체험 행동'으로 본다는 것이다. 예를 들면 그들이 지닌 종교적 경전이 신의 절대 계시에 근거하기 때문에 오류가 없다고 믿는다든지, 뜨거운 회심 체험을 반드시 경험해야 한다든지, 특정 예언자가 말한 가르침이 절대적이라고 확신하는 것 등이다.

종교 다원론에서 배타주의적 입장은, 대체로 자기가 귀의하는 종교의 진리성에 대한 신념이 확고하거나 매우 열정적으로 자신의 종교를 타인에게 포교하고, 자신의 시간과 재물을 자기 종교의 확장을 위해 바친다. 그러나 배타주의적 입장의 결정적 단점은 타 종교에 대한 개방적 태도 자체를 단죄하기 때문에, 자폐증 환자처럼 타 종교에 무지하거나 단편적 지식을 가지고 마음대로 재단하는 오류를 범한다는 것이다. 타인에게 자기가 진리라고 확신하는 것을 알리고 전도하는 것을 탓할 수는 없지만, 배타주의의 문제점은 타 종교를 비진리 종교, 우상 종교라고 폄훼하고 정복적 태도를 취함으로써 종교간 분쟁을 일으키고, 심지어 정치적 분쟁의 원인을 제공한다는 점이다.

종교 다원론에서 배타주의적 입장은 '궁극적 실재'를 자기가 귀의하는 종교의 울타리 및 자기 종교의 경전 안에 제한시키는 또 다른 결정적 오류를 범하기 때문에 종교가 지녀야 할 우주적 보편성, 평화 지향적인 개방성, 종교적 조건과 무관하게 곤궁에 처한 생명들을 살리고 돕는 윤리적 실천을 담보하기 어렵다. 흔히 배타주의적 입장이 종교 문화 제국주의 시대의 유물이거나 열광주의적인 종교 단체의 입장에서 흔히 발견되는 이유가 거기에 있다. 한마디로 말해서 배타주의적 입장은 자기가 귀의하는 종교와 타 종교간의 '질적 차이'를 강조하고, '참 종교'와 '거짓 종교'라는 이분법적 독단을 신앙의 신념이라는 이름 아래 남용하고 있다.[16]

종교 다원론에서 포용주의적 입장은, 자기가 귀의하는 종교에 대한 일차적 헌신과 자기 종교의 우월성을 확신하되, 타 종교 안에도 철학적 · 도덕적 · 영적 진리가 존재한다는 것을 인정하고 종교간의 대화와 협력을 장려하는 입장이다. 이러한 포용주의적 입장이 특히 기독교권 내에서 일어난 계기는 로마 가톨릭 교회의 제2차 바티칸 공의회(1962~1965년) 이후이다.[17] 포용주의적 입장의 핵심은 진리나 로고스는 어떤 특정한 역사적 종교가 독점할 수 없는 보편적이고 우주적인 것이라는 고백에서 출발한다. 기독교적 용어로 말한다면 하나님의 보편적 구원 의지는 특수 계시인 이스라엘의 역사와 예수 그리스도와 사도들의 역사를 넘어서, 이미 '보편 계시'로서 타 문화, 타 민족, 타 종교 안에 역사(役事)해 왔다는 것

---

16) 기독교계 내 종교 다원론 담론에서 타 종교에 대한 배타주의적 입장의 계보와 그들의 주장 및 문제점에 대한 연구 자료로는 다음을 참조하라. Paul Knitter, 『오직 예수이름으로만?』, 변선환 옮김, 제5장, 「보수적인 복음주의의 모델: 참된 종교는 하나이다」, 130~163쪽.
17) 제2차 바티칸 공의회 문서 「비그리스도교에 관한 선언」(Nostra aetate) 참조. 한국천주교중앙협의회, 『제2차바티칸 공의회 문헌』(1969), 607~612쪽. 개신교세계교회협의회(W.C.C.) 자료로서는 1975년 나이로비 총회 이후에 발간된 『대화지침서』 참조.

을 긍정적으로 인정하는 입장이다. 또한 더 적극적으로 타 종교 경전과 타 종교 문화 안에 존재하는 위대한 철학적·윤리적·영적 가르침과 그 교화 능력은 '우주적 하나님'의 보편적 세계 구원 경륜의 징표이기 때문에, 타 종교와 대화 및 협력, 타 종교에 대한 관용성은 지구촌 시대의 새로운 선교 신학이 지향해 가야 마땅한 길이라는 주장을 편다.

포용주의적 입장이 지구촌의 종교 다원론 담론에서 문제가 되는 점은, 그 입장은 타 종교의 존재 가치를 인정하되 자기가 귀의하는 종교의 절대적 우월성과 가치 판단의 규범성을 주장한다는 점에 있다. 사실 이 점은 매우 민감한 쟁점이다. 왜냐하면 모든 종교인은 명시적으로는 아닐지 모르나 자기가 귀의하는 종교에 대한 남다른 애정과 자부심과 일차적 충성을 당연히 지니기 때문이다. 이런 감정은 암묵적으로 자기가 귀의하는 종교가 이론적으로, 실천적으로, 영성적으로 제일 우월하다는 내면적 신념으로 이어지지 않을 수 없다.

반드시 타 종교가 자기 종교보다 열등하다고 공개적으로 말하지 않더라도, 어느 정도 그러한 주체적 신념을 갖는 것은 인지상정이다. 또 그러한 태도를 나무랄 수 없는 것은 진정한 신앙적 태도란 시장에서 물건 고르듯이 하는 일과 달라 전인적 진지성을 가지고 참여하는 '궁극적 관심'의 사항이기 때문이다.[18]

20세기 후반에 등장한 종교 다원주의적 태도는 이러한 포용주의적 태도가 지닌 문제점을 진지하게 문제삼는 학문적 반성 위에서, 그리고 보다 가까워진 세계의 다양한 종교들과 그 문화들의 역동적 실재성에 대한 심

---

18) 포용주의적 입장의 장단점에 대하여, Paul Knitter의 책, 『오직 예수 이름으로만?』 제6장, 164~236쪽 참조.

화된 이해 과정에서 태동되었다. 특히 인간의 종교 체험을 포함한 모든 인식 행위와 경험은 역사적으로나 문화적으로 제한받는다는 인간의 해석학적 통찰에서부터 연유한다.[19]

종교 다원론에서 다원주의적 입장이 말하려는 핵심 주장은, 역사적 종교들은 서로 다양한 구체적 삶의 자리에서 형성되고 고백된 '구원의 길들' 이기 때문에, 특정 종교의 가치 규범을 가지고 타 종교를 판단할 수 없다는 것이다. 만약 그리스도인이나 이슬람 신도가 자기 종교가 지닌 경전에 근거해서 그리고 자기 종교가 지닌 근본주의적 교리를 근거로 해서, 불교나 힌두교엔 그런 요소가 결핍되어 있기 때문에 참 종교가 아니라거나 열등한 종교라고 주장한다면 그 반대의 논리도 성립한다는 말이다. 불교나 힌두교의 위대한 통찰과 구원의 길 들이 기독교나 이슬람교에는 없기 때문에 기독교나 이슬람교가 불교나 힌두교보다 열등하다고도 말할 수 있기 때문이다.

앞서 우리가 "일곱 가지 다양한 색깔이 모여 무지개를 이룬다"는 제목에서 살펴본 바처럼, 종교 다원론은 각 종교가 지닌 다양한 특징과 구원의 길이 '그들 나름의 구원의 길' 임을 인정하고 대화와 협력을 통해 함께 성숙해 가고 인류 평화 증진을 위해 협동하자는 입장이다. 물론 각자가 실존적으로 귀의하는 종교에 남다른 애정과 일차적 충성을 갖는 태도를 종교 다원론은 탓하지 않는다.

각각의 개인이 실존적으로 특정한 종교에 귀의하는 것은, 일반적으로는 문화 환경적·사회적 조건 때문에 자연스럽게 그렇게 되는 경우가 많

---

19) 종교 다원론의 일반적 특징에 대하여, 폴 니터의 같은 책, 제8~9장, 237~323쪽 참조. 다원주의자의 기독론에 대하여는 존 힉, 『성육신의 새로운 이해』, 변선환 옮김 (이화여대 출판부, 1997) 참조.

다. 몇 대째 기독교 가정에서 자랐다든지, 불교 가정에서 성장했다든지, 이탈리아나 프랑스 사람처럼 가톨릭 문화권에서 교육받았다든지 하는 경우가 그렇다. 그러나 더욱 진지하게 말한다면, 내가 기독교 또는 불교에 귀의하는 이유는 각자가 지닌 실존적 물음에 대하여 보다 적합한 해결의 길을 내가 귀의하는 종교가 제시해 주기 때문인 것이다. 그러므로 인간 실존의 물음과 그 궁극적 해답의 길은 동일 범주 안에서 이루어지는 평면적인 우열 비교의 대상이 아니다.

가령 기독교와 불교라는 세계적 보편 종교의 궁극적 구원 상징은 '하나님의 나라' (천국)와 '니르바나' (해탈)로서 상징될 수 있다. 그 양자는 서로 공통되는 존재론적 요소가 있지만, 분명히 색깔과 향기가 다르다. 전자는 보다 인격적 · 정치적 · 공동체적 · 역사 종말론적 상징이고, 후자는 보다 존재론적 · 비역사적 · 인연생기적 · 만물동체적 구원 상징이다. 가령 진솔한 불자에게 기독교 천국에 들어가시라고 한다면 고맙지만 사양한다고 말할 수도 있다. 마찬가지로 기독교 신자에게 '해탈' 이 구원의 최고 형태라고 불교에 입문하기를 권고받는다면, 자기는 불교적 해탈을 존경하되 인격적 하나님 신앙 안에서 그리고 그리스도의 십자가와 부활을 통해 나타난 신비한 개체적 몸의 부활 신앙을 간직하겠다고 말할 수 있을 것이다. 그러므로 진지하고 참된 종교간의 대화와 협동은, 타 종교에 대한 개방성과 존경심을 갖되 자기가 귀의하는 종교에 깊이 헌신하는 종교인들 사이에서 도리어 가능하다는 것을 경험을 통해 알게 된다.

7. 에필로그: 종파적 유일신 신앙에서 우주적 생명의 광장으로

　지금까지 우리는 '유일신 신앙' 임을 강조하는 셈족계 계통의 종교들, 즉 유대교, 그리스도교, 이슬람교의 신앙 전통 안에서 유일신 신앙이 어떻게 이해되어 왔는지 살펴보았다. 그리고 유일신 신앙이라고 명시적으론 말할 수 없지만, 세계의 종교사와 한국 종교사 속에서 '궁극적 진리'를 이해하고 신앙하는 '구원에 이르는 길들' 속에서 '하나의 신비' 에 대하여 어떻게 파악하고 있는지 단편적으로나마 고찰하였다. 그리고 마지막 6장에서 현대 세계에서 열린 신앙을 살아가는 학자와 종교인이 종교 간의 대화와 협력에 대하여 어떤 태도를 취하고 있는지 살펴보았다.

　우리의 잠정적인 결론은 무엇인가? 무엇보다도 '유일신 신앙' 을 주장하는 종교인들이 자신들의 유일신 신앙 전통의 귀중함을 간직하되 유일신 신앙을 특정 종교 안에만 있는 특수한 신관이라고 오해하는 종파적 유일신 신앙에서 벗어나야 한다는 것이다. 진정한 유일신 신앙이란 다름 아니라 바로 그러한 특정 종교나 문화, 종족, 인종, 언어에 예속되거나 종속된 신관일 수 없다. 유일신 신앙 자세를 철저하게 관철시키고 유일신 신앙 정신에 투철하다면 모든 역사적인 것과 유한한 것을 상대화시킴으로써만 역설적이게도 상대적인 것들과 유한한 것들을 통해서 드러나는 무한하고 절대적인 진리 자체를 증언하는 신앙 공동체가 될 수 있기 때문이다. 유일신론(Monotheism)이란 신이 한 분이라는 숫자 개념에 붙잡힌 일신론(Henotheism)과 전혀 다른 신앙이라는 것을 명심해야 한다.

한마디로 말해서 이제 인류 종교 문명사는 종파적 유일신 종교나 문명 단위의 종교적 특성에 매몰된 문명 종교들의 차원에 머물면 점점 약해져 가고 말 것이다. 과거 인류 역사 과정에는 창조적 역동성으로 인류 문명 창달에 적극적 공헌을 해왔지만, 만약 과거 전통에만 집착한다면 현재와 미래에 거의 창조력을 기대하기 어렵다는 것을 깨달아야 한다. 물론 과거의 전통 유산이 위대하고 현재에도 귀의하는 신앙인들이 계속 증가되기 때문에 갑자기 전통 종교들이 없어지거나 그 세력이 급격하게 몰락하지는 않을 것이다. 그러나 인류 문명은 분명히 20세기를 계기로 하여 어떤 문명사적 전환점을 지났다는 것은 확실하다.

인류 문명이 어떤 문명사적 전환점을 지났다는 것을 보여주는 세 가지 가장 중요한 특징은 '새로운 지구촌 의식'(new global consciousness), 우주의 무한한 시공 연속계 속에서 지구 행성과 인간 실존을 이해하는 '창발적 우주 의식'(cosmogenetic consciousness), 그리고 '다양성 안에 있는 통일성 의식'(the consciousness on unity in diversity)이다.

20세기에 들어와서 인류는 교통 통신 수단의 발달과 각종 정보의 소통과 접근이 용이해져 타 종교 문화와 민족의 다양한 삶을 체험할 수 있고, 타 종교들이 지닌 위대한 경전들의 번역본을 읽을 수 있으며, 타 종교가 산출한 문화 · 예술 · 과학 · 윤리의 삶에 더 가까이 접근할 수 있게 되었다. 그 결과 내가 귀의하고 있는 종교 안에만 위대한 영적 · 철학적 · 도덕적 · 예술적 진리가 풍부하게 존재하고, 타 종교 안에는 이들이 거의 없거나 설혹 다소 발견되더라도 질적으로 훨씬 열등한 것이라는 근거 없는 우월감이 무지에 근거한 독단임이 점점 밝혀지고 있다.

뿐만 아니라 지구촌 안에서 일어나는 각종 전쟁, 질병, 빈곤, 테러, 생태 위기, 인권 훼손, 생물종 파괴, 지구 온난화의 가속화와 이상 기후로 인한 재앙 등이 이제는 국지적 문제이거나 민족적 특정 지역 문명 단위의 문제가 아니라 전 지구적 유기체 의식으로서만 해결될 수 있는 문제들임을 자각하게 되었다.

20세기 들어와서 양자물리학, 천체물리학, 분자생물학 등에 걸친 여러 자연과학 분야와 기술공학의 발달로 인하여 인류는 지구 문명 발생 이후 최초로 지구 중력 밖으로 나아가서 지구 행성을 바라보고, 더 나아가서 아직도 생성 과정 속에 있는 광막한 대우주 속에서 지구 행성과 인간 실존을 파악하게 되었다. 그 결과 녹색 지구별에 대한 새삼스런 놀라움과 애정, 그 안에 꽃핀 생명 현상에 대한 외경심, 인간 몸을 구성하는 원소들과 우주를 구성하는 원소들이 동일하다는 동체 의식 등 창발적 우주 의식과 다양성 안에 존재하는 어떤 통일 의식이 강화되고 있다.

지구의 역사 속에서 본다면 짧은 인류 문명사 속에서 발생한 세계의 다양한 종교들이란 거의 동시다발적인 정신 현상이요 영성적 각성 현상이었다는 것을 알게 된다. 이러한 거시적 안목에서 보면 45억 년 동안 진행된 지구의 지질권 형성, 생명권 형성, 정신권 형성을 거쳐 영성권을 형성해 가는 생명 진화 과정에서 불과 약 300만 년 전에 출현한 인간 종이 거의 동시다발적으로 지구촌 각 지역에서 체험한 '영적 진리 체험', '하나님과 구원 체험', '인간의 제한성과 자기 초월성 체험'을 각각의 언

어 · 전통 · 역사 · 문화의 맥락에 담아 언표한 결과들이 세계 고등 종교들이라는 것을 알게 된다.[1]

지구촌 의식을 가지고 현재 숨쉬고 있는 지구상의 다양한 종교들은, 이 책에서 언급한 힌두교, 불교, 그리스도교, 이슬람교, 유교, 도교 등 세계 6대 종교와 한국의 무교, 천도교, 원불교 등이다. 이 책에서 언급한 종교만 하더라도 결국은 마치 5억 5천만 년 전에 나타난 캄브리아기의 '생명 폭발 현상'처럼 불과 약 3천 년 전부터 지구촌이라는 정신적 삶의 동산에서 피어난 영적 꽃들인 것이다. 지구 역사 45억 년의 나이를 감안한다면 3천 년 전이란 시간 길이는 아주 최근의 일이라고 말할 수 있다. 그러므로 위대한 보편적 세계 종교들이 지니고 있는 잠재력을 십분 발휘하려면 달려온 3천 년보다 달려갈 길이 더 멀다 할 것이다. 세계 문명을 일궈온 기존 종교들은 그 각각의 생명력이 고갈된 것이 아니라, 진정한 대화와 협력을 통해 새로운 창발적 도약 단계에 도달한 것이다.

생명은 창발적이다. 생명은 다양성이 상호 작용을 통하여 더욱 창조적인 것을 경험할 때 부분들이 지닌 위대한 요소들의 총합보다 질적으로 훨씬 더 높은 차원의 생명 경험으로 이어진다. 유기체적 생명 현상에서 볼 때 하위 질서는 더 높은 상위 질서의 기초가 되지만, 하위 차원의 실재는 그보다 상위 차원의 실재 속에서 경험되는 '존재와 생명의 질'을 경험할 수 없다. 켄 윌버가 말하는 '존재의 스펙트럼'을 원용해서 말하자면 우주는 물리 화학적 물질, 생물학적인 몸, 심리학적인 마음, 철학적 초심리학적인 심령, 그리고 신비적인 종교 체험에서 나타나는 영(Spirit, Void) 단

---

1) Teilhard de Chardin, 『인간현상』, 양명수 옮김 (한길사, 1997) 참조. 이 책에서 고생물학자이며 예수회 신부인 떼이야르 샤르댕은 지구 진화는 지질권 형성, 생명권 형성, 정신권 형성 단계의 과정을 거쳐 이제 막 영성권 형성 단계에 진입해 들어가고 있는 일종의 정향 진화를 한다고 본다.

계가 서로 다른 차원에서 계층적으로 나타나면서도 상호 침투하고 상의상자(相依相資)하는 전체이다.[2]

예를 들면 지고한 종교적 영(공, 무) 체험을 하는 인간은, 그 안에 물리적 요소, 생물학적 요소, 심리학적 요소, 정신적 요소가 다 있지만, 인간의 종교 체험의 진수들은 그 아래 단계로 환원될 수 없는 것이다. 유일신 신앙도 이러한 최고 수준의 영적 진리 체험의 한 신앙적 패러다임인 것이다. 그런데 폴 틸리히의 깊은 통찰에 의하면 "모든 살아 숨쉬는 종교들의 깊이에는, 개별 종교 그 자체의 중요성을 잃어버리게 하는 한 점이 있는 바, 종교가 가리키는 바로 그 점이야말로 종교의 특수성을 돌파하여 영적 자유에로 종교를 고양시킨다."[3]

『신약성경』「요한복음」 4장엔 예수가 마을 샘터에서 한 사마리아 여인과 나눈 아름다운 이야기가 기록되어 있다. 고달픈 삶에 지친 한 사마리아 여인이 마을 사람들이 모두 휴식을 취하는 한낮 열두시에 홀로 물을 긷기 위해 샘을 찾는다. 마침 갈릴리 지방으로 긴 여행을 떠난 예수와 그 제자들이 그 샘터에서 잠시 점심 요기를 할 겸 휴식을 취하게 되었다.

시장함, 갈증, 피곤함도 잠시 잊고 예수는 여인을 향한 연민의 마음이 일어나 진리의 대담을 나눈다. 그리고 긴 대담 끝에 여인에게 말한다. "여인이여, 내 말을 믿으시오. 이 산에서도 말고 예루살렘에서도 말고, 당신들이 참으로 예배할 때가 올 것이오.…… 하나님은 영이시니 예배하는 자는 영과 진리 안에서(in Spirit and Truth) 예배해야 할 것이오."(「요」 4:19, 24) '영과 진리 안에서'라는 이 놀라운 말 한마디로써 성전 종교 시

2) Ken Wilber, 『감각과 영혼의 만남』, 조효남 옮김 (범양출판사, 1998), 제3부 참조.
3) Paul Tillich, *Christianity and the Encounter of the World Religions* (Columbia University Press, 1963), p. 97.

대, 율법 종교 시대, 교리 종교 시대, 민족 종교 시대, 문명신 종교 시대가 이미 끝났음을 예수는 선언한 것이다.

세계 종교들은, 특히 우리가 이 책에서 언급한 위대한 세계 종교들과 민족 종교들은 인간 정신이 도달한 최고 수준에서 삶을 살고 가르친 분들의 위대한 생명 파장 운동이요, 다양한 문명의 스펙트럼을 통해 나타난 영적 무지개의 분광이 발생시키는 오로라들이다. 그들은 육안(肉眼), 심안(心眼)을 넘어서서 영안(靈眼)으로 만물을 환히 꿰뚫어본 분들이다. 그런데 명심할 것은 위대한 종교 창시자들이 의도적으로 종교를 창시하려 한 것이 아니라 생명적 영파의 파동 현상이 종교 운동으로 나타났다는 것이다. 종교의 본래 모습은 이론이나 명상이나 정관이 아니라, 예외 없이 자비행이라거나 사랑의 실천 속에서만 바르게 숨쉬는 '삶의 길'이었다는 것이다.

오늘날 우리 시대의 종교들은 종파적 신앙에서 생명의 바다로 나아가서 만나야 하며, 특히 종파적 유일신 신앙에서 생명의 더 넓은 광장으로 나아가서 모세가 삶 한복판에서 겪은 '불타는 떨기나무' 체험을 해야 할 것이다. 삶 한복판에서의 거룩 체험이라야 한다. 전통 교리와 신학 체계와 종교 의례에 갇힌 유일신 신앙은 다시 한 번 허물을 벗고 통과 의례를 경험하여, 한 분 하느님은 유일신 종교들 안에서만 섬김받는 문명신적 절대자가 아니라 "만유 위에 계시고, 만유를 통일하시고, 만유 안에 계신 이"(「엡」 4 : 6)라는 것을 새삼스럽게 각성해야 한다.

찾아보기